예술,
교육에 스며들다

예술, 교육에 스며들다

초판 1쇄 발행 2021년 9월 30일

지은이 | 이다정

발행인 | 최윤서
편집장 | 허병민
디자인 | 디자인붐
마케팅 | 김수경, 최수정
펴낸 곳 | 교육과실천
도서문의 | 02-2264-7775
인쇄 | 031-945-6554 두성 P&L
일원화 구입처 | 031-407-6368 (주)태양서적
등록 | 2018년 4월 2일 제2018-000040호
주소 | 서울특별시 중구 창경궁로 18-1 동림비즈센터 505호
ISBN 979-11-90113-18-2 (13370)

예술,
교육에 스며들다

이다정 지음

ART IN EDUCATION PERMEATE

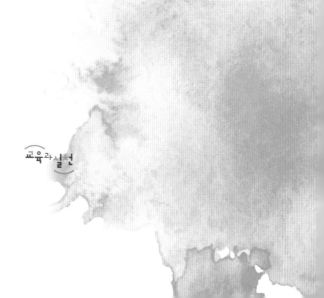

교육과실천

추천사

예술은 일상에서도 비상하는 상상력을 잉태하는 경이로운 기적이다:
예술적 상상력으로 감탄과 경탄의 언어로 추천사를 대신하며

예술 같은 삶과 예술 같은 교육을 지향하는 이다정 선생님의 『예술,
교육에 스며들다』는 왜 교사는 예술가여야 하고 교육은 곧 예술일 수
밖에 없는지를 폭넓은 배경지식과 미술 교사로서의 현장 경험을 버무
려 창작한 아름다운 작품이다. 교육은 교사가 학생을 변화시키는 기술
이나 기능이 아니라 익숙한 일상에서도 비상하는 상상력을 잉태하는
예술이나 예능이다. 예술은 원래, 물론, 당연함의 세계에 물음표를 던
져 감동의 느낌표를 발견하는 호기심 탐험 과정이다. 모든 예술은 예술
가의 일상적 삶과 무관할 수 없다. 예술가의 치열한 문제의식과 거룩한
목적의식이 만나 자기만의 언어와 표현방식으로 삶을 작품화시키는 과
정이 바로 예술적 창작과정이라고 생각한다. 괴테의 작품을 읽어 보면
괴테 고유의 문체가 드러나듯, 빈센트 반 고흐의 그림을 보면 피카소
그림과 확연하게 차별화되는 고흐만의 삶에 대한 뜨거운 영혼을 온몸
으로 느낄 수 있다. 이처럼 예술은 삶과 독립되어 따로 존재하거나 추
구하는 관념적이고 현학적인 수사가 아니다. 오히려 예술은 일상을 살
아가는 우리 모두에게 어제와 다른 방법으로 세상을 바라보고 관조하
면서 삶은 경이로운 기적의 연속임을 깨닫게 해주는 감동적인 자극이
자 그 결과라고 생각한다.

예술은 논리적이고 합리적인 이성 작용도 일부 관여한다. 하지만 예

술이 감각적 충격을 주면서 이전과 다른 앎의 지평을 열어주는 원동력은 작란(作亂)을 통한 놀이 충동에서 비롯된다. 작란(作亂)은 말 그대로 틀에 박힌 일상의 지루함에서 벗어나 재미난 난동을 일으키는 모든 활동을 지칭한다. 모든 예술적 창작은 작란으로 장난치면서 이전과 다른 시도 끝에 생각지도 못한 생각지도를 그려내는 놀라운 충격에서 비롯된다. 아이들은 익숙한 것을 낯설게 바꿔가며 노는 놀이(play)의 천재지만, 어른들은 낯선 것을 익숙하게 바꿔서 틀에 박힌 일을 거듭하는 노동(work)의 천재다. 예술은 하기 싫은 노동을 즐기고 싶은 놀이로 바꾸는 과정에서 정상적인 사유를 전복하고 색다른 생각을 잉태하면서 그 실체를 드러낸다. 어른에게 빗자루를 주면 바로 청소를 시작하지만, 아이에게 빗자루를 주면 비행기로 만들어 날아가고 갑자기 검객으로 변신하면서 칼싸움을 즐긴다. 똑같은 도구를 주어도 누군가는 일을 하고 누군가는 놀이를 즐긴다. 예술은 익숙한 것을 낯설게 바꾸어 보면서 어제와 다른 상상력의 날개를 달고 지금 여기서 저기의 세계로 비상하는 과정이다.

예술은 중심에 '동화(同化)'되기보다 변방에 머물며 중심으로 지향하는 움직임을 거부하고 자기만의 고유한 방식으로 세상을 다르게 보려는 변화(變化)를 위한 안간힘이다. 예술은 편리함을 추구하기 위한 표준화와 개성을 무시하는 획일화에 강력한 반기를 든다. 예술은 파블루 네루다가 『질문의 책』에서 말했던 "나였던 그 아이"를 찾아 나서는 고독한 사투이자 그 아이의 본성을 깨워 그 누구와도 비교할 수 없는 나를 작품화시키는 지루한 반복이다. 예술은 다른 사람과의 비교보다 어제의 나와 비교하면서 비전을 품게 만든다. 기존의 세계와 타협하고 절충하기보다 예술은 고루한 담론에 저항하며 불편한 세계로 끊임없이 몸을 던진다. 예술은 타성에 젖어 죽어가는 감각세포를 일깨워 앙드레 지드가 말하는 자두 한 알에도 감동하며 경탄하는 사람을 사랑한다. 이다정 선생님의 『예술, 교육에 스며들다』를 읽다 보면 한탄보다는 감탄, 수용보다는 저항, 타성보다는 탄성의 언어로 색다른 깨달음의 결과를 전해준다. 이 책은 예술적 상상력의 세계가 총천연색으로 펼쳐지고 있다.

교사는 누구보다도 예술적 상상력과 감수성을 바탕으로 아이들의 잠자는 예술적 본능을 흔들어 깨우는 예술가여야 한다. 남다른 문제의식과 거룩한 목적의식을 갖고 교단에 서면서 미래로 향하는 숭고한 꿈을 자극했던 교사가 시간이 지나면서 매뉴얼을 찾고 매너리즘에 빠지는 경우가 많아진다. 교사의 시선과 시야, 관심과 배려, 정성과 노력이 아이들의 미래에 대한 이미지를 좌우한다. 예술은 정형화된 패턴과 반복되는 관성이나 타성을 최대의 적으로 생각한다. 교사가 예술가로 자리 잡아야 하는 가장 큰 이유는 자신도 모르게 현실에 안주하면서 어제 했던 생각과 행동을 반복하려는 관성을 거부해야 하기 때문이다. 이 책은 이런 점에서 교육과 예술 사이의 경계를 무너뜨리고 새로운 차원의 관계로 발전시키려는 저자의 예술적 상상력이 곳곳에서 숨 쉬고 있는 보석 같은 작품이 아닐 수 없다. 교육의 예술화, 아니 교육은 곧 예술임을 다양한 시각과 관점으로 아이들의 잠자는 예술적 본능을 일깨워 줄 뿐만 아니라 미술 교사의 체험적 깨달음으로 단순히 예술을 개발하는 기능을 넘어 예술적 재능으로 아이들의 미래 가능성을 함께 열어가야 한다는 주장을 펼치고 있다.

매너로 시작했다 매너리즘에 빠진, 나아가 틀에 박힌 일상을 어제와 다르지 않게 반복하면서 지루한 교직에 몸을 담고 있는 교사, 꿈을 잃고 방황하며 뭔가를 일상에서 벗어나 변신을 꿈꾸고 있는 직장인, 한때는 원대한 이상과 비전을 쫓다가 좌절과 절망에 휩싸여 탈출구를 마련하고 싶은 청춘, 그리고 타성과 관성대로 살아가며 습관의 적에 갇힌 모든 사람들에게 이 책은 예술적 상상력으로 우리 안에 잠자고 있는 예술적 본능을 자극할 수 있다고 믿어 의심치 않는다. 단순한 상품개발에 몰두하는 기능인에서 벗어나 자신의 철학과 혼이 담긴 작품 개발에 몰입하는 예술가로 변신하고 싶은 모든 사람들에게 이 책은 한 번쯤은 꼭 읽어봐야 할 필독서로서의 가치를 지니고도 남음이 충분하다고 생각한다.

유영만, 한양대학교 교수, 지식생태학자, 『아이러니스트』 저자

재미있다. 예술이다. 읽다 보면 예술을 만나는 선생님의 일상과 흥미진진한 예술 이야기에 몰입되었다가 선생님이 말해주는 교육과 수업, 학생들에 대한 이야기에 무릎을 치게 된다. 가히 교육학 전공 서적에 가깝다. '그렇지, 아이들 하나하나가 예술 작품이지.', '그렇지, 수업이 곧 예술이지.' 선생님이 예술의 눈으로 우리 교육을 비춰주니, 눈이 열리고 그동안 보지 못한 교육의 문제들이 보인다. 그리고 아이들을 만나고 수업을 하고 교육을 말하는 교사에게 왜 예술가의 눈이 필요한지 공감하게 된다.

짧은 이야기들의 모음이지만, 가벼이 읽을 수 없다. 많은 생각을 불러내고, 무엇보다 예술이 교육에 스며들도록 하는 것을 삶의 소명으로 알고 배움과 실천의 삶을 살아온 선생님의 시간과 열정이 이 책 속에 고스란히 담겨 있기 때문이다. 좋은 수업, 좋은 교육을 꿈꾸고, 좋은 교사가 되기를 희망하는 사람들이 꼭 읽어보아야 할 책이다.

김영식, 좋은교사운동 공동대표

아주 오랜만이다. 아이들에 대한 한없는 애정과 그리움이 매 장마다 뚝뚝 묻어나오면서 교사로서의 자신을 치열하게 돌아보는 여정을 단단하면서도 말랑하고 개성이 빛나는 문체로 써 내려간 후배 교사의 이야기를 만난 것이.

이다정 선생님의 글은 나로부터 출발해서 수업을 통해 예술적 순간을 함께 만들어가는 아이들을 투영하고, 이를 위대한 철학자들(플라톤, 칸트, 니체, 샤르트르 등)과 연결한 뒤 수많은 이야기가 숨어 있는 그림과 화가들의 인생을 우리 앞에 데려다 놓는다.

이 책은 미술 교사로 살면서 운명처럼 만나게 된 예술과의 조우를 심미적 교육을 실천하기 위한 즐거운 여정으로 여기며 때론 전쟁 같은 학교에서 보낸 '예술로 교육을 산책하기'의 고백이다. 나 역시 학교에서 아이들과 예술로 더불어 살기 위해 고군분투했지만, 결국 학교를 넘어 지금은 문화예술 현장에서 살고 있다. 그래서 더욱 '주체로서 생각하는 삶을 살기 위해, 아이들이 생각할 수 있도록 돕는 교사가 되기 위해, 르네 마그리트의 그림처럼 창조적 자극과 통찰력을 훈련하고 예술이 교육에 스며들어 끊임없이 세상과 소통하고 아이들의 눈높이에서 꿈을 꾸고자 하는' 이다정 선생님을 온 마음으로 응원하려고 한다. 특히 이 책을 만나는 교사들이 나를 긍정하고 타자로서의 아이들과 세계를 예술적 경험 속에서 새롭게 발견할 수 있기를 바란다.

이미연, (전)부산문화재단 생활문화본부장, 문화예술교육가

현대에 이르러 창작과 감상 및 비평 활동, 그리고 예술교육에 이르기까지 융합적으로 진화해왔다. '통념'을 깨뜨리는 방식으로 예술의 존재

방식이 확장됨에 따라 예술적 가치를 규명하는 '분별력'과 '통찰,' 그리고 이를 바탕으로 한 '교육' 또한 예술 활동이 될 수 있다는 것이다. 이러한 역량을 키우는 첫 단계는 근본적인 '질문'과 깊은 '성찰'이다. 이 책의 저자인 이다정 선생님은 한국 특유의 공교육 현실 속에서 "교사로서 예술가일 수 없는가?"라는 질문과 함께 미술 교사로서의 교육 경험과 삶에 대한 자전적 성찰을 통해, 교과를 넘어선 창의적 교육활동의 방안으로써 다양한 예술작품 및 미술의 존재 방식을 바꾼 현대예술가의 삶에 주목하고 있다. 이런 차원에서 이 책은 예술 활동이 '어떻게' 정신적, 예술적 가치를 갖게 되는지, 이러한 가치가 '왜' 교육 영역에서 중요한지, 나아가 예술의 '어떤' 특성이 우리 삶을 질적으로 풍부하게 만드는지에 대해 초점을 둔 것으로 볼 수 있다.

도병훈, 진성고등학교장, 현대미술가

독특하다. 우리는 흔히 교과로만 미술을 생각하기 쉽다. 저자는 그 한계를 어렵지 않게 열어젖히고 아이들과 교육, 세상을 보는 그리고 더 나아가 자기 자신을 보는 창으로 미술의 세계를 보여주고 있다. '교과'로서의 미술이 아니라 '삶'으로서의 미술이 이것임을, 따뜻하고 깊은 시선으로 섬세하게 풀어냈다. 그 시선을 따라가다 보면 무심코 보았던 그림 한 장에 그토록 깊은 이야기를 담을 수 있다는 것에 놀라게 된다. 그리고 그 이야기가 추상적 담론이 아닌 교육과 아이들, 저자의 삶이 그림들과 어울려 나온 그 자체로 또 하나의 예술이었음을 보게 되는 또 다른 놀라움. 여운이 깊다.

신을진, 수업과성장연구소 대표

예술이 스민 교육

교육은 한 사람이 자신에게 영혼이 있다는 증언의 과정이다.

– 자크 랑시에르 –

저는 영혼의 교감이 있는 교육을 꿈꿉니다. 하지만 주어진 상황에 나를 끼워 맞추고 소모적인 일에 진지하게 매달리다 보면 내가 무엇에 진심이었는지 자꾸 잊곤 합니다.

나 자신이 희미해질 때 예술을 붙잡고 있어 참 다행이라는 생각이 듭니다. 예술을 통해 나를 잃지 않도록 균형을 잡을 수 있고 외부에서 오는 안정감과는 다른 단단함이 생기기 때문입니다.

이 책은 예술이라는 렌즈로 교육을 들여다본 기록입니다. 잊혀질 수 있었던 소중한 교직 생활이 그림과 함께 남겨진 것은 〈좋은교사〉 잡지에 10년간 연재한 글이 쌓였기 때문입니다. 거기에 학교 밖에서 예술학을 공부하며 교육과 예술의 경계에 서서 배우고 생각한 것들의 흔적이 더해졌습니다.

미술을 전공하고 교사가 된 후 마음 한 켠에는 늘 예술가의 삶을 포기했다는 옅은 패배감이 있었습니다. 그림은 그런 제게 숨구멍이 되었습니다. 그림을 보며 예술과 교육을 포개어 보았더니 보이지 않던 것들이 보였습니다. 가르치는 것을 잠시 멈추고 예술을 공부하다 보니 아련히 교육 현장이 떠올랐고 이 둘은 별개의 것이 아닌, 같은 지향점을 가지고 있다는 생각이 들었습니다. 각각의 아이들이 매번 반응하며 변주되는 수업은 관객과 함께 완성되는 예술작품과 다르지 않으며 나 자신 역시 예술가라고 느끼게 되었지요. 수업이 예술로 느껴지자 경직되어 있던 저의 편협한 관점들이 서서히 바뀌었고 교직 생활에서 지배적으로 느꼈던 무력감에서 벗어날 수 있었습니다.

급변하는 세상 속에서 교육 역시 새로워지기 위한 많은 시도가 이루어지고 있습니다. 하지만 교육은 인간을 위한 것이기에 급하게 전회한 정책이나 촘촘한 관리로 변화하는 데 한계가 있습니다. 동일한 것으로 환원하는 것에서 벗어나 차이를 생성하고, 고정된 틀을 벗어나 상상하고, 자신만의 철학과 이야기를 다양한 감각을 통해 공유하기 위해서는 교육 전반에 예술이 스며들어야 가능하지 않을까요?

예술은 예술가들이 모순적인 것들 속에서 씨름한 흔적으로 인간의 삶 그 자체입니다. 예술은 미묘한 부딪힘, 어긋남, 틈과 같이 어쩌면 매끈하게 지워져야 할 것들을 더 파고듭니다. 그래서 예술은 사람을 움직이는 힘이 있습니다. 불완전한 우리를 위로하고 매몰된 생각에서 벗어나게 하며 새로운 가능성을 볼 수 있게 하지요. 예술은 인생의 의미를 찾는 다양한 경로를 보여주고 깨어나게 합니다.

2020년, 바이러스로 인해 교육 현장은 향기 없는 꽃처럼 창백해졌습니다. 허탈과 혼돈으로 둘러싸인 교육 현장은 서늘함이 감돕니다. 아이들의 설렘과 망설임으로 일렁이던 공간은 행여 바이러스에 오염될까 긴장감으로 채워져 있지요. 학교는 점점 생기와 기쁨이 사라져가고 반짝이거나 전율하지 않습니다. 서로를 드러내고 살결을 맞대고 체온을 나눌 수 없습니다. 얼굴이 사라진 아이들, 그로 인해 제거된 수많은 것들 앞에서 다시 회복하고 축적해야 할 것은 무엇일까요? 가려진 섬세한 차이들을 발견하고 아이들이 스스로 자신을 바라보도록 유도하기 위해서는 어떠한 노력이 필요할까요? 인류의 예상치 못한 숙제 앞에서 저는 인류의 역사와 함께해 온 인간됨을 지켜주는 가장 강력한 기제인 예술을 말하고자 합니다.

1부는 교육에 예술이 왜 필요하며 어떻게 변화해야 할지 나누어 보고 2부에서는 그림을 통해 교육 현장과 삶을 들여다보려고 합니다. 저의 글은 예술작품 속 축적된 많은 의미 중 일부이지만 함께 생각의 물꼬를 틀 수 있다면 기쁠 것 같습니다.

인간을 알아가는 교육은 경이로운 과정입니다. 교육을 지탱하던 기둥이 흔들리고 기존에 교육이라 여겨졌던 것들을 부정해야 하는 지금, 우리는 어떻게 다시 경이로운 과정에 동참할 수 있을까요? 어떻게 상호작용하며 활기를 되찾을 수 있을까요? 인간은 생존으로만 삶을 단순화 시킬 수 없는 존재입니다. 공교육이 희망이 되기 위해서는 학교가 무한한 가능성을 품은 태반과 같은 곳이 되어 아이들의 감성과 상상력을 자극하고 더불어 사는 의미를 앎을 통해 서로의 안전망이 되도록 도와야 할 것입니다. 인간이란 무엇인지 통렬히 질문해온 예술은 새로운 교육을 그리는 데 힌트가 되지 않을까요?

이미 아이들은 자신만의 세계를 짓는 무명의 예술가입니다. 예술이 촉촉이 스며든 교육 현장을 그리는 것은 순진한 생각일지 모르나 그것을 포기해서는 안 된다고 생각합니다. 저의 앎의 공백과 오류가 드러날까 부끄럽지만, 한편으로는 저의 건강한 욕망을 알아차리며 부족하지만 꺼내는 용기를 냅니다. 예술과 교육 경계에서의 상호침투를 꾀하다 보니 미흡한 점이 많음을 미리 고백합니다.

예술을 향유하는 것은 모두의 권리이며, 심미적 경험은 가장 완전한 경험입니다. 소질의 유무를 떠나 우리 모두는 그 권리와 경험을 찾아야 합니다. 변화하는 디지털 세상 속에서 알고리즘의 꼭두각시가 되어 살 것인가, 아니면 자신의 인생을 음미하며 풍요롭고 창조적인 삶을 살 것인가는 결국, 자신의 선택이겠지요.

'예술은 나와 거리가 먼 것'이라는 부담감을 떨치고 예술을 자신의 삶으로 끌어오는 노력을 해 보았으면 좋겠습니다. 가장 창조적인 삶이 되어야 하는 직업이 바로, 교사이기도 하니까요. 예측할 수 없는 미래를 살아갈 아이들을 돕고, 다양한 아이들과 눈을 맞추고, 보이지 않는 아이들의 잠재력을 꺼내는 일. 이보다 더 예술적인 일이 있을까요?

함께 하는 사람들이 생기면 길은 만들어집니다.

영감을 주는 다정한 교사를 꿈꾸며

2021.8.

1부

교육과 예술을
말하다

1장

/

교육과 예술의
경계에서

교사의 삶은
야광별 스티커

어릴 적 방 안을 밤하늘로 바꾸어 준 신기한 아이템이 있었다. 바로 야광별 스티커. 진짜 별을 따오기라도 한 듯 설레는 마음으로 하나하나 붙였지만, 붙여 놓고 나서는 일상의 삶과 붙어 버린 듯, 이내 그 존재를 잊어버렸다. 하지만 야광별은 매일 밤 자신의 몫을 다해 슬그머니 빛을 내고 있었던 것 같다.

지금 침실 천장에도 아들 녀석이 붙여 놓은 야광별이 있다. 끝이 조금씩 떨어진 채 붙어 있는 모습을 무심히 보다가 예전에 의미 있게 다가왔던 단어가 생각났다. 『축적의 길』에서 이정동 교수는 혁신이 오래 쌓여서 비로소 이루어진 것임을 설명하며 이런 표현을 했다.

'묵은 별빛'

지금 아름답게 빛나고 있는 저 별빛은 내가 존재하기 훨씬 전에 출발해 날아와서 내 눈에 맺힌 것이란다. 그 과정을 생각해 보니 시간과 공간이 영화처럼 휘어지는 것 같았다. 그리고 가슴이 뭉클해졌다. 내 눈속에 담긴 별의 반짝임이 먼 시간 것이었다니…. 그리고 한 선생님이 떠올랐다. 얼마 전 수업을 나누며 눈시울을 붉히셨던 선생님이다.

선생님은 온몸으로 수업을 하셨다. 매번 이렇게 수업을 한다면 너무 힘드실 것 같다는 생각이 들 정도로 모든 에너지를 끌어모아 시간을 버티고 계셨다. 특히 아이들을 어떻게든 참여시키려고 애쓰셨는데, 소란스러움은 계속되었고 수업 흐름을 방해하는 말장난까지 이어졌다. 그럼에도 불구하고 선생님은 끝까지 아이들을 놓지 않으셨다. 무엇 때문이었을까?

수업이 끝난 후 선생님께 이야기를 듣고서야 알 수 있었다. 선생님은 아이들이 자신의 생각으로 글을 쓰고, 함께 나누며 생각이 확장되기를 원하셨다. 그래서 생각할 수 있도록 기다리셨고, 의미 있게 나누어지며 공유될 수 있도록 발표할 기회를 제공하셨던 것이다. 소란함 속에서도 포기하지 않고 아이들의 말을 들으려고 애쓰셨던 이유는 선생님의 그런 소중한 지향점이 있었기 때문이었다. 하지만 당장 눈앞에 보이는 것은 소란한 수업 장면이었다. 선생님의 지향점은 가시적인 결과로 지금 바로 교실에서 볼 수 있는 것이 아니었다.

선생님의 수업은… '묵은 별빛' 같았다. 수업은 당장 빛나는 것을 볼 수 없다. 수업의 결과는 먼 훗날 성장한 아이들의 삶에서 빛나는 것이기 때문이다. 수업에 심은 가치의 결과는 그렇게밖에 볼 수 없는 '묵은 별빛'이다.

우리는 당장 눈앞에 수업에 쏟은 노력의 결과가 보이기를 원한다. 바로 반짝거리는 것을 보아야 마음이 놓인다. 그러나 삶에 스미는 것, 삶에 응축되는 것은 명확하게 보이지 않는다. 그 삶의 주인으로 살아갈 아이가 생의 감촉으로밖에 느낄 수 없는 것이다.

수업에 의미와 가치를 녹이려는 선생님의 수고로운 몸짓은 고독한 예술가의 모습을 보는 것 같았다. 자신이 구현하고 싶은 것, 추구하는 가치를 녹여내려 애쓰는 예술가의 모습이었다.

　세상에 반짝이는 것들이 많지만, 별빛은 묵은 빛이라 더 아름다운 것이 아닐까? 라는 생각이 든다. 별빛은 인공적인 빛과는 달리 깊음에서 나오는 아우라가 있는 듯하다.

　별이 빛나는 밤. 150여 년 전, 고흐가 보았던 밤하늘의 별은 그의 작품을 통해 현재를 사는 우리와 만난다. 정신질환으로 상 레미의 정신병원에 머물 때 그렸다는 이 그림은 만져질 것 같은 별빛과 그의 섬세한 감정이 고스란히 전해진다.

고흐, 별이 빛나는 밤에, 1889

뚫을 수 없을 것 같은 어둡고 광활한 하늘을 비집고 나와 빛나는 별빛들을 보고 그는 가슴이 뛰었을 것이다. 흐르는 밤공기와 섞이는 빛. 아른대는 별빛을 하나하나 잡아 그렸을 고흐를 상상해 본다.

그는 왜 별빛을 그렸을까? 동생 테오와의 편지에서 "적어도 나에겐 색채가 낮보다 밤에 더 살아있고 풍부한 느낌이다"라고 말한다. 고흐는 남들보다 밤에 보이는 색채에 더 민감했던 것이다.

스물여덟에 화가 활동을 시작하여 서른일곱이라는 이른 나이에 인생을 마친 빈센트 반 고흐. 예술로 사람들을 위로하고 만나기를 꿈꾸었던 그의 생은 아쉽게도 잠깐이었다. 그러나 그가 남긴 900여 점의 유화 작품과 1,000장이 넘는 스케치는 묵은 별빛처럼 전해져 지금 우리와 만난다.

자신의 내면을 투영하여 별을 그렸던 고흐보다 앞선 시기, 별의 아름다움을 말했던 철학자 칸트. 자연미를 중시했던 칸트의 묘비명에도 별빛이 언급된다.

> 생각하면 할수록 놀라움과 경건함을 주는 두 가지가 있으니, 하나는 내 위에서 항상 반짝이는 별을 보여주는 하늘이며, 다른 하나는 나를 항상 지켜주는 마음속의 도덕률이다.

그렇게 별빛이 주는 아름다움은 특별했나 보다.

'묵은 별빛'처럼 수업의 의미, 그 빛을 보기 위해서는 오랜 기다림이 필요하다. 내 삶에서도 흔적을 찾아보고 싶어 꺼지지 않는 묵은 별빛 같은 은사님들을 떠올려 보았다. 필름 조각같이 남아 있는 학창 시절의 기억은 공통점이 있다. 머리가 아닌 몸과 마음으로 기억한다는 것이다.

추운 겨울, 늦게까지 미술부 활동을 하고 교실에 들렀을 때 손이 꽁꽁 얼어있는 내게 담임선생님이 건네주셨던 따뜻한 호박죽 한 잔과 격려의 말씀. 중학생이 되어 어마 무시한 과학용어를 처음 접하는 우리에게 기타를 치며 불러 주셨던 선생님의 과학노래. 고등학생 시절, 뭘 해도 반응이 없는 아이들을 위해 몸을 던져 텔레토비 흉내를 내셨던 선생님의 보는 사람이 부끄러워지는 연기. 지금까지 빛을 잃지 않은 기억들이다.

『예술가여, 무엇이 두려운가!(Art and Fear)』에 이런 구절이 나온다.

> 내 딸이 7살쯤이던 어느 날, 나에게 직장에서 무엇을 하는지 물은 적이 있다. 나는 아이에게 아버지는 대학에서 학생들에게 그림 그리는 법을 가르친다고 말해주었다. 그랬더니 딸애는 의심쩍은 눈길로 뚫어지게 나를 바라보며 물었다.
> "그럼 그리는 법도 잊어버리나요?"
> – 하워드 이케모토(Howard Ikemoto, 미국의 예술가이자 은퇴 교수) –

7살 아이의 말처럼 나에게 남아 있는 기억들은 예술적 경험과도 같다. 그것들은 우리 삶에 스미는 것이기에 쉽게 잊히지 않는다. 예술은 많은 분야에서 그 의미를 풍요롭게 하고 뜻깊게 하며, 세계로 나가는 창문과 같은 역할을 한다. 교육에도 예술성이 덧입혀진다면, 우리는 더 많은 창으로 더 깊고 다양하게 세상과 만날 수 있을 것이다.

다시 천장에 붙어 있는 야광별 스티커를 바라본다. 손끝으로 떨어진 부분을 꾹꾹 눌러준다. '이건 어떻게 빛을 낼까?' 갑자기 궁금해진다. 흡수한 빛을 내보내는 것이란다. 매일 희미하게나마 빛을 내는 이유는 밝은 빛이 있을 때 그 빛을 자신 안에 담았기 때문이었다. 그 응축된 빛을 비추었던 것이다.

예술 같은 수업, 예술 같은 교육은 '야광별 스티커'가 아닐까? 아름다운 것을 많이 접하며 끌어안아야만 그것이 드러날 수 있다. 교육에서 빛나는 순간은 묵은 별빛과도 같아 바로 볼 수 없지만, 확실한 것은 바로 이것이다. 빛을 내기 위해서는 빛을 응축하고 있어야 한다는 것. 그리고 묵은 별빛은 내가 직접 보지 못하더라도 시간이 지난 후에 다른 이의 눈에 아름답게 맺힌다는 것이다.

삶은
움직이는 것

　많은 부모가 그러하듯 나의 부모님도 딸이 교사가 되기를 원하셨다. 하지만 미대에서 교직이수를 해 놓고도 교사가 되고 싶지 않다고 했을 때, 묵묵히 그 길도 지지해 주셨다. 하고 싶은 것이 많았던 20대, 세상의 울퉁불퉁함이 궁금했기에 '학교'를 졸업하고 바로 '학교'로 가고 싶지 않았다. 그래서 나는 24살, 학부를 졸업하자마자 취직을 했다.

　인테리어 자재를 만드는 회사였다. 조형 유리를 만들기 위해 판유리에 텍스쳐 작업을 하고 가마에 구워내어, 그 위에 페인팅을 하는 일이었다. 흰 캔버스가 아닌 투명한 유리 위에 뭔가를 그리는 것은 나름 재미있었다. 학부 때 하던 작업의 연장선 같이 느껴졌다. 그러나 매일 페인트 가루를 뒤집어쓰기 일쑤였고, 여름엔 뜨거운 가마 옆에서 땀을 쏟아내야 했다. 유릿가루가 날리고 소음이 가득한 공간에서 무겁고 날카로운 유리도 옮겨야 했다. 일이 힘든 탓에 입사한 사람들은 몇 달 채우지 못하고 그만두었지만, 들어올 사람이 많은 듯 꾸준히 새로운 사람들이 채워졌다. 순수미술을 전공한 사람들의 옹색한 설 자리가 안타깝고 속상하기만 했다.

스스로 하겠다고 한 일. 힘들어도 쉽게 그만둘 수 없었지만, 결국 일 년을 채우고 좋지 않은 일로 퇴사를 했다. 육체를 부딪치며 치열하고 진하게 경험한 사회생활이었다. 지금 그 일을 다시 하라고 하면 절대 못 한다. 체력도, 패기도 그때만큼 펄펄하지 못하기 때문이다. 하지만 일 년간의 육체노동(?)은 많은 것을 생각하게 했다. 무엇보다 임용고시 공부가 하고 싶어졌다. 세상모르고 물렁했던 내가 조금은 단단해지는 경험이었던 것은 확실하다. 그때 겪었던 일들, 그때 했던 고생 덕에 공부가 상대적으로 쉽게 느껴졌으니까.

이젠 20대처럼 무언가를 직접 해 볼 기회가 많지 않다. 직업이 정해지고, 삶에 주어진 것들이 고정되면서 생각도 고정되는 듯하다. 근거지를 벗어나지 않고, 학교와 집만 반복해서 왔다 갔다 하며 살다 보니 생각도 딱 그만큼만 하게 되었다. 교직 생활이 10년을 넘어가니 이제 가장 익숙한 곳은 학교다. 마흔이 되고 주변을 돌아보니 친한 사람들은 다 교사이고, 참석하는 모임도 죄다 교사 모임이다.

학교가 편안해질 무렵, 타지역에 직장을 얻은 남편 때문에 인생 계획에 없었던 휴직을 하게 되었고, 대학원에서 예술학을 공부하게 되었다. 학교를 떠나지 않고 쭉 교직 생활을 할 줄 알았는데, 학교 밖으로 나와 예술이란 영역에 발을 들여놓게 되면서 멈춘 듯했던 삶이 꿈틀거리기 시작했다. 물론 대학원도 학교지만, 교육이란 영역에서만 머물다가 예술이란 영역을 만나게 되니 삶의 한쪽 부분이 터지듯 열리는 것 같은 느낌이 들었다. 그리고 교육과 예술을 겹쳐 놓고 바라보는 계기가 되었다.

패턴화되었던 삶을 벗어나니 자꾸 질문이 생겼다. 사그라지지 않은 교사라는 정체성 때문에 나도 모르게 계속 질문이 이어졌다. 예술의 영역에서 언급되는 것들이 왜 교육엔 없는 것일까? 교육과 예술은 함께할 수 없는 것일까? 영역이 나뉘어 있을 뿐이지 결국 같은 말을 하는 것은 아닐까? 여러 질문 중 가장 많이 했던 질문은 '교사는 예술가일 수 없는가?'였다.

모든 사람은 예술가다.

요셉 보이스(Joseph Beuys)는 모든 사람이 예술의 주체가 될 수 있다는 예술적 민주주의를 주창한 독일의 현대미술 작가이다. 그를 처음 알게

요셉 보이스, 죽은 토끼에게 어떻게 그림을 설명할 것인가?, 1965
ⓒ Joseph Beuys / BILD–KUNST, Bonn – SACK, Seoul, 2021

된 것은 오래전이지만, 독특한 퍼포먼스의 이미지가 기억의 전부였다. 다시 그의 세계를 찬찬히 들여다보다 보니 요즘은 누구나 쉽게 말하는 "모든 사람은 예술가"라는 말이 순진한 말 이상으로 다르게 다가왔다.

〈죽은 토끼에게 어떻게 그림을 설명할 것인가?〉는 그의 가장 유명한 퍼포먼스다. 얼굴에 꿀과 금분을 칠한 채 죽은 토끼를 안고 세 시간 동안 전시장 그림 앞에서 웅얼거린다. 흡사 무속인 같은 표현은 당황스럽고 난해하기만 느껴진다. 그는 이 퍼포먼스를 통해 완고한 이성주의로 무장한 사람들에게 예술은 이성적으로 이해하는 것이 아니라고 말한다. 그는 이런 충격적인 방법으로 기존의 감상 방식을 비판한 것이다.

1960년대 초부터 1970년대에 걸쳐 일어난 국제적인 전위예술 운동이었던 '플럭서스'. 이 운동에 적극 참여했던 보이스는 예술을 특별한 것으로 만들려고 하는 경향에 반대하며 획기적이고 독특한 퍼포먼스를 선보인다. 백남준, 조지 마치우나스, 오노 요코를 비롯한 플럭서스에 가담한 예술가들은 미치광이 취급을 받기도 했다. 그도 그럴 것이 미술관에서 작품을 빼내고 연주회장에서 연주를 하지 않았으니, 사람들이 보기엔 황당하기 그지없는 몸짓이었을 것이다. 혹평과 조롱에도 불구하고 무엇이 그토록 그들을 움직이게 했을까?

아마도 그들은 소수만이 독점하는 엄숙한 예술시장에서 일종의 호흡곤란을 느꼈던 것 같다. 움직이려 하지 않고 완고히 자신의 고급화된 자리를 지키려는 예술의 경향을 보고 참지 못해 터져버린 움직임이었을 것이다. 플럭서스 운동은 '삶과 예술의 조화'를 기치로 내걸고 지나치게 견고해진 고급예술을 지양했다. '플럭서스'의 유래는 라틴어 플럭스(flux)로 '변화', '흐름', '움직임'이다. 그들은 변화를 위해 자리를 견고히 하는 대신 '변화'하고자 했다.

근면한 교사로 살며 비교적 안온했던 시간 속에서 잃은 것은 무엇일까? 처음엔 거센 물살 같던 교직 생활이 어느 순간 잔잔하게 느껴졌을 때, '적응'인 줄 알았는데, 동시에 '멈춤'이기도 했던 것은 아니었을까?

맞지 않은 신발을 신은 듯 아팠던 신규 시절엔 허둥대지 않고 적당히 품위를 지킬 수 있으면 좋겠다고 생각했다. 매일 실수와 허우적대는 시간이 빨리 지나가길 바랐다. 어쩌면 그 바람은 교육의 주체로 서는 것보다 좀 더 편해지고자 했던 것일지도 모르겠다.

때론 편한 쪽을 택하고 싶은 유혹이 있었지만, 그래도 나는 나름 학교에서 열정적으로 움직이려고 했다. 예전에 들은 한마디 말 때문이기도 하다. 첫 직장을 그만두던 날, 사장님은 교사가 되기 위해 공부하겠다며 떠나는 내 뒷모습에 이 말을 던졌다.

"쳇바퀴 돌 듯 도는 인생 뭐가 좋겠냐."

그 잔인한 말은 화살처럼 날아와 나를 관통했고, 스물다섯, 새로운 시작이 두렵고 세상이 차갑게만 느껴졌던 내게 뜨거운 무언가가 차오르게 했다. 때론 누가 뱉은 미운 말이 딛고 일어설 양분이 되기도 한다. 그때 다짐했다. 교사가 되면 절대 쳇바퀴 돌 듯 살지 않겠다고. 내 인생은 절대 그렇게 되지 않을 것이라고.

플럭서스에 참여한 작가들도 그랬다. 자신들의 예술은 멈추지 않을 것이라고. 그들을 타자화해 바라보면, '참 별걸 다하는 괴짜 같은 사람들이네'라는 생각이 들지만, 그들의 예술이 지향하고 있었던 것을 조금이라도 알게 되면, 그들을 통해 예술이 고인 물이 되지 않고 발전해 왔다고 이해하게 된다.

요셉 보이스 작품은 대부분 난해하게 느껴지지만, 특별히 와 닿는 작품도 있다. 나에겐 〈7000그루의 떡갈나무 프로젝트〉가 그렇다. 이 프로

요셉 보이스, 7000그루의 떡갈나무 프로젝트, 1982
© Joseph Beuys / BILD-KUNST, Bonn - SACK, Seoul, 2021

젝트는 대중의 예술 참여를 도모하기 위한 것으로 그가 주장한 '사회적
조각', '예술작품으로서의 사회'를 단적으로 잘 표현한 작품이다.

보이스는 2차 세계대전으로 황폐해진 카셀 시내 곳곳에 7000그루의
떡갈나무를 심을 계획을 세운다. 1982년 제7회 독일 카셀 도큐멘타 개
막 날, 그는 떡갈나무 한 그루를 현무암 하나와 짝지어 심었고, 이후로
시민들의 나무 심기가 이어졌다. 그러나 안타깝게도 1986년, 5500그루
의 나무가 심어졌을 때, 그는 세상을 떠나고 말았다. 프로젝트는 중단
되지 않고, 사람들의 후원과 참여로 이어져 다음 해인 1987년, 7000그
루의 나무가 모두 심어졌다.

예술을 통해 사회를 변혁시킬 수 있다고 믿었던 요셉 보이스는 특권

층만이 아닌, 모든 사람이 예술의 주체가 되기를 원했다. 그런 그의 뜻이 가장 잘 담긴 프로젝트가 아니었을까? 그의 뜻은 사람들을 움직여 그들을 예술가로 만들었다. 800년을 산다는 떡갈나무는 흐르는 시간만큼 훌쩍 자라 그 도시를 녹색 빛으로 물들였다. 내가 태어나던 해에 그렇게 심어진 그 나무들은 지금 그 도시 일상의 한 부분이 되었다. 언젠가 동갑 나무 친구들을 만나러 꼭 카셀에 가보리.

'모든 사람은 예술가다.' 그의 말을 다시 떠올려 본다. 독일 녹색당 창건에 관여하며 사회 정치적 실천의 의미로 진행한 것이었지만, 그는 자신이 어떤 창조적 씨를 가졌는지도 모른 채 살아가는 사람들에게 당신은 특별할 수 있다고, 당신은 창조성을 지녔으니 멈추지 말라고 말한다. 스스로 자신을 평범하다 폄하하고 움직이는 것을 주저하는 우리에게 당신도 자신의 삶에서 창의력을 발휘하는 예술가가 될 수 있다고 말한다.

7000그루의 나무는 이미 모두 심어졌지만, 그 프로젝트는 여전히 진행 중이다. 심어진 나무들은 흐르는 시간만큼 자랐고, 지금도 자라고 있기 때문이다. 지금까지의 시간, 그리고 앞으로의 시간 속에서 나무와 함께 살아갈 도시의 사람들까지. 모두 예술작품인 셈이다. 이 프로젝트는 황폐해진 도시뿐 아니라 예술과 멀어져 황폐화되어가는 사람들의 마음마저 새롭게 했다.

그를 통해 '교사는 예술가일 수 없는가?'라는 질문의 답을 얻는다. 교사의 삶을 폄하하는 말, 보람을 앗아가는 말에 휘둘리지 말자. 예술이 다양한 방향으로 발전할 가능성을 부여했던 플럭서스 운동처럼, 나는 교육의 현장에서 플럭서스 운동을 이어갈 것이다.

교육은
예쁜 쓰레기

모든 예술은 지극히 쓸모없다.

– 오스카 와일드 –

세월의 흐름과 함께 세상은 고정화된다. 우리는 '세상은 원래 이런 것이야'라고 믿으며 세상의 흐름에 몸을 띄우고, 주어진 현실을 단단히 붙잡고 살아간다. 단단히 붙잡고는 있지만, 흘러가는 방향은 세상에 맡긴 채 말이다. 하지만 가끔 거대한 흐름 밖으로 튕겨 나오기라도 한 듯, 자신도 모를 작은 일탈을 하는 순간이 있다.

얼마 전, 서점의 굿즈 코너에서였다. 스무 살가량 되어 보이는 여학생 둘이 이야기를 한다.

"야, 오늘도 정신 못 차리고 고르고 있다. 우와 이것 좀 봐~"

"에고~ 오늘도 결국 사버렸네. 예쁜 쓰레기~!"

'예쁜 쓰레기?' 어울리지 않는 두 단어의 조합인데, 그게 뭔지 느낌으로 알 것 같다. 청소를 하거나 이사를 하며 필요 없어진 것들을 버릴 때마다 버려지지 않고 살아남은 것들이 떠올랐다. 분명 쓸모는 없는데, 버릴 수는 없었던 것. 일명 '감성 값'을 지불한 물건들.

인간은 본능적으로 아름다움을 추구한다. 미술사나 미학을 공부하다 보면 도대체 '아름다움'이 무엇이기에 인간은 이토록 아름다움을 갈망해 왔을까 하는 생각이 든다. 특히 고전미술은 눈으로 본 것을 더 생생하고 아름답게 표현하기 위해 수많은 화가가 자기 인생을 걸고 작업을 했다. 다행히 그 노력들은 위대한 문화유산으로 보존되어 만날 수 있다.

시간을 뛰어넘는 작품을 직접 본 경험이 있을 것이다. 박제된 것처럼 아무 감흥을 주지 않을 수도 있지만, 때론 그 아름다움에 압도당하며 '스탕달 신드롬'(Stendhal syndrome)에 빠지기도 한다. 예술 작품을 감상하는 사람 중 일부는 작품을 감상하면서 눈물을 흘리기도 하고 심장박동이 빨라지는 것을 느끼기도 한다. 작품을 통해 황홀함을 체험하는 것이다. 단순히 예술 작품에 대한 아름다움을 느끼는 것이 아니라, 그 이상으로 일종의 엑스터시(ecstasy) 상태에 빠지는 것을 스탕달 신드롬이라고 한다.

> 아름다움이란 행복에 대한 약속이다.
> – 스탕달 –

나에게 스탕달 신드롬의 경험은 미켈란젤로의 '천지창조'를 보았을 때였다. 조그만 도판으로 보았던 그림을 시스티나성당의 높은 천장에 그려진 실제 작품으로 만났을 때 목까지 무언가 차오르는 느낌이 들었다. 천장을 향하고 있던 눈에 갑자기 눈물이 고이다가 귀 뒤로 흘러내

미켈란젤로,
천지창조

렸다. 높이 12m의 넓고 높은 공간에는 전 세계에서 몰려든 사람들이 내뿜는 숨, 다양한 언어, 감탄이 섞여 부유했다. 어디부터 보아야 할지 알 수 없는 거대한 그림이 공기가 누르듯 점점 가까이 다가오는 것 같았다. 순간 주변의 웅성대는 소리는 뭉개지고 이내 사라져 그 공간에서 나와 작품만 만나는 것 같은 느낌이 들었다.

'아… 참… 인간이 어떻게 이럴 수 있나!'

'도대체 이 감정은 뭐지? 부끄럽게 왜 눈물은 나는 거야?'

계속 목구멍이 뜨거웠다. 그림을 보고 흐느끼며 울어보기는 처음이었다.

고대 그리스 철학자 플라톤도 이렇게 질문했다.

"우리는 왜 아름다운 것에 끌리는가?"

"아름다움이란 대체 무엇인가?"

미학은 어원적으로 그리스어 '아이스테시스(aisthsis)'에서 시작된다. 이 단어는 넓은 의미의 '감각적인 지각' 내지 '지각을 통한 직접적인 경험'을 뜻한다. '미학'이라는 학문이 정립된 것은 비교적 늦은 18세기였다. 인간의 자유를 찾아가는 계몽주의 시대, 전인적이며 충만한 '인간성의 이상'을 추구하면서 학문화하는 과정에서 비로소 고대의 '미론'이 '미학'이란 학문으로 정립되었다.

미학의 백과사전적 정의는 이렇다.

자연·예술 등의 미의 본질이나 모든 형태를 경험적 또는 형이상학적으로 연구하는 학문

현재는 예술학 내지 예술 철학이 주(主)이지만, 원래는 감성적 인식을 논하는 철학의 한 분야

미학은 단순히 아름다움에 대한 학문이라기보다는 인간의 전반, 다루어지지 않았던 감성, 불완전하여 잡히지 않는 인간의 그 무언가까지 알고자 하는 학문이다. 그래서였을까? 연수휴직을 하고 미학을 공부하면서 알아갈수록 늪에 빠져드는 느낌이었다. 역사, 사회학, 철학, 심리학 등 여러 인문학과 닿아 있어 갈피를 잡지 못하고 허우적거리기 일쑤였다.

하선규 교수는 『서양 미학사의 거장들』에서 이렇게 말한다.

> 미학은 인간이 지닌 모든 긍정적인 가능성들을 탐색한다. 인간의 모든 흔들림, 허망함, 허약함, 상처받기 쉬움을 간과하거나 억압하지 않고, 이러한 흔들림, 불완전함, 동요를 최대한 그대로 인정하고 이해하고 구제하고자 한다.

가장 동의가 되는 정의였다. 인간의 많은 부분 중 잡아 가둘 수 없는 영역. 감성, 감정과 같은 불완전한 것을 다루려다 보니 사실 답이 있을 수 없었다. '아름다움'은 '인간'을 떼어 놓고 말할 수 없다. '예쁜 쓰레기'라는 묘한 단어를 보아도 그렇다. 만족을 주는 '대상'과 그 대상을 심미적으로 보는 '인간'이 있다.

그렇다면 인간이란 존재에게 있어 아름다움이란 무엇인가? 나는 미술 교사이기에 이 질문을 하지 않을 수 없었다. 생각의 꼬리를 물다 보니 아름다움은 '미술'이라는 교과로만 배우는 것이 아니라는 결론이 나온다. 아름다움은 우리 자신, 삶, 그 자체가 되어야 한다. 예술 교과에 한정해서 가르칠 수 있는 것이 아니다.

인간은 합리적, 이성적 사고로 발전해 왔다. 긴 역사의 흐름 속에서 이성은 신의 자리에 앉았다. 이러한 흐름에서 보았을 때 예술은 쓸모없는 것이 되었을까?

1914년 12월 24일 크리스마스이브. 제1차 세계대전이 독일에 의해 시작된 지 5개월 정도 되었던 때, 유럽 서부전선에서는 독일군과 영국군이 허허벌판에 참호를 파고 대치하고 있었다. 여기저기 널브러진 시체, 끔찍한 신음이 가득한 그곳에서 두 나라 군대는 총과 대포를 쏘아 댔고 많은 병사가 죽어 나가고 있었다.

크리스마스이브였다. 총격이 멈추고 조용해졌다. 그리고 독일군 쪽 한 병사가 노래를 부르기 시작했다.

"고요한 밤, 거룩한 밤~"

그러자 영국군 진지에서도 노래가 시작되었다. 총을 내려놓고 양쪽 병사들은 참호 밖으로 나왔다. 말 없는 휴전이 이루어진 것이다. 손을 내밀었다. 그리고 구호품으로 온 비스킷과 초콜릿을 함께 나누어 먹었다. 다음 날에는 함께 축구도 했다. 아마도 그날 그들은 "우리는 왜 이렇게 아프고 힘든 전쟁을 하고 있는가?"라고 질문하지 않았을까? 이 기적 같은 일은 '1914년의 성탄절 휴전'(Christmas Truce of 1914)이라 불린다. 안타깝게도 그날 이후 다시 전쟁은 계속되었다.

무엇이 핏빛으로 물든 전쟁터를 멈추게 했을까? 그날의 휴전은 이성적으로는 이해할 수 없다. 전쟁의 무거운 분위기 속에서 한 병사가 긴장을 뚫고 부른 노래가 의미하는 것은 무엇인가? 이것을 무엇이라 설명하겠는가!

미학을 최초로 학문으로 정립한 바움가르텐(Alexander Gottlieb Baumgarten)은 미학을 '저급한 감성적 인식의 학'으로 명명한다. 그는 감성을 이성에 비해 인식력이 덜한, 저급한 것으로 보았던 것이다. 그래도 '전인적

인간상'을 정립하려는 시도는 미학을 통해 이루어졌다.

우리는 명확하지 못한 것, 보이지 않는 것, 목적이 불분명한 것, 설명할 수 없는 것, 감성과 감정에 대해 그 가치를 느끼지 못하고 간과해왔다. 무언가를 가르쳐야 한다는 당위로 지식을 강제로 넣으려 했고 점수와 수치로 판단하고 그것이 전부인 것처럼 여기며 재단하듯 교육을 해왔다. 그것들을 다 치워 보자. 무엇이 남는가? 바로 사람이다.

다시 '예쁜 쓰레기' 이야기로 돌아와 보자. 모순된 이 조합은 서로 밀어내는 개념인 '실용'과 '심미'를 내포하고 있다. 쓰지 못하는 쓰레기일지라도 아름다운 것. 마음을 사로잡는 것을 사는 이유는 무엇일까? 당장 쓸모 있는 것, 필요한 것이 인간의 삶 전부를 충족시킬 수 없다는 의미일 것이다.

교육은 예쁜 쓰레기다. 예술은 실용적이지는 않지만, 불필요한 것은 아니다. 교육도 그렇다. 실용성만을 쫓는다면, 인간에게 필요한 다른 부분을 놓칠 수 있기 때문이다.

다 맞추어졌다고 생각한 인간의 삶에 파장 하나를 남길 수 있는 것, 균열을 낼 수 있는 것이 바로 예술이다. 아이들에게 당장 무엇을 줄까보다 무엇이 아이들에게 더 가치 있는 것일까를 고민하다 보면 예술을 가까이하고 싶어질 것이다.

학교는
변신 중

종종 학교가 너무도 가고 싶었지만, 가난 때문에 가지 못했다는 어르신들 이야기를 듣곤 한다. 아무것도 없는 산골 마을에서 세상을 배울 수 있는 유일한 곳은 바로 학교였다.

충북에 있는 한 초등학교에 교사 연수를 위해 간 적이 있다. KTX를 타고 처음 내려 보는 역. 철컹, 문이 닫히고 열차가 떠나고 나니 이 역에 내린 사람은 덜렁 나 혼자였다. 역사에도 사람이 보이지 않았다. 과거로 여행을 온 것 같은 시골 풍경, 처음 느껴보는 공기에 얼떨떨해져 두리번거리며 걷다 보니 저 멀리 학교가 보였다. 알록달록 무지개 같은 외관을 한 작은 학교였다. 옛날 학교에서 보았던 동상들이 그대로 있고 꽃과 나무들이 잘 가꾸어진 아름다운 학교였다. 하굣길에 상기된 아이들은 해맑게 다가와서 "누구세요?"라고 물으며 묻지도 않았는데 처음 보는 나에게 자신들의 이야기를 들려주었다.

연수를 마치고 멀리서 온 강사를 위해 교감, 교장 선생님께서는 따뜻한 저녁밥을 사주셨다.

"여기 아이들 참 예뻐요."

내 말에 교장 선생님께서는 직접 핸드폰으로 찍은 아이들 사진을 자식 자랑하듯이 보여주시며 흐뭇해하셨다. 그러나 내년엔 입학할 아이들이 적다며 얼굴이 어두워지셨다. 내년엔 학생 수가 모자라 예전에 초등학교를 다니지 못하셨던 할머니들께서 1학년으로 입학하신다고 하셨다. 배움에 대한 간질함을 안고 지난 세월 밟지 못했던 학교에 오실 어르신들 얼굴이 그려졌다. 어르신들에게 학교는 밝은 빛이 될까? 궁금해졌다. 학교가 배움의 전부였던 그분들과 디지털 네이티브인 요즘 아이들에게 학교는 각각 어떤 의미일지.

공교육에 대해 생각해 본다. 칸트는 '계몽이란 미성숙 상태에서 벗어나는 것이다'라고 말했다. Enlightenment, 밝게 비추어 깨우친다는 의미이다. 18세기는 계몽의 시대였다. 무지몽매했던 중세를 벗어나 인간의 이성에 대한 무한 신뢰를 바탕으로 계몽사상이 싹텄다. 신을 중심으로 사고하던 사람들이 자신의 지성을 이용할 용기를 낸 것이다. 사람들은 계몽을 통해 인류를 진보시킬 수 있을 것이라 확신했다. 수학과 과학은 진리로 여겨졌고, 민중을 일깨워주면 스스로 자유로워질 수 있을 것이라 믿었다. 공교육은 이러한 계몽주의의 흐름에서 시작되었다.

사람들은 공교육을 통해 '교육을 받을 권리를 보장' 받고자 했다. 공교육은 당시 사람들이 꿈꾸는 세상에 한 걸음 가까워질 수 있는 통로였다. 태생이 계몽적이었던 공교육. 공적인 것, 즉 보편적인 것을 통해 세상을 밝히려고 했지만, 훌륭한 국민을 육성한다는 뜻 아래 표준화된 내용과 방식으로 계몽하는 교육이 이루어졌다. 다소 위압적이고 비인격적인 것도 교육이라는 명목으로 이루어졌다.

개별적 차원에서는 바람직할 수도 있겠지만, 집단적 강령이 되면 통제와 억압을 정당화하는 것으로 변질되기도 한다. 정답만을 가르치려 하다 보니 학생 각자의 의견과 생각은 존중되지 못했다. 학생들은 무지에서 벗어나야 하는 미성숙한 대상일 뿐이었다.

계몽이 목적이었던 과거와 다르게 오늘날의 교육은 그 목적 자체가 바뀌었다고 할 수 있다. 그래서 학교는 계속 변신하지 않을 수 없다. 오늘날의 학교 교육은 학생들을 무한한 잠재력을 지닌 존재로 보고, 각각의 존재 속 성장의 씨앗을 발견하도록 안내하고, 스스로 사고하고 행동하도록 돕는 교육으로 변화하고 있다.

19세기 신고전주의를 대표하는 화가 자크 루이 다비드(Jacques Louis David), 그는 '보이지 않는 것'을 화폭에 그렸다. 보이지 않는 것이라? 무엇일까 궁금하다면 그의 대표작인 '호라티우스 형제의 맹세'를 살펴보자. 고대 로마 의복을 입은 조각상 같은 남자들이 결의에 찬 듯 팔을 뻗고 있고, 이들이 뿜어내는 에너지는 중앙에 붉은 옷을 걸친 남자가 들고 있는 칼에 모인다. 그 뒤쪽으로 남자들의 모습과 대조적으로 몸을 가누지도 못한 채 슬픔에 빠진 여자들이 보인다.

다시 찬찬히 그림을 살펴보자. 짙은 배경은 연극무대 같은 장엄한 공간을 만들고, 직선으로 표현된 남성들 쪽에 시선이 머문다. 무채색 바탕에 붉은색은 강렬하게 눈을 잡아끌고, 비장함의 기운이 전해진다. 자크 루이 다비드는 단순히 어떤 사건을 재현한 것이 아니라 우리에게 '시각적 이미지를 통하여 무언가를 말하려고 하는 것'이다.

이 작품은 프랑스 왕 루이 16세의 주문으로 그려졌다. 그림을 통해 애국심, 철저한 복종과 충성을 본 왕은 매우 흡족해했다고 한다. 그림으로 사회계몽과 도덕적 설득을 하려고 했던 셈이다. 매체가 발전하지

다비드, 호라티우스 형제의 맹세

않았던 당시, 그림은 정치적 이념을 전하기에 가장 좋은 수단이었다. 이렇게 근대미술은 계몽을 위해 그려지는 경우가 많았다.

　교훈을 얻도록 하는 것은 계몽이다. 무엇을 말하고자 하는지 꿰뚫어 보는 것은 통찰이다. 공교육은 계몽하기 위해 시작되었기 때문에 모순을 껴안고 있다. 학교는 처음의 자신을 부정해야 제대로 설 수 있다. 모순적 상황에 놓이게 된 공교육은 그래서 위태롭다. 불확실성 시대에 살아갈 아이들에게 필요한 것은 더 이상 계몽하는 것이 아닌, 보이지 않는 것을 꿰뚫어 보고 생각할 수 있는 통찰이다.

　내년에 1학년으로 입학하실 어르신들이 생각난다. 비록 남들보다 늦게 학교에 오시지만, 몇십 년의 시간을 뛰어넘어 예전과 완전히 다른,

새로워진 학교를 만나시지 않을까?

　예술은 이전 것을 전복하며 완전히 다른 방식으로 발전해 왔다. 여기 화염병이 아닌 꽃다발을 던지는 남자 그림이 있다. 사회적 메시지를 담은 그라피티 아트로 유명한 영국 작가 '뱅크시'의 대표작품이다. 그는 얼굴 없는 화가로 정체를 숨긴 채 거리에서 활동한다. 세계 곳곳의 담벼락에 유머와 현실 비판을 풍자적인 그라피티로 표현한다. 전 세계가 그의 캔버스인 셈이다.

　그가 알려지게 된 것은 대영박물관을 비롯한 유명 미술관에 자신의

뱅크시, Flower Thrower

작품을 '도둑 전시'하면서 부터이다. 일명 '미술관 공격 시리즈.' 미술관 측은 몰래 부착된 그의 작품을 미처 알아차리지 못해 체면을 구겼다.

최근 그가 더 주목받게 된 사건이 있다. 작품 '풍선과 소녀'(Girl with Balloon)가 소더비 경매에서 15억 원에 낙찰되는 동시에 파쇄되는 상황이 벌어진 것이다. 충격에 빠진 사람들의 생생한 모습은 고스란히 작품의 과정이 되어버렸다. 물론 그가 연출한 일이다. 그는 SNS를 통해 몇 년 전 그림이 경매로 나갈 것을 대비해 액자에 파쇄기를 설치하는 과정을 담은 영상을 공개했다.

예술은 끊임없이 새로운 것을 갈망하고 그것을 수용한다. 현대미술은 그러한 특징을 지녔지만, 아이러니하게도 자본주의 논리도 따르고 있다. 사람들은 작품 자체의 아름다움이나 감흥보다는 사들였을 때 얼마나 더 많은 이윤을 남길 수 있는지, 소위 투자 가치에 대해 생각한다. 그러다 보니 예술에서 제도권을 상징하는 '미술관'이란 곳에 잘 전시가 되어야만 '예술'이 된다. 뱅크시의 작업은 '제도권 예술에 대한 반항'이다. 예술의 본질이 흐려진 세태를 시원하고 익살스럽게 꼬집는다.

그러나 뱅크시의 의도가 무색하게 그의 그림이 그려진 담벼락이 뜯겨져 미술 경매장에 등장하는 사건이 발생했다. 사람들의 비난 속에 경매는 중단되었지만, 나중에 한화 11억 원이 넘는 가격에 팔렸다고 한다. 파쇄된 '풍선과 소녀' 역시 가격이 더 뛰었다는 사실은 씁쓸한 현실을 말해주는 듯하다. 그는 이런 현실을 비판하며 여전히 거리 그림을 통해 사람들에게 말을 건다.

This will look nice when it's framed.

(이 그림을 액자에 넣고 보면 더 좋아 보일걸.)

공교육의 현실도 예술계와 크게 다르지 않다는 생각이 든다. 교육의 본질보다 비본질적, 형식적인 것에 더 치중할 때가 많다. 아이들의 생각과 잠재력을 끌어내어 주는 것보다 '제도'에 맞추기에 급급할 때가 많지 않은가! 아이들을 위한 활동보다 그것을 위한 절차에 더 힘을 쏟고, 배움의 기쁨을 느끼게 하기보다는 평가를 위해 수업을 하고 있지 않나? 실적으로 남기기 위해, 보여주기 위해서 하고 있다면, 그것은 본질을 잃은 것이 아닐까?

시대가 변하며 교육도 변한다. 학교는 변신 중이다. 각기 다른 개성과 능력을 지닌 아이들을 기성세대의 기준과 틀 안에 넣으려 했던 교육도 이제는 변하기 위해 몸부림치고 있다.

교사는 현재, 그리고 미래를 살아갈 아이들을 가르치기 위해 시대를 앞서 보는 통찰력과 변화를 수용하는 열린 마음이 가장 많이 필요한 직업이 아닐까 싶다. 교사의 '가르친다'는 역할부터 통째로 변하고 있다. 가르치는 것이 아니라니! 이러한 변화는 혼란스럽고 어렵게 다가온다. 엄청난 전환인 셈이다. 미술계를 충격에 빠뜨렸던 작품, 마르셀 뒤샹(Marcel Duchamp)의 〈샘〉처럼 말이다.

1917년 뒤샹은 남성용 소변기에 〈샘(Fountain)〉이라는 이름을 붙여 예술품이라고 세상에 내놓았다. 변기 제작 회사 이름인 'R.Mutt'를 서명한 것이 그가 한 것의 전부다. 미술계는 물론 세상을 발칵 뒤집어놓은 이 작품은 '예술적이지 않은 작품'을 만들 수 있을까? 라는 그의 질문에서 시작했다. 그는 한 비행기 전시장에서 본 프로펠러를 보고 이렇게 말했다고 한다.

"회화는 이제 끝났어! 누가 이 프로펠러들보다 더 멋진 것을 만들어 낼 수 있겠어?"

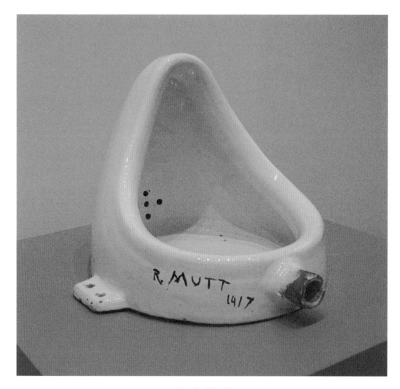

마르셀 뒤샹, 샘

　이미 세상은 변화하고 있었고, 기계로 생산되는 기술적 산물의 아름다움은 그를 예술이란 무엇인지 다시 고민하게 했다. 미술관에 전시된 〈샘〉을 보고 많은 사람은 '이게 뭐야?' '이게 예술이야?' '예술은 도대체 뭐야?'라고 생각했을 것이다. 그 질문을 던지게 하는 것이 바로 이 작품의 존재 가치다.

　교사 역시 변화에 허덕이기 전에 이 변화가 왜 필요한 것인지 본질, 교육의 본질을 물어야 한다. "과연 교육이란 무엇일까?" "이게 교육인 걸까?" 그 본질에 대한 끊임없는 고민을 통해 변화는 더디더라도 조금씩 이루어질 것이다.

변화는 두렵다. 번거롭고 피곤하다. 하지만 기존에 예술이라 여기던 것들을 흔들어 놓은 뒤샹의 작품이 현대미술의 장을 열었던 것처럼 교육도 당연하다 생각하는 것들을 흔들어 보면 새로운 답이 나올 것이다. 뒤샹을 통해 새로운 예술세계를 만난 것처럼 고민하는 교사들을 통해 변화되는 새로운 아이들을 만날 수 있을 것이다. 교육의 본질은 무엇인지 고민해본다. 교육의 본질이 우선되고 있는지. 지금 이 시대에 교육이란 무엇인지.

변화의 시작,
말랑말랑해지기

가을 냄새가 물씬 나는 어느 날. 물들어 가는 단풍을 보며 4살 아들에게 이렇게 말했다.

"우와~초록색 나뭇잎이 노란색, 빨간색으로 바뀌고 있어~ 정말 멋지다~"

그러자 녀석은 눈빛을 반짝이며 이렇게 말한다.

"나무는 노란색, 빨간색, 파란색, 보라색 알록달록 무지개색이 될 건가 봐~"

나는 기껏해야 눈에 보이는 색상을 나열했을 뿐인데, 아이는 눈에 보이지 않는 무지개 나무를 상상해낸다.

아직 사고가 말랑말랑한 아이들. 그런 아이들을 따라 했던 화가가 바로 피카소다. 실제로 피카소는 말년에 자신의 집에서 아이들과 함께 지냈다.

모든 아이들은 예술가다. 문제는 어떻게 하면 그 아이가 어른이
되어서까지 예술성을 간직할 수 있느냐 하는 것이다.
- 파블로 피카소 -

미술평론가 크리스토퍼 앤드리어는 이렇게 말했다. "피카소에게 있
어서도 독창성은 가장 중요한 문제였다. 그는 스스로 이러한 독창성을
발굴하기 위해 노력했다. 결국 그가 찾아낸 독창성의 본질은 원시성,
인간 내면에 잠재한 창조적 본능이었으며 이를 표현하는 유일한 방법
이 천진무구한 어린이가 되어 그림을 그리는 것이었다."

라파엘로처럼 그리기 위해서는 4년이 걸렸지만, 아이처럼 그리기 위
해서는 평생이 걸렸다는 피카소. 어릴 적부터 뛰어난 재능을 보인 피카
소를 보고 미술 교사였던 그의 아버지 호세 루이즈 이 블라스코는 붓을
놓았다고도 전해진다. 1950년대부터 그려진 피카소의 작품을 살펴보
면 순순한 아이들의 그림과 비슷하다는 것을 알 수 있다.

미술 교사인 나는 나름 감성적인 엄마라고 생각했다. 감성적인 자극
을 주고 싶은 마음에 아이에게 이런 말 저런 말을 해보지만, 오히려 배
우는 쪽은 나다. 학교에서도 마찬가지다. 미처 생각하지 못한 것들을
생각하고 표현해내는 아이들을 보면서 미술 교사의 가장 큰 특권은 예
술가와 같은 아이들의 작품을 제일 가까이에서 먼저 볼 수 있는 것이
아닐까 라는 생각이 든다. 예전에 아이들을 내가 정해 놓은 틀에 맞추
려고 했던 수업을 할 때는 느끼지 못했던 기쁨이다.

선공사가 되고, 한 분야에서 오래 가르치다 보면 경계해야 하는 것이
있다. 바로 '내가 다 안다'는 생각이다. 교사는 자신도 모르게 그런 착
각에 빠지기 쉽다. 하지만 그 어떠한 것도 쉽게 다 안다고 말할 수 없을

것이다. 안다는 것의 범위를 한정할 수 없고, 무엇보다 세상은 고정되어 있지 않기 때문이다. 단 하나 확실한 것은 우리가 어느 것 하나 제대로 알기 어렵다는 것이다.

얼마 전 포털사이트에서 이슈가 되었던 초등학교 2학년 '박호현' 학생의 시다. 아이들의 순수함은 어른들에게 예술 같은 경험을 선사한다. 마지막 행은 쭈그리고 앉아 물끄러미 개미를 바라보는 아이의 모습이 그려져 엄마 미소를 짓게 된다.

공짜

박호현

선생님께서 세상에 공짜는 없다고 하셨다

그러나 공짜는 정말 많다

공기를 마시는 것 공짜

말 하는 것 공짜

꽃향기 맡는 것 공짜

하늘 보는 것 공짜

나이 드는 것 공짜

바람소리 듣는 것 공짜

미소 짓는 것 공짜

꿈도 공짜

개미 보는 것 공짜

어른들이 아는 것을 기준으로 보면 세상에 공짜는 없겠지만, 아이들의 눈엔 세상에 이렇게 많이 누리는 것이 있었구나! 마음속에 미풍이 분다. 때로 아이들은 다 알고 있다고 착각하고 있는 어른들을 간지럽히듯 깨우쳐준다.

신규 교사 시절에는 내가 모르는 것이 있을까 봐, 혹시라도 실수할까 봐 더 엄하게 수업을 했다. 아이들을 향한 서툴고 어색했던 눈빛을 떠올리다 보니 교육사회학에서 배웠던 맥닐(L. M. McNeil)의 '방어적 수업'이란 개념이 떠오른다.

한 명의 교사가 수십 명의 학생을 가르치는 학급 상황에서 교사는 학생들로부터 자신을 지켜야 한다는 방어의식을 갖게 된다. 그래서 교사는 신비화, 단순화, 생략 등을 통해 방어적인 수업을 한다. '방어.' 교육과 어울리지 않는 단어 같지만, 실제 수업과 생활지도에서 아이들과 팽팽하게 맞닿는 보이지 않는 기운이다.

가끔 수업에서 내가 짜놓은 활동의 경로를 이탈하여 자기 방식대로 가는 아이들이 있다. 신규 교사였을 때는 이런 상황이 불편했다. 아이들 탓을 했고, 또 내 탓을 했다. '수업을 실패했다'라는 생각이 밀려와 괴로웠다.

경력이 쌓이고 수업의 지향점과 관점이 달라지면서 이런 상황을 조금은 유연하게 보게 되었다. 가만 지켜보면 아이들은 나보다 나을 때가 많다. 미술이란 교과의 특성일 수도 있지만, 제한하지 않았을 때 아이들은 더 보석 같은 것들을 쏟아낸다.

내가 다 안다는 생각, 내가 다 제어하리라는 생각은 방어적인 태도를 갖게 한다. 그래서 방어하는 대신 인정하는 것이 필요한 것 같다. 반대편에서 팽팽하게 치려고 했던 막을 벗고 아이들과 같은 편에 서는 것이다. 같은 방향으로 가는 사람끼리는 방어하지 않는다. 짐이 무거우면

들어주고 힘들 땐 같이 쉬고 목도 축이듯, 함께 섞이게 된다.

실제로 아이들에게 '좋은 선생님이란?' 질문을 했을 때 지식을 많이 아는 선생님보다 자신의 '마음을 이해해주는 선생님'이 압도적으로 많이 나왔다. 다 안다는 생각은 아이들 마음으로 들어갈 틈을 막아버린다. 아이들 속으로 들어가야만 아이들 마음을 이해할 수 있다.

다 안다는 생각만큼 위험한 것은 '고정된 생각'일 것이다. 나는 우리나라 육지 끝, 전라남도 광양에서 학창 시설을 보냈다. 학교 옆에 산과 바다가 있었다. 비가 오는 날엔 학교 운동장에 게가 지나다니기도 했고, 학교 가는 길은 고개를 넘어야 하는 산길이었다.

이렇게 표현하니 영락없는 시골의 분교가 그려지긴 하지만 내가 다닌 학교는 외국에서도 탐방을 올만큼 특별한 교육을 했던 사립학교였다. 특히 특기적성 교육이라는 좋은 배움의 기회가 있었기 때문에 일찍부터 마음껏 그림을 그릴 수 있었다. 정규 수업이 끝나면 화판과 물통을 들고 밖으로 나갔다. 눈에 담긴 풍경을 화폭에 옮기는 것만으로도 즐거웠다. 수채화를 그리면 항상 세 번째 손가락 손톱 사이에 물감이 끼곤 했다. 초록색으로 그림을 많이 그려선지 매번 초록색 손가락이 되곤 했다. 그래도 즐거웠다. 그림 그리는 시간은 내게 행복이었다.

입시와 가까워지며 원근법, 색 혼합법과 같은 '그리는 방법'을 익히게 되었다. 평면에 공간을 표현하는 '원근법'은 마법 같았다. 이렇게 저렇게 그려도 어색했던 대상이 화면에 정돈되어졌고, 앞뒤가 구분되어 매우 그럴듯한 작품을 가능하게 했으니까.

본격적으로 '그림 그리는 방법'을 배우게 된 것은 고등학생 때 입시를 위해 서울로 미술학원을 가게 되면서부터이다. 보고 또 보고 관찰하며 표현하려고 했던 정물들은 그리는 법이 따로 있었다. 강사님이 가르쳐 주시는 대로 색을 배합하고 가르쳐 주시는 대로 붓 터치를 했더니 마법처럼 그림이 뚝딱 그려졌다. 지방에서 학창 시절을 보낸 것이 후회되는 순간이었다. 일찍 미술학원에 보내주지 않은 부모님이 원망스러웠다.

뒤늦게 그리는 법을 배워 내 스타일을 바꾸면서 맞추려다 보니 그림 그리는 것이 어렵게 느껴졌다. 하지만 이런 방법이 익숙해지면서 어느 순간부터 그림 그리는 것이 덜 힘들어졌다. 대상을 끙끙대며 보고, 또 보고 그리려고 애쓰지 않아도 되었기 때문이다. 배운 대로 그리는 것은 더 효율적인 방법이었다. 매번 새로 관찰하고 그것을 표현하기 위해 애쓰는 수고보다 배운 것을 연습하여 익숙해지도록 하는 것이 더 쉬웠다.

'그림 그리는 방법'에 대해 다시 생각해 본다. 어릴 적 마법 같이 느껴졌던 원근법도 사실 절대적인 방법이 아니다. 15세기 르네상스를 대표하는 작가 마사초의 그림처럼 원근법은 하나의 소실점에 의해 사물들을 배열시키는 것이다. '성 삼위일체'는 회화에 원근법을 적용한 최초의 걸작으로 꼽힌다. 당시 사람들은 벽에 구멍이 뚫린 줄 알고 충격을 받았다고 한다.

이렇게 표현하기 위해서는 하나의 눈으로 고정해서 보아야 한다. 그러나 우리의 눈은 두 개이고, 눈동자는 끊임없이 움직인다. 결국 원근법은 여러 표현 방법 중에서 고정된 시점을 사용한 하나의 방법인 셈이다. 그러나 우리는 너무나도 당연하게 절대적인 방법으로 생각해 왔다.

문제는 하나의 방법을 절대적으로 여기게 되면, 입시 미술을 배울 때처럼 더 이상 고민하지 않게 된다는 것이다. 그리고 하나의 고정된 시점은 모든 것을 보았다고 생각하게 되거나, 다 알고 있다는 착각에 빠지게 한다는 것이다.

마사초,
성 삼위일체

교사는 끊임없이 다양한 시점으로 예민하게 변화를 감지하고, 다양한 것을 수용해야 한다. 아는 것을 제한하지 않고 새로운 배움 속에 스스로를 밀어 넣어야 한다. 그리고 그 과정에서 역동하는 아이들과 만나야 한다.

르네상스 미술에서 볼 수 있는 투시원근법은 그 후 변화하는 세계를 민감하게 감지한 예술가들에 의해 사라진다. 고정된 시점에서 벗어난 예술은 무궁무진하게 발전하게 된다.

상호소통의 시대, 미디어의 시대. 예술은 저만치 먼저 가서 우리에게 변화를 어떻게 받아들여야 할지 말해주는 듯하다. '다 안다'는 생각, '고정된 생각'의 위험성을 인지하고, 쉬운 방법 대신 뒤흔듦의 혼란을 기꺼이 감수해 보자. 우리의 교육도 변화하며 도약할 수 있을 것이다.

가장자리에서의
고백

중고책 사는 것이 낙이던 때가 있었다. 사람들이 잘 찾지 않는 미학 전공 서적은 많이 출판되지도 않고, 절판된 경우가 많아서 중고를 뒤져야 하는 경우가 많았는데, 막상 중고로 책을 몇 번 사고 보니 재미가 들렸다. 싼값에 살 수 있다는 점도 좋았지만, 전에 소장하던 사람들이 남겨 놓은 흔적 때문에 누군가의 시간까지 산 것 같았기 때문이다. 겁이 느껴지지 않는 묵직한 새 책보다 종이 한 장 한 장 사이에 적당한 공기가 들어가 있는 헌책이 좋았다. 그런데 재미있는 것은 책 앞부분만 그렇다는 것이다. 열심히 밑줄 그어놓고 종이 끝을 접어놓은 앞부분과 달리 뒤로 가면 새 책처럼 반질거리는 부분이 나온다.

어떤 중고책은 생각보다 낡아서 실망했는데, 펼쳐보니 겉 부분만 누렇게 색이 바래고 먼지가 쌓여 지저분해졌지 안쪽은 새 책처럼 말끔하다. 종이 가장자리는 닳고 해졌는데 책 안쪽은 도대체 무슨 일이 있었냐는 듯 말끔해서 피식 웃음이 나온다. 책장 어딘가에 꽂혀 가장자리만 세월을 뒤집어쓴 것이다.

교육과 예술을 가로지르며 대학원 공부를 마치고 학교로 돌아가기 전, 나는 한 번 더 경계에 서 보기로 했다. 교육 현장 대신 내 삶의 가장자리, 삶의 둘레 끝을 밟아보고자 육아휴직, 연수휴직에 이어 동반 휴직을 하고 가족과 함께 미국에서의 일 년의 시간을 갖게 되었다.

사람들의 응원과 부러움을 받으며 지구 반 바퀴를 날아갔다. 사정을 모르는 사람은 내가 여유가 있어 떠난 줄 알지만, 경제적으로는 마이너스에 마이너스를 각오해야 했고, 움켜쥐고 있던 것들은 아쉬워도 내려놓아야 했다. 당장 잡을 수 있는 것보다 지금 아니면 놓칠 수도 있는 소중한 것을 택하기로 한 것이다.

떠나올 때 기대감은 잠시, 도착과 동시에 설렘은 빨리 사라졌다. 익숙한 삶을 벗어나고 보니 당혹스러운 일과 긴장의 연속이라 한없이 겸허해졌다. 지금껏 살아온 삶, 그 중심에서부터 쭉~욱 밀려나 가장자리에 놓인 삶은 너덜너덜한 책의 가장자리 같았다. 대한민국에서 태어나 대한민국 학교에서 교육을 받고 대한민국 공립학교 교사가 되어 살아온 시간. 나는 딱 그만큼이라 조금만 벗어나면, 모든 것이 서툴고 어색했다.

도착부터 순탄치 않았다. 꾹꾹 눌러 싸 온 7개의 가방이 사라져 첫날부터 공항에서 하루를 꼬박 보냈다. 일주일 후엔 주차해 둔 차가 사라져(견인됨) 놀란 가슴을 붙잡고 비 오는 밤을 휘젓고 다녔고, 폭발할 듯 덜덜대는 미국 세탁기 소리에 놀라 새가슴이 되기도 했다. 어딜 가도 표 내고 싶지 않았지만, 흘깃거리게 되고 왠지 모르게 기가 죽었다. 형광등이 없는 집, 조명의 어슴푸레한 노란빛은 예전 같았으면 낭만적으로 느껴졌을 텐데 그땐 왜 그리 답답하게만 느껴졌는지 모르겠다.

영어가 서툴러 원하는 대로 말을 하지 못하니 순식간에 바보가 되어 버린 것 같았다. 늘어난 테이프 같은 배려식 영어는 없었다. 잘 들리지 않는 말은 적당히 몇 단어 알아듣고 아는 척해야 했는데 그럴 때마다 나 자신이 너무 한심하게 느껴졌다. 일반 직장인들처럼 입사를 위해 토익시험 한 번 본 적 없이 살아 온 것이 후회되기도 했다.

가장 마음을 어렵게 했던 것은 '내가 아무것도 아니다'라는 생각이었다. 이곳에서 나는 그저 동양에서 온 이방인일 뿐이었다. 운전면허 취득을 위해 갔던 DMV(교통국)에서였다. 벼락치기로 시험공부를 하고, 간신히 합격. 필요한 서류를 챙겨서 차례를 기다렸지만, 외국인이라 절차가 까다로웠다. DMV는 오래 걸리기로 명성 높은데, 외국인인 나는 더 인내하며 기다려야 했다. 한참을 기다렸는데 사무적인 표정, 경계하는 눈빛으로 이것저것 체크하던 담당자는 신분 확인을 위해 며칠 더 기다려 웹 사이트를 확인하라며 오늘은 발급해 줄 수 없다고 했다.

'뭐야… 나 대한민국에서는 신분 확실한 사람인데….'

순간 그게 뭐라고 그리 울컥했는지 모르겠다. 거부당하는 느낌이 낯설었던 것 같다. 생각해 보니 참 오랜만이었다. 어딘가에서 그런 입장이 되는 것이.

대한민국에서 교사로 산다는 것은 그 자격만으로도 많은 것이 보증된다. 오기 직전 비자 면접을 할 때도, 은행에서도, 부동산에서도. 그냥 사람들을 만날 때도 교사라고 하면 다들 '아~ 교사시구나'라며 안도감 섞인 호감 어린 반응을 보였다. 솔직히 그런 반응이 은근히 좋았다.

삶의 중심에서 벗어나 가장자리에 서 보니 그동안 나를 수식하는 것들을 통해 내가 어떤 입장이 되었는지 새삼 깨닫게 되었다. 당연하다고 여겼던 것들도 당연했던 것이 아니었다. 그것을 누리고 있을 때는 미처 자각하지 못해 불평, 불만이 더 많았는데 이만큼 멀리 오고서야 비로소 누리고 있던 것들을 알게 되었다.

작아진 그림자를 드리우며 오도카니 식탁 의자에 앉아 '아무것도 아닌 나'를 생각하다가 남편에게 혼잣말처럼 말했다.

"여보, 나 민준이 다니는 프리스쿨에서 자원봉사로 아이들에게 그림이라도 가르쳐 볼까?"

이렇게라도 내 존재를 확인하고 싶었으나, 이마저 코로나19 때문에 할 수 없었다. 외국살이는 처음이라 마음 앓이를 꽤 했다. 외국인의 입장이 되고 보니 외국살이를 했던 화가들을 떠올리게 된다. 네덜란드 출신인 고흐, 스페인 출신인 피카소는 프랑스로 떠나 자신들의 꿈을 펼쳐보고자 했다. 많은 예술가가 삶의 터전을 옮기며 창작에 불을 지폈다. 19세기엔 예술의 중심지였던 파리, 두 차례의 전쟁 후엔 뉴욕으로 몰려들어서 말이다.

꿈을 위해 파리로 간 20대의 젊은 피카소의 푸른 그림을 만날 때면 거친 숨결을 교환하는 것 같고, 아를의 따뜻한 풍경을 담은 고흐의 노란 그림을 만날 때면 감정의 파동이 전해지는 것 같다. 하지만 그들과 달리 떠나지 않고 자신이 머문 곳에서 새로운 시도를 통해 세상을 변화시킨 화가도 있다. 세잔, 부를 때마다 가슴이 뭉클해지는 화가다.

세잔은 부유한 집안에서 태어나 법 공부와 은행 일을 했던 소위 금수저였다. 그러나 그림에 대한 꿈을 포기할 수 없었던 그는 고향인 프랑스 남부 엑상프로방스에 작업실을 차린다. 물론 그도 당시 예술의 중심지인 파리로 향한 적이 있었다. 인상주의 화가들의 맏형 역할을 했던 화가 피사로는 고집스럽고 어울리지 못하는 그에게 인상주의 기법을 알려주었다. 그러나 당시 비주류 취급을 받던 인상주의 화가들 사이에

세잔, 생 빅투아르 산

도 제대로 끼지 못하고 겉돌았던 그는 결국 변방 엑상프로방스로 돌아간다.

　그리고 30년이란 세월 동안 틀어박혀 자신의 화풍을 연구하며 작업했다. 세잔은 주류가 되기 위해 중심으로 가지 않고 가장자리로 나와 묵묵히, 그리고 치열하게 자신과 싸움을 했다. 집요하게 관찰해서 진실하게 표현하고자 했다. 보이는 것의 핵심을 간파하고자 했다. 어딘가에 소속되면 창조적 작업을 시도할 때 덜 불안했을 텐데, 조금이라도 마음이 편하기 마련인데, 그는 소속감 대신 자신과 더 깊이 만나는 시간을 택했다. 철저하게 아웃사이더가 된 그가 세상과 단절한 채 끊임없이 그렸던 것은 바로 생 빅투아르 산이다. 수채화를 포함해 무려 90여 점의 생 빅투아르 산을 그렸다. 사람들 눈에는 같은 자리에서 같은 풍경만 그리는 것처럼 보였을 것이다. 사람들은 세잔을 이해하지 못했다. 그가 변하지 않는 근원을 찾고자 몸부림치고 있었다는 것을 사람들은 알지 못했다.

빗방울이 후드득 떨어지며 나무와 땅을 적시는 날도 그의 열정은 식지 않았다. 야외에서 비를 맞으며 그림을 그렸던 그는 결국 폐렴이 악화되어 1906년, 예순일곱의 나이로 숨지고 만다. 그림을 그리다가 죽고 싶다던 그의 말처럼. 비가 와서 차가워진 공기 속에서도 그는 무엇 때문에 멈출 수 없었을까? 이참에 그에게 하고 싶었던 말을 쏟아내 본다.

"세잔, 이 바보 같은 사람아, 비가 오면 피해야지. 그 비를 그대로 맞고 있으면 어떡해? 누가 알아준다고, 그게 뭐 그리 소중하다고.. 이 고집스러운 사람 같으니. 바보 같은 나의 화가…."

엑상프로방스에는 그가 마지막까지 머물렀던 작업실이 보존되어 있다. 그곳을 방문한 사람들은 소박함에 놀라고 그곳 어딘가에 그가 있는 것 같이 느껴져 놀란다고 말한다. 지금껏 나는 그림을 보러 미술관만 찾아다녔지, 화가들이 머물렀던 공간을 찾았던 일이 드물었다. 세잔의 그곳을 찾아간다면, 참았던 눈물이 왈칵 쏟아질 것 같다.

세잔의 위대함은 조금 늦게 세상에 알려졌다. 그가 스스로 위대해지려고 하지 않아서이기도 하고, 사람들의 눈이 닿지 않는 가장자리에 있어서이기도 하다. 1907년 그의 회고전은 많은 화가에게 적잖은 충격을 준다. 피카소는 "세잔이야말로 나의 유일한 스승이다"라며 세잔이 바라보는 방식을 발전시켰다.

세잔의 삶은 외롭고 참담하기만 했을까? 그가 끝까지 중심이었던 파리에 있었다면 지금과 같은 작품을 남길 수 있었을까? 그의 삶을 통해

세잔, 생 빅투아르 산

가장자리는 밀려난 자리가 아니라는 것을 깨닫게 된다. 날 것의 자신을
온전히, 그리고 깊게 만나며 남들이 보지 못한 것을 볼 수 있는 자리라
는 것을 알게 된다.

　파커 파머의 『모든 것의 가장자리에서』 추천사를 쓴 김훈 작가는 이
렇게 말한다.

　　파커 J. 파머의 '가장자리'는 삶을 옥죄이는 헛것들의 무게가 빠져
　　나가서 새로운 시야가 열리는 자유의 자리다. 헛것들의 무게가 빠
　　져나가서 새로운 시야가 열리는 자유의 자리다. 헛것들은 무게가
　　많이 나가고, 그 무게로 사람들을 겁준다.

삶의 가장자리를 경험하겠노라 향했던 미국. 떠나기 전에는 가장자리가 확장의 자리일 것이란 기대가 있었다. 코로나19가 아니었으면 그랬을지도 모른다. 가장 많은 사망자를 기록하며 멈추어 민낯을 드러낸 미국에서의 시간은 아무것도 할 수 없어 유배 온 듯 집에만 머물러야 했다. 그래서 알게 되었다. 가장자리가 확장이 아닌 비움의 자리라는 것을. 헛것들의 무게가 빠져나가는 자리라는 것을.

　닳고 바랜 중고책의 가장자리 같은 시간을 보내고 나니 중심이 아닌 가장자리에서 애쓴 세잔의 작품이 더 애틋하게 다가온다.

/

2장

교육에 예술이
왜 필요할까?

심미적 감성역량을
키우라고요?

임용고시를 준비하던 첫해, 운 좋게 1차 시험에 합격했다. 미술 과목은 2차 시험에 실기가 있기 때문에 합격 소식과 동시에 정신없이 실기 준비를 해야 했다. 경기도교육청 실기시험은 수채화, 동양화, 디자인, 조소 이렇게 4가지 영역을 평가한다. 손톱 사이엔 물감과 먹물이 빠질 날이 없었고, 손가락 지문은 파스텔 가루를 문지르다 사라져버렸다. 맨손으로 찰흙을 주무르다 보니 손은 쩍쩍 소리가 나며 갈라졌다.

시험 당일, 시험장으로 향하는 모습은 더 처량했다. 눈이 휘몰아치는 추운 날, 두꺼운 패딩을 껴입고 돌덩이 같은 벼루, 부조 판을 만들기 위한 나무 방망이, 물감 방울이 말라붙은 파란 물통을 어깨에 메고 끼었다. 트랜스포머처럼 촤라락 펼쳐지는 화구박스는 각종 재료를 짚기 쉽게 채우고 접어서 남은 손에 들었다. 전투장에 나갈 것 같은 행색이었는데, 절박한 마음에 기이한 몰골일 것이라 생각도 못 했다.

이틀 동안 바들바들 떨며 실기시험을 보고 다음 날엔 급하게 모드를 전환하여 어색한 정장을 걸치고 면접까지 보았지만, 결국 불합격의 쓴 맛을 보아야 했다. 불합격의 원인은 겨우 턱걸이한 1차 시험 점수였다. 달달 외워야 하는 교육과정 공부를 미루고, 상대적으로 재미를 느꼈던 전공 미술이론만 편식하듯 공부한 탓이었다. 그때의 기억 때문인지, 교육과정이 개정된다는 말이나, 새로운 교육과정이 도입된다는 소식을 들으면 슬쩍 겁이 나고 숨이 막혔다.

2015 개정 교육과정은 '역량중심 교육과정'이다. 그래서 교육계획서에 어떤 '역량'을 길러 줄 것인지 쓰라고 한다. 앞으로는 지식 습득을 넘어 당면한 문제를 해결하고 적용하고 실천할 수 있는 역량을 길러야 한다고. 교육과정은 세상의 좋은 말을 다 모아놓았지만, 솔직히 구체적으로 와 닿지 않는다.(교육과정 외울 때 그래서 힘들었던 것 같다) 외피만 만져 보고 맞추는 게임처럼 제시는 되었지만 아리송하다.

6개의 핵심역량 중 '심미적 감성역량'이 있다. '미'라는 글자 때문인지, 미술과에 가져와 붙여야 할 것 같다. 하지만 심미적 감성역량을 풀어서 설명하는 글을 보면 생각이 달라진다.

> 인간에 대한 공감적 이해와 문화적 감수성을 바탕으로
> 삶의 의미와 가치를 발견하고 향유하는 역량

'응? 이건 모든 과목에 다 해당하는 거 아닌가? 교육이란 결국 삶의 의미와 가치를 발견하도록 하는 것인데 인간에 대한 공감적 이해 없이 배울 수 있는 과목이 있을까?'

곱씹어 볼수록 심미적 감성역량은 예술 교과에 한정할 수 없는 것이라는 생각이 들었다. 반대로 지금까지 미술이란 교과를 통해 심미적 감

성역량을 기를 수 있었는지 생각해 보았다.

앞서 언급한 실기시험은 극단적인 경우이기도 하지만, 내가 배워온 미술과 크게 다르지도 않다. 미술을 배우면서 딱히 심미적 감성이 키워졌다는 생각이 들지 않는다. 화판과 시계 분침을 번갈아 보며 긴장 속에 그림을 완성하는 연습을 했던 것이 지배적인 기억이다. 경쟁하며 경직되어 있었던 시간 속에서 심미적 감성이 싹트기는 어려웠다. 사람마다 경험의 차이는 있겠지만, 부족했던 것은 안타까운 일이다.

자신이 경험해보지 못한 것을 남에게 가르치는 것은 거의 불가능하다. 사실 기성세대 교사들에겐 충만한 미적 체험, 심미적 경험을 할 기회가 많지 않았다. 강력한 물음표가 떠올랐다. 아이들에게 심미적 감수성 역량을 키워주기 위해서는 먼저 교사들에게 심미적 경험의 기회가 있어야 하지 않을까? 그런 경험이 없는 교사들은 심미적 감수성 역량이 자신이 가르치는 것과는 관련이 있나 싶어 그 단어 앞에서 머쓱해져 머뭇거리게 되지 않을까? 심미적 감수성 역량을 예술 교과에 해당하는 것이라 분류하면 또다시 예술이 교육 안에 스미지 못하고 주변적인 것이 되지 않을까? 지난 교육 현장 가운데 예술은 중요하지 않은 것으로 치부되어 고3에게 음악, 미술 시간은 자율학습 시간 따위가 되어 버리지 않았는가? 과오를 반복해서는 안 되지 않을까? 이런 질문이 쏟아지는 동안 자꾸 목이 멘다.

맥신 그린(Maxine Greene)은 미국의 교육철학자다. 2014년 타계하기까지 그녀는 교육에서 예술이 지니는 중요성을 인식하고 예술을 매개로 한 교육에 대해 연구하고 실천했다. 우리나라에는 맥신 그린의 『블루 기타 변주곡』이 번역되어 있다. 제목 때문에 간혹 서점 음악 코너에 꽂혀 있다는 웃픈 이야기가 있지만, 이 책은 그녀가 1975년부터 뉴욕 링

컨센터의 인스티튜트 워크숍에서 초·중등 교사들을 대상으로 '심미적 교육'에 대해 강의한 것을 모은 것이다. 강연록이라 짜임새 있는 책은 아니지만, 읽다 보면 행간에서 심장에 꽂히는 문장들을 만나게 된다. 책 속의 이 한 문장은 그동안 품고 있던 서러운 마음을 토닥이며 안아주는 것 같다.

> 예술은 쳇바퀴처럼 돌아가는 일상, 지루함, 불평등에 마취돼 있는 우리를 깨어나게 하는 것

존재의 의미에 대해 새롭게 인식하고 자기 내면과 친밀하게 접촉하면 짜릿하고 벅찬 기분, 진짜 자신이 되는 것 같은 느낌이 든다. 외부에서 주입할 수 없는, 주체인 자신만이 경험하는 황홀경이다. 자신에게 입혀진 단단한 외피 속 진짜 자신을 만나는 경험이다. '수동적인 상태'가 전부인 줄 알았던 자신의 '능동적인 상태'를 경험하게 하는 것이다. 배움이란 그런 것이 아닐까? 그렇다면 모든 배움 가운데 예술은 함께 해야 하는 것이 아닐까?

대학원 동기가 떠오른다. 그는 사진작가로 활동하며 평생교육원에서 사진을 가르친다. 사실 동기라고 하기에는 나이 차이가 제법 난다. 음악가 브람스를 닮은 그는 동기들의 대장 같아서 든든했다. 내가 가장 늦은 대학원생인 줄 알았는데, 그와 같이 걸어가면 학부생들이 교수인 줄 알고 인사를 하곤 했다.

그에게 평생교육원 이야기를 종종 들었다. 평생교육원에서 뒤늦게 사진을 공부하시는 분들은 대부분 공부도 많이 하셨고, 경제적 여유도 있는 분이 많다고. 그런데 사진 기술을 배우는 줄 알고 온 그분들에게

자신에 대해 묻고 자신의 눈으로 세상을 바라보라고 하면 매우 힘들어 한다는 것이었다. 평생 살아오며 그렇게 해 본 적이 없어서 당혹스러워하다가 처음으로 자신과 오롯이 마주하다 눈물을 쏟기도 한다고 했다.

예술은 우리 삶이 생기 없는 반복이 되지 않고 편협함과 상투성을 넘어설 수 있도록 한다. 예술은 무한한 답이 나올 수 있는 열린 질문을 하고 거기서 파생되는 다양한 관점을 공유하고, 스쳐 지나쳐 버린 것에 머물러 보고, 보다 깊게 살펴보고 알아가게 한다. 기존의 획일화된 주입식 교육을 벗어난 배움의 과정에서는 과목에 상관없이 얼마든지 심미적 감수성 역량을 끌어올릴 수 있다.

실제로 내가 만난 타 교과 선생님들은 얼마든지 심미적 감수성 역량을 끌어내는 수업을 하고 계셨다. 미술실 옆에 안 쓰고 비어 있던 특별실이 있었다. 쓰지 않은 흔적이 역력한 그곳을 역사 선생님은 쓸고 닦아 역사 교실로 만드셨다. 선생님은 아이들이 편히 머물 수 있도록 그 공간을 아기자기하게 꾸며 놓으셨다. 벽 하나 사이를 둔 옆 교실인데, 내 수업만 하느라 바빠 가보지 못했던 그곳에 처음 들렀을 때, 물끄러미 공간을 바라보며 가슴이 뭉클해졌다.

교실 사방 벽면에는 빼곡하게 아이들이 쓴 '나 ○○○의 역사'가 붙어 있었다. 진지한 이야기부터 위트 넘치는 이야기까지, 절대 사소하지 않은 아이들의 이야기가 그곳을 채웠다. 존재 하나하나가 쏟아낸 정제되지 않은 이야기. 읽는 동안 가라앉아 있었던 감정이 올라왔다. '학생'이라는 개념으로 환원하기 전 각각의 아이를 존재로 만나는 느낌이 들었다. 소소한 진실을 품고 있는 아이들의 이야기는 역사의 시작이었다. 자신의 역사가 세상이 말하는 역사와 동떨어진 것이 아니라 연결되어 있음을 자각하고 역사를 공부하면 세상이 어떻게 보일까?

이유와 맥락은 모른 채 방대한 양의 역사적 지식을 그저 외웠던 학창 시절의 역사 수업이 떠올랐다. '나'라는 주체가 빠져 있었던 역사 수업과 달리 자신의 역사에서 시작하는 역사 수업을 받으면 역사를 어떻게 받아들이게 될까? 실제로 아이들은 달랐다. 아이들은 국정농단 촛불집회 때는 가만히 있을 수 없다며 선생님들께 함께 가자고 재촉했고 일본군 위안부를 위한 집회에 피켓을 만들어 참석하기도 했다.

심미적 감수성이 키워지면 개인적 삶의 향유뿐만 아니라 사회적 변혁의 가능성을 추구하는 방향으로 확장된다. 누군가의 슬픔에 공감하고, 시대의 아픔에 마음을 포개게 되면 보다 나은 세상을 만들고자 움직이게 된다. 결국, 미래에 심미적 감수성이 핵심적으로 필요한 역량이라는 것은 인간다운 삶을 위해 필요한 것이다. 그동안 획일화된 교육 시스템 속에서 경시되었던 것이 회복되어야 한다는 의미일 것이다.

폐허가 된 인류의 미래를 그린 영화 〈오블리비언〉은 같은 맥락의 메시지를 담고 있는 영화이다. 우리말로 '망각', '아무것도 인식하지 못함'을 뜻하는 제목처럼 주인공 잭은 과거의 모든 기억을 잃고 복제되어 관할 구역을 관리하라는 명령을 수행하며 살아간다. 그런 그가 자신의 존재를 인식하고 인간적 삶을 꿈꾸게 하는 매개로 미국화가 앤드루 와이어스의 그림 '크리스티나의 세계'가 나온다.

황량한 들판에 주저앉은 크리스티나라는 여자가 언덕 위에 집을 바라보고 있다. 가녀린 뒷모습이 안쓰럽게 느껴지기도 하지만 왠지 모를 절실함과 의지가 느껴진다. 불안한 듯 보이지만 희망을 잃지 않는 고뇌가 담겨 있다. 단어 하나에 담아 표현하기 어려운 인간의 여러 감정이 묘하게 겹쳐지는 그림이다.

"저걸 보니 집 생각이 나."

앤드루 와이어스, 크리스티나의 세계, 1948
© 2021 Andrew Wyeth / ARS, New York - SACK, Seoul

　주인공 잭의 부인 줄리아는 그림을 보고 이렇게 말한다. 그녀가 말하는 집은 인간다운 삶을 의미할 것이다. 군더더기 없어 보이는 매끈한 미래의 공간과 대조적으로 과거 인간이 살았던 곳은 엉망이 되었지만, 그 잔재 속에서 사람, 불완전한 사람이 느껴진다.

　우리는 무엇을 망각하고 살고 있었을까? 심미적인 인간은 감성으로 자신을 돌아보고 대상이 가진 아름다움을 예민하게 느낀다. 심미적 감성을 지닌 교사는 아이들의 몸짓과 눈빛의 의미를 읽어내고 보석 같은 아이들의 가치를 발견하며 내적 성장을 도울 수 있다.

　윌리엄 버틀러 예이츠는 '교육은 들통을 채우는 일이 아니라 불을 지피는 일이다'라고 말한다. 지금껏 들통을 채우고만 있었다면, 이제는 아이들 가슴에 불을 지펴야 할 것이다.

경계선이 한계선이
되지 않도록

　학창 시절, '수학 천재'로 불리던 선배가 있었다. 각종 수학 경시대회에서 상을 휩쓸었던 선배는 옆집 사정 다 아는 좁은 동네에서 모르는 사람이 없었다. 고등학교 팝송동아리를 같이 하며 선배를 좀 더 가까이 알게 되었는데 일찍이 수포자였던 내겐 신비한 부류의 사람이었다.

　나의 학창 시절엔 문, 이과 반으로 나뉘어 성적순으로 한 반씩 우반이 있었다. 이과 우반에서도 탑이었던 선배는 예상대로 S대를 갔다. 그런데 '이과'가 아닌 '문과'에 해당하는 학과였다. 일찍이 수학에서 두각을 나타냈던 터라 많은 사람의 기대가 쏠렸고, 소위 잘나간다는 학과에 진학할 것으로 생각했는데, 예상 밖의 진학 소식에 조금 놀랐다.

　선배는 이과 반이었지만, 문학적 감수성이 풍부하고 호기심이 많았다. 많이 웃고 농담도 잘하는 편안한 사람이었다. 선배는 고3 생활이 반쯤 흘렀을 무렵 진로를 다시 정한 듯했다. 미술실과 가까운 문과 교실 앞에서 자주 마주쳤던 것은 선배가 문과 수업을 듣기 위해 일부 시간 다른 반 수업을 들었기 때문이다. 문과 이과 교실을 왔다 갔다 하며 이중생활을 하고 있었던 것이다.

선배가 갔다는 과는 '인류학과'였다. 나는 인류학과를 그렇게 알게 되었다. 아는 학과가 몇 손가락 안에 꼽을 만큼 적었던 나에겐 생소한 학문이었다.

선배처럼 지그재그 선을 그리며 인생의 진로를 찾는 사람도 있지만, 나는 어릴 적부터 시작한 미술, 한길만 쭉 따라 서양화과에 진학했다. 그런데 다니는 대학에 '인류학과'가 있었다. 당시에 서울에 인류학과가 있는 학교가 드물었는데, 내가 다니는 학교에 있다고 하니 관심이 생겼다. 그래서 호기심 반으로 인문사회대와 예술대를 오가면서 이중생활을 시작했다. 인류학 수업에 들어오시는 교수님들께선 "오~ 예술대학생이 있네요?"라고 반가워하셨다. 따뜻하게 품어주셔서 처음엔 어색했지만 재밌게 공부했다.

인류학 부전공은 정해진 궤도를 따라 살았던 내게 경계를 벗어난 첫 경험이었다. 언제부터 내 삶의 경계가 확실해졌을까 생각하다 보니 초등학생 시절이 떠올랐다. 지금은 글 쓰는 것이 어렵고 두렵게 느껴지지만, 초등학생 때는 글 쓰는 것을 좋아했다. 2학년 때 담임선생님이 서울로 전근 가시던 날 썼던 일기는 지금 읽어도 슬프다. 비가 내리는데 선생님이 성냥개비만큼 작아질 때까지 손을 흔들었다는 문장은 어른이 된 지금도 그 이별의 순간을 생생하게 떠올리게 한다. 그땐 글로 내 마음을 마음껏 표현했던 것 같다. 그런데 그림을 그리게 되면서 나는 글짓기와 그림 중 하나를 '선택'해야만 했다. 모든 대회는 종목이 백일장과 그림 그리기로 나누어져 하나만 골라서 참가해야 했다. 그래서 그림을 잘 그린다는 소리를 들으면서부터 글을 쓰지 않게 되었다. 지금 생각하면 참 안타까운 일이다.

학문들을 연결하고 엮을 수 있는 융합적 능력을 요구하는 시대. 분절적인 세상에 길들여진 기성세대에게는 아직 어렵게 다가온다. 하지만 이제 그런 교육을 하라고 한다. 현재 그리고 미래는 이중생활을 넘어서 다중생활을 장려하고 있다. 그동안 구획해 놓았던 것들을 이제 허물어야 한다고 말한다. '창의융합'이란 단어는 교육 어느 분야에서나 중요하다고 이야기된다.

그동안 우리가 살아온 세상은 왜 그리도 조각조각 분절되어 있었던 것일까? 아직도 기성세대는 문과와 이과라는 두 개의 틀로 자신을 이해한다. 마치 세상에 딱 두 가지 종류의 사람이 있는 것처럼 말이다. 사실 이러한 구분은 실체가 있는 구분이 아니라 지극히 임의적인 제도적 구분이다. 일종의 편의와 효율적 관리를 위해 그어 놓은 '경계선'인데, 어느 순간부터 사람들은 그 '경계선'을 자신의 '한계선'이라 느끼는 듯하다.

"전 이과라… 그림은 잘 몰라요."

예술을 전공한다고 말하면 상대방한테서 가장 많이 듣는 말이다. 자신은 이과생이라, 문과생이라, 예술과는 거리가 멀다며 철벽 방어를 하는 경우가 많다. 그런 구별 짓기 속에서 우리는 자신의 능력을 재단하고 한정 짓는다. 자신이 속한 영역의 경계선이 자신의 능력치의 전부인 양 여기게 된다. 그리고 그 경계선 너머의 세계에 대해서는 더 이상 궁금해하지도, 알려고 하지도 않는다.

자신의 가능성을 발견하기도 전에 먼저 경계선을 그으면, 마치 원래 자신에게는 '그 영역 밖의 능력은 없다'고 생각하게 된다.

19세기 영국, 라파엘전파를 이끌었던 화가, 존 에버렛 밀레이의 작품

존 에버렛 밀레이, 눈먼 소녀(The Blind Girl)

이다. 라파엘전파는 1848년 이상화된 르네상스 스타일을 무조건 모방하는 아카데미 미술에 반대하며 낭만적 서정과 중세적 신비로움을 표현하고자 했던 젊은 화가들의 모임이었다. 밀레이는 11살에 왕립 아카데미에 들어간 신동으로 뛰어난 재능을 가지고 있었지만, 정답처럼 이상화된 그림을 그리는 것에 염증을 느꼈던 듯하다. 르네상스 시대를 모방하는 것으로는 진실을 담을 수 없다고 생각해서였을까? 그가 담고 싶었던 진실은 무엇이있을까?

'눈먼 소녀'는 그가 한 시골에 머물며 실제 모델을 그린 것이라고 한다. 자매로 보이는 행색이 남루한 두 소녀가 비가 그치고 햇살이 쏟아지기 시작하는 노란 들판에 앉아 있다. 동생인 듯 보이는 어린 소녀는 언니의 숄에 얼굴을 반쯤 묻고 하늘에 곡선을 그린 쌍무지개를 바라보고 있다. 하지만 손을 꼭 잡고 있는 언니는 무지개를 보지 못한다. 제목처럼 언니는 앞이 보이지 않기 때문이다. 그녀는 살짝 고개를 들어 눈을 지그시 감고 시각을 제외한 온몸의 감각세포를 동원해 무지개를 느끼려고 애쓴다. 내린 비에 짙어진 풀냄새와 대기에서 올라오는 습한 공기를 한껏 들이마신다. 한쪽 손끝으론 아직 젖어 있을 잔디의 촉감을 느끼고 있다. 무릎 위에 놓인 손풍금은 그녀가 보지는 못해도 남들보다 더 밝은 귀로 음악을 듣고 연주할 수 있다는 것을 말해주는 듯하다. 작은 그림에서는 잘 보이지 않지만, 언니의 목 아랫부분 하얀 종이엔 'Pity a Blind'(불쌍한 눈먼 이)라고 적혀 있다. 아마도 그녀와 동생은 풍금을 연주하며 구걸을 했던 모양이다.

세상을 눈으로 볼 수 없다는 것은 그녀의 한계였을까? 소녀는 보이지 않는 한계를 뛰어넘어 자신에게 남겨진 잠재적 가능성을 모아 세상을 느끼고 있다. 아마도 그녀의 마음속엔 눈에 보이는 것보다 더 아름다운 무지개가 그려지지 않을까? 그녀는 상상을 통해 다른 사람들보다 더 많은 것을 보고 있었는지도 모르겠다.

우리는 원래 눈먼 소녀처럼, 결핍에도 불구하고 무언가를 갈망하고 더 알아가고자 하는 존재였을 것이다. 결핍이 있다면 더 간절해지는 존재였을 것이다. 우리 삶은 잘린 두부처럼 반듯하게 구획된 것이 아니다. 누군가가 그어 놓은 경계를 나의 한계선이라 여기지 않는다면, 우리도 보이지 않는 것을 볼 수 있지 않을까?

한계선을 느끼지 못하고 살았던 한 사람이 있다. 창의융합 시대의 롤모델, 바로 레오나르도 다 빈치이다. 그는 자신이 2000년대 수많은 책에 회자되며 인기를 끌게 될 줄 알았을까?

다 빈치는 학문의 경계를 자유롭게 넘나든 천재로 미술 시간에 가장 많이 만나고 있지만, 익히 알려졌듯 화가로 한정할 수 없는 사람이다. 조각가, 건축가, 발명가, 해부학자, 기술자, 식물학자, 수학자, 도시계획가, 저술가, 지질학자, 천문학자, 지리학자, 음악가, 철학가. 그리고 요리사! 세상 궁금한 모든 것을 다 해보며 살았던 그가 가장 열의를 보였던 것은 그림보다 '요리'였다는 이야기가 전해진다. 그는 67년의 삶에서 30년을 요리사로 살았다. 실제로 화가 보티첼리와 함께 '세 마리 개구리 깃발'이라는 독특한 이름의 식당을 운영했다고 한다. 다 빈치는 새로운 실험적 요리와 요리에 필요한 도구들을 끊임없이 연구했지만, 재료 본연의 맛을 살린 채식 중심의 요리는 그다지 맛있지는 않았던 듯하다.

1894년 밀라노 산타 마리아 교회에 그려진 '최후의 만찬.' 요리가 들어간 그림이었던 '최후의 만찬'은 그에게 얼마나 특별했을까? 소위 '요리 덕후'였던 그는 인물보다 탁자 위에 놓인 음식을 그리는 데 오랜 시

레오나르도 다 빈치, 최후의 만찬

간을 쏟았다고 한다. 그는 그림을 그리는 동안 그림에만 몰두하지 않고 순간 떠오른 생각과 호기심을 따라가며 종종 붓을 놓았다. 인물을 그리려다 해부학에 빠지기도 하고 음식을 그리려다 요리에 빠지기도 했다. 그림에 몰입한 날엔 먹지도 않고 그림만 그렸다.

그렇게 오랫동안 작업을 진행하기 위해서는 회벽이 마르기 전에 빨리 그려야 하는 프레스코 기법 대신 다른 방법을 사용해야 했다. 그래서 그는 템페라와 유화를 혼합하여 실험적으로 그림을 그렸는데 결과는 참혹한 실패였다. 작품이 완성된 직후 물감이 갈라지고 떨어져 내렸다. 지금 작품은 원본이 10% 정도밖에 남아 있지 않은 상태로 복원된 것이다. 실제 이탈리아에서 이 작품을 직접 보았을 때 사진으로 보던 것과는 달리 희미해서 실망했던 기억이 있다.

융합형 인재의 원조라는 레오나르도 다 빈치의 행동을 살펴보니 이런 질문을 하게 된다.

'레오나르도 다 빈치 같은 아이들을 만난다면 과연 나는 감당할 수 있을까?'

레오나르도 다 빈치를 학생으로 가정하고 기존의 결과중심평가로 점수 매긴다면 어떨까? 결과물을 망쳤다는 것은 최하점이다. 그리고 과제 아닌 다른 것들을 하느라 산만했기 때문에 태도 면에서도 좋은 점수를 줄 수 없다. 하라는 걸 안 하고 이것저것 관심을 보이는 다 빈치의 모습과 호기심 많은 학생의 모습이 오버랩 되어 피식 웃음이 나온다.

실제로 레오나르도 다 빈치의 유화나 프레스코화 등으로 채색된 완성작 중 지금까지 확실하게 밝혀진 작품은 불과 십여 점 정도밖에 없다. 지나치게 완벽을 추구한 나머지 그림을 수정하고 또 수정하느라 마무리 짓지 못한 것이 많다. 또 영감이 떠오를 때마다 새 작업을 하느라 완성하지 못했다. 만약 그의 생활기록부가 있어 지금까지 남아 있다면 '주의산만, 끈기 부족'이라는 문구가 분명 있을 것이다.

학생들이 융합형 인재가 될 수 있도록 도우려면 기존 교사의 관점과 교육시스템, 평가도 바뀌어야 한다. 지금은 인재상만 제시되어 있지만, '어떻게 그런 인재를 키울 수 있을지'에 대해 답을 찾아가는 과정인 듯하다.

하나의 정답만 추구했던 과거엔 그 외의 것에 호기심을 가지면 별난 사람이 되었고 다른 생각을 품으면 부적응자가 되었다. 앞으로는 어떠해야 할까? 범주화된 틀로 그어놓은 경계선, 내 능력 밖이라 여겼던 한계선을 지우고 넘나듦이 필요하다. 예술은 넘나드는 시도에 디딤돌이 될 수 있을 것이다.

상상력과 용기로
만들어가는 교육

존재하지 않는 것을 상상할 수 없다면 새로운 것을 만들어 낼 수
도 없으며 자신만의 세계를 창조하지 못하면 다른 사람이 묘사한
세계에 머무를 수밖에 없다.

– 폴 호건(화가) –

독특한 사람? 괴짜? 사람들은 흔히 예술가를 이렇게 생각한다. 그들
의 탁월한 창의적 능력과 개성 때문에 그런 이미지를 떠올리는 것이 사
실이다. 하지만 나는 그보다 그들의 '용기'에 더 주목한다. 예술은 결국
'표현'하는 것이다. 아무리 위대한 생각이나 창의적인 아이디어도 표현
해서 드러내지 않으면 아무것도 아니기 때문이다. 예술가들은 기존의
편견 때문에 남들이 시도하지 못했던 것들을 환영받지 못하는 상황 속
에서도 '용기 내어 하는 사람들'이다. 그래서 나는 예전의 영광에 취해
반복적인 작업을 하는 유명작가보다, 전공에 상관없이 지금 무언가를

표현하는 사람을 더 존경한다.

스스로 직접 표현해 보지 않은 사람들은 표현하기까지 얼마나 많은 용기를 내야 하는지 잘 모른다. 그래서 그런 사람들은 형상의 빈곤이 특징인 현대미술을 근대적 프레임으로 바라보며 이렇게 말한다.

"야~ 이런 것은 나도 하겠다!"

이런 사람에겐 씽긋 웃으며 이렇게 말해주면 된다.

"그래. 그럴 수 있지. 하지만 넌 하지 않았잖아."

머릿속의 시는 언제나 완벽하다.
문제는 그것을 글로 옮기고자 할 때 비로소 시작한다.
– 스탠리 쿠니츠(시인) –

현대미술은 쉽게 판단하기 전에 어떤 의미가 있는지 생각해 보는 노력이 필요하다. 미술 교사인 나도 난해한 현대미술 작품을 볼 때 누가 설명해 달라고 하면 "저도 잘 모르겠네요"라고 말하곤 한다. 바로 이해하기는 어렵지만, 예술가가 우리에게 무엇을 전하고 싶어서 표현한 것인지 생각하다 보면 무심하게 툭 던져 놓은 것 같은 표현이 실로 엄청난 용기를 낸 것이 아닐까 생각하게 된다.

테크닉을 보여주는 작품, 상식을 그대로 재현한 작품은 사람들에게 쉽게 탄성을 자아내게 한다. 하지만 진정한 의미의 창조적 작품을 선보이는 것은 그런 과시할 수 있는 것을 포기하고 헐벗은 상태가 되는 것이다. 없는 것을 떠올리는 능력, 상상력은 그래서 용기가 필요하다.

'상상력' 하면 19세기 낭만주의 화가 외젠 들라크루아가 자주 언급되지만, 독특한 작품이 넘치는 오늘날에는 다소 무난하게 느껴져 의아할

수도 있다. 시대를 거슬러 들라크루아가 살았던 19세기 관점으로 보면
그의 작품을 이해할 수 있고, 위대함을 깨닫게 된다.

　그 시대의 미술은 '모방론'으로 분류된다. 19세기 초반까지 프랑스
미술을 평정했던 화풍은 신고전주의로 숭고한 역사화나 완벽한 초상화
가 주로 그려졌다. 이상적이라고 여겨지는 기준에 충실하게 엄격한 소
묘를 했고, 붓 자국이 남지 않도록 매끄럽게 색을 칠했다. 그런 틀을 깨
고 들라크루아는 문학적 상상력을 발휘한 소재를 택하고, 색과 색이 부
딪치는 것에 주목하며 붓 터치를 통해 감정을 표현한다. 이는 '표현론'
으로 분류되는 새로운 예술을 가능하게 한 것이었다.

　'단테의 조각배'는 그가 24살에 그린 작품이다. 시인 단테의 '신곡'

들라크루아, 단테의 조각배

중 단테가 로마 시인 베르길리우스의 인도를 받아 지옥을 여행하는 장면을 상상해서 그린 작품이다. 지옥의 모습은 정말 이러할까? 물속에서 허우적거리는 광기 어린 사람들, 배 한 귀퉁이를 붙잡은 악령 그리고 이를 보고 놀란 단테가 생동감 있게 표현되어 있다. 문학을 소재로 상상해서 그린 이 작품 당시 그린 이 작품은 큰 화제가 되었다.

　이번엔 당시 '악마의 바이올리니스트'라고 불렸던 니콜로 파가니니의 초상화를 살펴보자. 같은 대상을 그린 것이지만, 신고전주의를 대표하는 앵그르와 낭만주의를 대표하는 들라크루아의 그림은 매우 다르게 느껴질 것이다. 어느 그림에서 그가 느껴지는가? 어디에서 음악이 들리는 것 같은가? 파가니니의 음악을 좋아하는 내게는 앵그르의 파가니

앵그르, 파가니니의 초상　　　　　들라크루아, 파가니니의 초상

니는 낯선 사람처럼 느껴진다.

이성적으로 판단할 수 없는 감각과 감성의 영역이 열린 것이다. 들라크루아의 표현은 기존의 질서를 거부하는 것이었지만, 새로운 문을 연 것이기도 했다. 그의 표현적인 붓놀림은 후에 인상주의 작품에 영향을 주었다. 현대미술의 문을 연 인상주의가 많은 욕을 들었다는 것은 익히 알려져 있는데, 그보다 앞서 '회화의 학살자'로 불리며 쏟아지는 비난을 받았던 사람은 바로 들라크루아였다. 그는 이렇게 말했다.

"진정한 예술가란 격정과 열정을 증폭시켜야 한다."
"모든 것이 주제다. 주제는 너 자신이다. 주제는 자연 앞에서 받는 너의 인상, 너의 감정이다."
- 파트리시아 프리드카라사, 『회화의 거장들』 중 -

그의 용기와 열정을 알아본 많은 후대의 화가들은 경외심을 표했다. 고흐와 피카소는 그를 매우 닮고 싶어 했다. 열정하면 빠지지 않는 그들의 롤 모델이었던 셈이다. 특히 "위대한 예술가는 훔친다"고 말했던 피카소는 벨라스케스, 들라크루아, 세잔 등 많은 화가의 기법을 연구하며 응용했지만, 결국 가장 많이 훔쳐낸 것은 그들의 용기와 열정이었다.

또 한 명의 그의 팬이 있다. 바로 앙리 팡탱 라투르이다. 사실주의 화가인 쿠르베의 제자이기도 했고, 인상파 화가들과도 친분을 유지했던 그는 집단초상화와 정물화를 많이 그린 화가이다.

그는 '들라크루아에 대한 경의'라는 작품을 그렸다. 그림 속엔 들라크루아에 대한 존경을 표하기 위해 사람들이 모여 있다. 들라크루아의 초상화 앞에 모인 사람 중 홀로 하얀색 옷을 입고 있는 사람이 팡탱 라

앙리 팡탱 라투르, 들라크루아에 대한 경의

투르이다. 초상화 바로 오른편에 빛을 받고 서 있는 사람은 들라크루아
에 이어 차기 아방가르드 예술의 선두주자가 된 화가 마네이다. 그리고
가장 오른쪽 아래엔 시인이자 평론가인 보들레르가 있다.

보들레르는 들라크루아에 대해 이렇게 말한다.

> 식견이 짧은 감식가들은 그의 그림에 고결함이 결여되었다고 주
> 장할 것이다. 그러나 붓 터치는 넓고 힘차며 색채는 다소 세련되
> 지 못하지만 단순하고도 격렬하다. (…)
> 들라크루아는 문인이나 화가들이 공통적으로 지닌 시적인 상상력
> 과는 별개로 그림의 상상력이라고 부를 수 있는 예술적 상상력을
> 지녔다.

이전에 간과되었던 상상의 영역이 그를 통해 열렸다. 선택된 것만을 쫓던 미술계에 그의 등장은 배제되어 있던 것들의 가능성에 문을 두드리게 했고, 상상을 통해 무한한 영역을 예술로 끌어들였다. 이후 예술은 기존에 정답이었던 것들을 깨고 끊임없이 발전한다. 하지만 그 과정에는 불안도 함께 싹튼다. 아는 길, 익숙한 길이 아닌, 만들어 가는 길은 불안과의 싸움이다. 그래서 상상력은 '용기'다. 자신의 불안을 이겨낸 용기이며, 타인의 평가를 건너낸 용기다.

교육 현장에서도 '상상력'과 '용기'가 필요하다. 너무 결연해질 필요는 없다. 상상력은 현실의 굴레에서 벗어나는 즐거운 일이기도 하니까. 교사에게 상상력은 너무도 중요하다. 교사는 보이지 않는 가능성을 꿈꾸는 직업이며, 미래를 살아갈 아이들이 겪을 다양한 상황을 떠올리며 돕는 직업이기 때문이다. 교육에도 상상력이 필요하다고 생각하기 전에는 학교가 답답한 울타리처럼 느껴졌다. 쏟아지는 공문, 정신을 차리기 어려웠던 24시수 수업, 형식을 갖추기 위해 반복하는 일, 민원방지를 위해 소모적으로 해야 하는 일… 변하지 않을 것 같은 답답함에 생기가 사라지고 무기력해진 시간이었다. 하지만 그럼에도 불구하고 공교육에 희망을 품는 것은 전과 다른 새로운 교육이 가능할 것이라는 상상과 믿음 때문이다. 그리고 실제로 혁신학교에서 상상만 하던 것들을 실현해 보면서 느꼈던 벅찬 마음 때문이다.

교육학자이자 미술 교사였던 엘리어트 아이즈너(Elliot W. Eisner)는 자신의 책『교육적 상상력』서두에 이렇게 말한다.

한 파운드의 상상력이 한 온스의 통계 자료만큼도 취급받지 못하는 교육학의 현실 그가 살았던 시대가 그러했다면, 지금은 어떠해야 할까? 아이즈너는 우리가 만들 수 있는 그물의 종류가 우리가 던지는 그물의 종류를 결정하고, 던지는 그물이 우리가 잡는 고기의 종류를 결정한다고 말한다. 교사의 상상력은 수업 그리고 아이들의 배움과 연결되는 것으로, 교사는 의식적으로 상상력을 깨워야 한다. 새로운 것을 바로 받아들이지 않으려는 경향은 인간에게 본성과도 같기에 지배적인 사고방식과 보수적인 태도는 극복해야 한다.

아이즈너가 제시한 교육과정 순서 짜는 형태 중에 '거미집 모형'이 있다. 아이들이 각각 다르다는 것을 전제한 모형으로 경험이나 배경이 다른 아이들에게 자신의 목표를 설정하고 선택할 기회를 주는 방식이다. 다양한 교재와 학습활동을 제시하여 다양한 학습결과를 얻는 것을 말한다. '왜 하필 거미줄일까?' 호기심에 거미줄을 검색해 보았다. 거미줄은 유연해서 늘어나는 성질 때문에 포획이 가능하다. 거미는 바람이 불 때 거미줄을 바람에 의지하여 반대편 나무에 장착한다. 그렇게 장착된 한 가닥의 거미줄로 시작해 자신만의 촘촘한 거미줄을 만들고, 거미줄에 걸린 곤충을 진동으로 감지한다.

'매번 다른 수업 상황에서 유연한 줄을 뽑아내야 하겠구나.'

'내 계획으로 수업의 틀을 만들기보다는 자연스럽게 부는 바람에 의지해 한 가닥 실을 뽑아내는 것도 좋겠다.'

'거미줄처럼 교사의 노력은 보이지 않지만, 마음의 진동으로 아이들이 느끼겠지?'

보이지 않는 거미줄 같은 노력과 보이지 않는 것을 표현하는 상상력. 그리고 해보지 않았던 것을 시도하는 용기를 통해 새로운 예술만이 아닌, 새로운 교육도 가능할 것이다.

잃었던 반쪽,
감각

인간이 가질 수 있는 최고의 지성은 감각기관을 거치지 않고서는
발휘될 수 없다.
- 마리아 몬테소리 -

　요즘 아기들의 촉감놀이 대세로 떠오르는 재료가 '물미역'이다. 눈썹에 미역을 길게 붙인 채 미끄덩거리는 미역을 온몸에 치덕치덕 붙인 아기들. 미끌미끌한 미역을 입에 넣고 오물거리기도 하고, 만지작거리던 미역을 다시 물에 넣고 철퍽철퍽 물장구도 친다. 이렇게 좋아할 줄 몰랐다며 함께 웃는 어른들. 사실 더 좋아하는 쪽은 어른들이다.
　오돌토돌한 쌀, 말캉한 밀가루 반죽, 톡톡 터지는 버블 랩. 나도 아들이 어렸을 땐 이런 재료들을 가지고 종종 함께 촉감놀이를 했다. 아들이 조금 크고 나서는 슬라임이 촉감놀이 재료가 되었다. 파는 곳에 놓인 샘플을 다 눌러보아야 직성이 풀리는 아들 녀석 때문에 슬라임을 사

오기도 하고, 인터넷에서 제작법을 보고 물풀, 렌즈 세정제, 베이킹소다를 사다가 요리하듯 만들어 보기도 했다.

점액질 덩어리 같은 슬라임은 처음엔 만지기 꺼려지지만, 그 촉감을 느끼다 보면 결국 빠져든다. "계속 만지고 싶어서 멈출 수가 없어요! 중독된 것 같아요." 사람들의 즐거운 비명소리가 들린다. 요즘엔 아이들보다 즐기는 '어른이'가 많아져 어른들의 새로운 취미라고 한다.

보이는 것이 많고 들리는 것이 많아 눈과 귀는 점점 피로해지고, 세상 가득 맛과 향이 넘쳐나 혀와 코가 둔감해진 그런 어른들에게 촉각은 낯선 감각이어서 빠져드는 것은 아닐까? 말랑말랑, 탱글탱글, 쫀득쫀득… 무념무상으로 만지작거리며 힐링하는 어른들. 그 모습이 애잔하기도 하지만, 그동안 잃고 있었던 감각을 우리도 모르게 갈망하고 있는 것은 아닐까 생각해 보게 된다.

촉각은 '감각의 모태'로 오감 중 사물을 가장 잘 받아들일 수 있는 감각이다. 촉각은 태어났을 때 가장 발달해 있는 감각이고, 그래서 의사소통 방법 중 가장 오래된 것이기도 하다. 보드라운 살을 엄마와 맞대야만 잠이 들고, 울다가도 품에 쏙 안아주면 그쳤던 갓난쟁이 때 아들을 생각해 보니 말 못 하는 녀석과 촉감으로 소통하고 있었구나, 새삼 깨닫게 된다.

생각해 보면 어릴 적엔 촉감놀이를 비롯해 감각을 깨우기 위해 많은 활동을 했다. 주변 친구들 이야기를 들어보면 어릴 적엔 한 번씩 다 미술학원에 간 적이 있다고 했다. 그런데 어느 순간부터 친구들은 미술학원은 다니지 않았다. 대부분의 친구들은 수학학원, 영어학원에서 숫자와 글자에 파묻혀 씨름했다.

17세기 초 '근대 철학의 아버지'로 불리는 데카르트(René Descartes)는 주체에 대해 물음을 던진 철학자다. 신비주의와 미신, 질병과 전쟁으로 혼란했던 시절, 그가 찾은 답은 '의심'이었다. 그는 세상 모든 것을 의심했다. 의심하다 보니 '생각하고 있는 나'만은 확실했다. 그의 철학을 통해 인간은 '주체로서의 나'를 인식하게 되었다. 그에게 감각은 불완전한 것이었다. 그에게 감각과 상상력은 오류의 근원일 뿐이었다. 그래서 그는 감각하는 '몸'과 이성적 사고를 하는 '정신'을 나누었다.

과거 인간은 예상할 수 없는 질병이나 가뭄과 홍수 같은 자연의 불확실함과 싸워야 했다. 변화가 주는 불안에서 벗어날 수 있는 방법은 확실하고 변하지 않는, 동일하고 고정된 것을 찾는 것이었다. 그래서 학문은 변하지 않는 진리를 찾고자 했고, 예술 역시 진리라고 여겨지는 이상적인 아름다움을 추구했다. 당시 사람들은 합리적 사고를 바탕으로 하는 과학이 인류의 구원이 될 것이라 믿었다. 실제로 과학의 눈부신 발달은 긴 중세의 막을 내리고 근대를 열었다.

사실 고대 그리스부터 세계는 이성 중심으로 흘러왔다. 플라톤과 그의 제자 아리스토텔레스는 대표적인 합리주의자였다. 플라톤은 예술이 진리와 무관하며 이성적 판단을 흐리게 하고 이데아를 모방하여 사람들을 현혹한다며 경계했다. 그와는 조금 입장이 달랐던 아리스토텔레스는 모방을 인간 고유의 학습 방법이며 즐거운 것으로 보았고, 예술이 정신을 정화(카타르시스)시킨다고 보았다. 하지만 그도 '이성적 삶을 영위할 수 있도록 하는 것'을 교육이라 보았기 때문에 변치 않는 동일성, 본질을 뽑아내어 개념을 정의했고, 그의 책은 서양 학문의 대부분의 토대를 만들었다.

노란 꽃, 하얀 꽃, 하얀색이지만 꽃잎 끝만 빨간 꽃, 노란색에 까만 점이 박혀 있는 꽃. 꽃은 이렇게 각각 다른 개별적 특성이 존재하지만,

이런 개별적 특성을 지우고 우리는 '꽃'이라는 개념으로 사고한다. 개념을 익히고 판단하고 추론하는 것은 우리에게 매우 익숙한 인식 방법이다. 그래서 감각과 지각이 필요한 순간마저 개념적 사고로만 이해하려는 경우가 많다. 꽃이란 존재를 만날 때 그 향기와 색의 아름다움을 느끼지 못하고 개념만 입력한다면, 우리는 진정 꽃을 알게 된 것일까?

교육은 이러한 철학적 배경과 같은 맥락으로 흘러왔다. 그러다 보니 명확한 것으로 대표되는 수학과 과학이 중시되었고, 상대적으로 감각을 활용하는 과목은 경시되는 경향이 있었다. 개념 위주의 학습만이 '공부'라고 여겨지기도 했다.

잃었던 반쪽이 느껴지면 아프다. 몸 그리고 마음이 아프다고 말하는 사람들의 목소리가 여기저기서 많이 들린다. 더 이상 아픔을 느끼지 않도록 우리는 잃었던 반쪽을 찾아야 한다. 총체성을 회복하고 인간다운 삶을 살기 위해서는 균형을 잡는 노력이 필요하다.

그런데 한 가지 더 질문해 볼 수 있다. 인간이라는 존재가 이성이다, 감성이다 분류해서 말할 수 있는 존재냐는 것이다. 이미 현대사회는 이분법적인 세계관이 해체되며 다양성과 차이에 주목하고 있다. 이제 그런 분류 자체는 낡은 것이 되어 버렸다. 물론 여전히 곳곳에 뿌리 깊은 이분법적 사고의 흔적이 남아 있지만 말이다.

프랑스의 현대 철학자 메를로 퐁티(Maurice Merleau Ponty)는 자연과학을 철학에 통합하고 데카르트의 이성 중심주의를 넘어서 신체에 기반한 지각의 세계를 이해하고자 했다. 그는 몸과 정신은 분리될 수 없다는 생각을 파고든다. 그는 '몸'과 '감각'의 중요성을 논하며 감각의 주체인 몸의 지각을 중심으로 주체와 객체, 인간과 세계, 나와 타자에 대한 질문을 했다.

우리의 의식은 항상 '~에 대한 의식'으로 세계와의 관계성 속에서만 존재한다. 인간 그리고 세상은 고정 불변한 것이 아니기 때문에 시시각각 바뀌는 지각의 장 속에서 해체되고 재형성된다. 그렇다면 엄밀한 객관은 존재할 수 있을까? 존재하는 모든 것은 인간의 애매한 지각의 결과물이 아닐까?

그는 지각하는 주체와 지각된 세계를 모두 포함하는 존재란 무엇인지를 밝혀내고자 했고, '살(flesh)'이라는 개념을 제시했다. 신체에서 확장된 개념인 살은 정신도 물질도 아닌 제3의 개념이다.

주체와 대상의 생생한 교감을 통해 단 하나의 의미로 정의될 수 없는 것, 지각의 원초적 경험을 이야기한 그의 철학은 명확하게 잡히지 않는 느낌이다. 그래서 그의 철학은 '애매성의 철학'이라는 별명이 붙어 있다.

1960년대 현대조각의 특성을 공간성으로 보고 관람자의 수용과 경험의 문제를 부각하여 조각의 영역을 확장한 작가 로버트 모리스(Robert Morris)는 메를로 퐁티의 영향을 받아 '지각'을 강조한 작업을 했다. 똑같은 L-자 모양의 철제빔들이 여러 방향으로 놓여 있다. 똑같이 생긴 빔이지만 관람자가 직접 그 공간을 움직이며 신체로 지각할 때는 각각 다르게 느껴질 것이다.

그가 구현하고자 한 원초적 지각, 현존성, 지각의 직접성은 메를로 퐁티의 철학을 빌려온 것이다. 그는 관객들이 공간 속에서 신체적 현존을 통해 경험하기를 원했다. 메를로 퐁티의 현상학이 주체와 대상이 분리되지 않는 것처럼 작품과 공간이 함께 체험되는 것이다. 기존에 수동적으로 그림을 보았던 공간은 감상을 위한 총체적인 공간이 된다. 그는 상호작용하는 새로운 조각을 만들고자 했고, 그것을 경험하는 과정을 중요하게 생각했기에 관람자의 시각의 궤적은 작품이 된다.

로버트 모리스, 무제(L-beams), 1965
© Robert Morris / ARS, New York - SACK, Seoul, 2021

미술이란 지속적인 변화의 행위이며, 무방향적, 불확정적, 비지속
적 행위이며 우연성과 비결정성이 존재하는 과정의 전 영역이다.
- 로버트 모리스 -

2012년 국립현대미술관에서는 '무브(MOVE): 1960년대 이후의 미술
과 무용'이라는 주제의 전시가 있었다. 그때 출품된 로버트 모리스의
'시소'라는 작품은 일반적인 시소와 달리 무게중심을 잡지 않으면 패널
이 기울도록 제작되어 관객이 자신의 몸, 감각에 집중해야 하는 구조였
다. 그는 비교적 최근인 2018년 세상을 떠났지만, 몸의 감각과 지각, 관
객의 경험과 참여를 예술의 영역으로 끌어들여 예술의 장을 넓혔다.
    최근 현대미술 작품들은 더 거대해진 스케일을 통해 우리의 다양한
감각을 자극하고 색다른 지각을 통해 신선한 즐거움과 압도하는 숭고

함을 선사한다.

로버트 모리스의 L-자 모양의 철제빔 작품을 보면서 예전에 수업코칭을 위해 보았던 초등학교 1학년 한글 수업이 생각났다. 꼬물꼬물 가만히 있지 못하는 1학년 아이들이 한글의 모음을 배우는 날이었다. 움직이는 것을 좋아하는 아이들 수준에 맞추어진 한글 수업은 몸으로 글자를 표현하는 활동이 있었다. 아이들은 즐겁게 몸으로 모음을 표현했다. 신생님께선 아이들이 너 즐겁게 활동할 수 있도록 종이로 모음을 잘라 징검다리를 만들어 놓으시고 아이들에게 밟고 건너면서 크게 외쳐보라고 하셨다. 그런데 그때부터 아이들이 소란해지기 시작했다.

"야~ 그건 '유'야!" "네가 틀렸어~ 이건 '요'야!" "아니야 '여'야~"

그때 똘똘한 남학생 한 명이 문제의 그 모음 주변을 돌며 이렇게 정리해 주었다.

"여기서 보면 '요'고, 여기서 보면 '유'고, 여기서 보면 '여'인데?~"

소란함에 난감해하시던 선생님께서는 그 아이 말을 듣고 상기된 목소리로 말씀하셨다.

"아 맞다! 애들아 ○○이가 좋은 말을 해 주었어. 여기서 보면 '요'고, 여기서 보면 '유'고, 여기서 보면 '여'로 보이네~ ○○아, 어떻게 그런 생각을 했어? 정말 중요한 걸 찾아 주었다!"

아이들이 앉아서 그저 종이에 인쇄된 모음을 공부했다면 이런 생각을 할 수 있었을까? 귀여운 아이들이 지각과정이 놀랍고 흐뭇했던 수업이었다.

감각은 세상을 받아들이는 출입구다. 그러나 우리는 감각이라는 출입구를 생략하고 '개념'으로 세상을 만나왔다. 지금껏 받아 온 교육 역시 감각과 경험보다 이론으로 세상을 만나는 경우가 훨씬 많았다. 이론에 갇혀 직접 접촉하는 시도가 적어지면 우리는 세상을 머리로만 알게 된다. 자신의 세계를 만나지 못한 채 말이다.

미술은 시각 우위의 특성을 보이며 발전해 왔다. 그러나 현대의 철학과 예술은 다른 감각에 집중한다. 바로 '촉각'이다. 감각 서열 1위는 시각으로 우리는 70% 가까운 정보를 시각을 통해 받아들인다. 그러나 시각은 관념의 지배를 받는다.(감각으로서의 '시각'과 '본다는 것'은 다르다) 이미 지닌 지식에 근거해서 세상을 보기 때문이다. 그래서 현대미술은 보다 원초적인 감각에 주목하며 시각에서 촉각으로 감각의 지평을 확장시키고 있다.

알랭 드 보통은 『영혼의 미술관』에서 '예술은 감각을 깨우는 도구'라고 말한다. 예술은 우리의 껍질을 벗겨내고, 우리를 둘러싼 모든 것을 습관적으로 경시하는 태도를 바로 잡아주며 우리는 감수성을 회복하고, 옛것을 새로운 방식으로 보게 한다.

아이들이 감각을 깨우도록 도우려면 교사도 자신을 깨우는 연습이 필요하지 않을까? 감각을 일깨워 세상에 존재하는 단 하나의 고유한 특성을 지닌 개인으로 존재할 수 있음을 느껴보자. 잃어버린 반쪽, 감각. 감각을 깨우고 자신을 돌아보다 보면, 새로운 교육이 보일 것이다.

'내가 가르치는 것에 대한 깊은 경험 없이 배워 온 대로만 가르쳐 오진 않았나?'

'경험보다 내가 배운 지식을 도구 삼아 교육이라고 해오지 않았나?'

'나는 세상과 직접적으로 만나는 경험을 한 적이 있는가? 내가 느끼고 알게 된 것인가?'

창조는 순수하고
집요하게 관찰하는 것에서

"야~ 움직이지 마~~!"

짧은 시간에 대상의 특징을 포착해 그리는 크로키 시간. 매서운 눈으로 관찰하던 학생들은 모델을 서는 학생이 조금만 움직여도 난리가 난다. 신나는 음악 한 곡이 흐르는 몇 분 안에 그림을 완성해야 한다. 순간적으로 집중하는 아이들. 사뭇 진지해서 왁자지껄하던 소리는 사라지고, 음악 위에 아이들의 숨소리만 얹어진다. 음악이 끝나면 크게 교실을 한 바퀴 돌며 친구들의 작품을 감상한다.

"으하하! 이거 진짜 똑같아!" "어, ○○이가 그린 거 봐봐!" "대박!"

선 몇 개 쓱쓱 그었을 뿐인데 뭔가 비슷하다. 보자마자 누군지 알 것 같아 피식 웃음이 새어 나온다. 우르르 몰려가서 본 아이들도 똑같다며 키득키득 깔깔대며 웃는다.

활기 넘치는 크로키 수업은 아이들도 즐겁지만 내가 더 즐겁다. 순간적으로 꿈틀대며 발현되는 아이들의 표현은 놀랍고 신선하다. 크로키 수업은 평소 미술 시간엔 시큰둥했던 녀석도 얼떨결에 함께 하고, 머뭇거리며 자신 없어 하던 아이도 급격하게 에너지가 솟는 시간이다.

"너무 잘 그리려고 하지 마세요. 부끄러워하지 않아도 돼요. 그리다가 이상하면 지우지 말고 그냥 무시하고 다시 이어서 그리세요. 내 눈으로 잘 관찰하고 자신 있게 그리는 것이 중요해요."

짧은 시간 순간적인 에너지로 표현하는 크로키는 진지함의 무게를 덜어내고 완성도라는 중압감에서 벗어나기 때문에 다른 힘에 부치는 작업보다 즐거울 수밖에 없다. 내가 즐거운 이유는 이런 분위기 때문이기도 하지만, 상투적이지 않은 아이들의 표현을 곳곳에서 발견할 수 있어 보물찾기하는 기분이 들기 때문이다. 평소엔 미처 몰랐는데 크로키 수업을 할 때 자기도 모르게 느낌을 살려 잘 표현하는 친구들이 있다. 주변의 칭찬에 얼떨떨해하는 아이. 하지만 곧 얼굴에 성취감과 기쁨이 섞인 미소가 번진다. 나는 이런 장면을 사랑한다.

그런데 왁자지껄한 분위기 속에서 홀로 낯빛이 어두운 친구가 있다. 평소에 그림을 잘 그린다는 아이다. 바로 대상의 느낌을 옮기지 못하고 기준선을 긋고 균형을 잡느라 결국 시간 안에 다 그리지 못한다. '그리는 법'을 어디에선가 배워서 자신의 눈으로 관찰하는 것이 어색한 것이다. 훌렁훌렁 자유롭게 종이 위에 힘과 리듬을 표현하는 친구들과 대조적으로 끙끙대며 손에 쥔 지우개를 연신 주물러 대는 모습을 보니 안타까운 마음이 든다. 나 역시 학창 시절에 그런 어려움을 겪어보았기 때문이다.

크로키는 배운 방식대로 그리려고 하거나 잘 그리려고 하면 오히려 잘 그려지지 않는다. 그러면 어떻게 그려야 할까? 우선 지나치게 잘 그리려는 생각을 버리고 힘을 뺀 채 보이는 대로 관찰한 대로 그리면 된다.

관찰의 중요성을 말한 물리학자 리처드 파인만은 과학자 취향을 가진 예술가 같다. 그는 순수한 눈으로 세상을 관찰하며 탐구했고, 세상을 이미지화해서 보는 데도 탁월했던 사람이다. 끝없는 호기심으로 세상을 보았던 그의 삶은 '모든 지식은 관찰로부터 시작된다'는 말의 의미를 알게 해 준다.

> 당신이 어떤 새의 이름을 세상의 모든 언어로 알 수는 있겠지만,
> 다 알게 된다 해도 그 새에 관한 어떤 것도 알지 못할 것이다.
> 이제 새를 보고 행동을 관찰해보자. 중요한 것은 바로 이것이다.
> 나는 매우 일찍부터 무언가의 명칭을 아는 것과 무언가를 아는 것
> 의 차이를 습득했다.
> – 리처드 파인만 –

파인만의 말대로 관찰은 단순히 명칭을 아는 것에 머물지 않고 실체를 알 수 있게 한다. 컴퓨터 화면에서 잠깐 보았던 것, 어디선가 슬쩍 들은 것. 우리는 이러한 것들을 '내가 아는 것'이라고 생각한다. 대강 파악해도 알고 있다고 착각하는 것이다. 하지만 진짜 무엇인가를 안다는 것은 관찰과 탐구라는 과정이 있어야만 가능하다. 대상을 앞에 두고도 보지 못하고 끙끙댔던 아이는 자신의 눈으로 관찰하는 법을 잃어버렸기 때문이다. 누군가가 주입한 노하우는 스스로 날 것 그대로를 관찰하고 표현하는 것을 주저하게 만든다. 바쁜 오늘을 살아가는 많은 사람의 모습은 실로 이러하다. 최근 순수하게 내 눈으로 무언가를 관찰해 본 적이 언제였는가?
미술 작품에서 힌트를 얻어 관찰하는 방법 두 가지를 제안하고 싶다.

첫 번째는 '순수한 관찰', 두 번째는 '집요한 관찰'이다.

먼저 순수한 관찰이다. 관찰을 한다는 것은 대충 훑어보는 것과는 달리 능동적인 자세를 갖는 것이기 때문에 이를 통해 새로운 발견과 생각이 나온다. 그러나 가만 생각해 보면 진정 순수한 눈으로 무언가를 관찰하는 것이 가능할까 싶다.

어린이들의 그림을 보자. 어린이들은 본 것을 그리지 않고, 아는 것을 그린다. 아이들이 그린 해, 나무, 사람, 집을 보면 아는 것은 크게 그리고 모르는 것은 생략해서 단순하게 그리는 것을 볼 수 있다. 미술사가 에른스트 곰브리치(Ernst H. J. Gombrich)는 이런 표현을 하게 되는 이유가 우리가 사물을 지각할 때 눈에만 의존하는 것이 아니라 자신이 알고 있는 '지의 도식'을 활용하기 때문이라고 한다. 무언가를 알게 되면서 개념적 사유를 하게 되면 직접 본 것을 그리지 않고 머릿속에 있는 것을 그리게 되는 것이다. 그리고 점점 더 많은 개념적 사유를 하게 되면서 인간의 눈은 더 많이 개념의 지배를 받게 된다.

그렇다면 순수한 눈으로 관찰하는 것이 가능한 때가 있기는 했을까? 있다. 바로 구석기시대이다. 자연물을 생생하고 구체적인 모습으로 그린 구석기 벽화는 정말 놀랍다. 생각보다 매우 잘 그렸기 때문이다. 처음 발굴되었을 때 세밀하고 생동감 넘치는 표현을 보고 많은 사람이 적잖이 당황했다. 그래서 조금 슬픈 일화도 있다. 1879년 스페인의 알타미라동굴 벽화를 발견했던 아마추어 고고학자 사우투올라가 사기죄로 고소를 당한 사건이다. 사람들은 그를 비웃었다. 진짜 구석기시대 벽화일 리가 없다며 그가 학계를 속이고 있다고 비난했고, 논쟁이 시작된 시간으로부터 20년이 지난 1902년, 그가 죽고 한 참 지난 후에야 진가를 인정했다. 사실 진짜 벽화를 처음 발견한 것은 당시 8세였던 사우투

알타미라 동굴벽화

올라의 딸 마리아였다. 어른이 들어가기 힘든 동굴에 용케 들어갔던 그녀는 엄청난 세월의 흔적을 인류 최초로 보았다. 안타깝게도 그녀는 긴 시간 동안 사기꾼의 누명을 쓴 아버지의 모습도 지켜보아야 했다. 너무도 생생하고, 세밀한데다 보존 상태까지 완벽했기 때문에 생긴 비극이었다.

진중권의 『미학 오디세이 1』에서는 구석기시대를 이렇게 설명한다.

> 구석기시대 원시인들은 아직 개념적 사유가 시지각을 지배할 정도까지 발달하지 않았다. 바로 이 때문에 그들은 개념적 사유의 간섭을 받지 않고 자연을 '보이는 대로' 그릴 수 있었다. 개념적 사유로 무장하지 못한 이 '벌거벗은 눈'이야말로 그들의 놀라운 자연주의를 설명해 주는 것이다. 결국 우리는 구석기인들의 '높은' 수준의 자연주의가 그들의 '낮은' 수준의 지적 능력으로 설명된다는 역설에 이르게 된다.[*]

'벌거벗은 눈'은 곧 순수한 관찰을 의미한다. 현대미술로 오면서 많은 화가들은 개념적 사유를 벗어나 벌거벗은 눈으로 세상을 바라보고자 했다. 예술사회학자 아르놀트 하우저(Arnold Hauser)는 이렇게 말한다.

> 근대 예술이 한 세기에 걸친 투쟁 끝에 겨우 달성한 시각적 인식의 통일성을 그 옛날 구석기시대 회화가 실현해 놓았다.

---

[*] 선사시대 동굴벽화의 의의는 다르게 접근할 수도 있다. 수렵과 채집이라는 실용적 노동의 삶에서 벗어나 깊은 동굴이라는 비일상적 동굴 안이기에 가능했던 그림을 통해 인간의 상상력이 표현할 수 있게 된 점이다. 이로써 현생인류(사피엔스)의 감성 및 인지 능력이 비약적으로 발달하는 계기가 되었다.

피카소도 1940년, 라스코 벽화가 발굴된 것을 보고 이렇게 탄식했다고 한다.

현대미술이 이룬 것은 아무것도 없다!

오늘날 우리도 구석기인들과 같은 순수한 관찰력으로 세상을 볼 수 있을까? 이미 개념으로 가득 찬 세상에서 말이다. 구석기시대를 문명이 발달하지 않은 원시적인 삶이라 생각할 수도 있지만, 그 시대 사람들은 생존을 위해 우리보다 더 예리한 감각과 고도의 집중력을 가지고 있었던, 어떤 면에서는 우리보다 우월한 사람들이었음을 깨닫게 된다. 우리의 눈을 가리는 것이 점점 많아지는 시대. 겹겹이 덮인 베일을 벗고 날 것 그대로의 눈으로 세상이 만나는 연습을 해보자. 생각보다 더 많은 것을 볼 수 있을 것이다.

두 번째는 집요한 관찰이다. 집요한 사람으로 둘째가라면 서러울 화가가 바로 세잔이다. 그는 하나의 대상을 집요하게 관찰하고 반복해서 그렸다. 왜 그 많은 정물 중에서 사과인지 짐작이 갈 것이다. 사과는 쉽게 무르거나 잘 썩지 않는 과일이라 오랫동안 관찰하기 좋았다. 그래서 그는 무려 40년 동안 사과를 그렸다.

세잔은 사과를 재현하는 것보다 색과 형태를 고민하는 것에 더 관심을 가졌다. 그리고 한 개의 소실점에 맞추어 정돈하듯 그리는 기존의 원근법을 버리고 상하좌우 다시점이 한 그림에 공존하도록 표현하여 '재현'하지 않고 '구현'했다. 그의 작업은 재현의 한계를 넘어, 회화를 작가의 주관성에 근거한 독립된 존재로 인식하게 하는 전환점이 됨으로써 회화가 대상으로부터 분리되어 추상으로 이행되도록 했다. 기존의 원근

세잔, 사과와 오렌지

법에 익숙한 사람들에게 그는 제정신이 아닌 사람처럼 보였다. 세잔은 사실적인 섬세한 묘사에 충실한 사과 대신 자신과 사과의 감각적 긴장 관계를 화폭에 담았기 때문이다.

집요하게 그림에 매달렸지만, 세잔은 살롱전에 번번이 낙방한다. 계속되는 세상의 거부에 자신은 실패한 화가라며 괴로워했고, 스스로 자신은 아둔한 눈을 가졌다고 고백하기도 했다. 그래서 그는 노력했다. 자신의 부족함을 채우기 위해 끊임없이 관찰하며 견고하고 지속적인 것을 포착하고자 했다.

세잔은 집요하기도 했지만, 순수한 눈으로 관찰하기 위해 노력했다. 기존의 전형적인 것을 탈피해 감각적인 것에 집중했다. 그렇게 자신만의 눈으로 대상을 재해석한 그는 자신만의 사과를 그려낸다. 재현하지 않은 사과를! 당시 인상주의 화가들이 찰나를 찍은 스냅사진 같은 그림을 그렸다면, 세잔은 여러 각도에서 수백 번 찍은 사진을 모아 고민하고 본질을 추출해내듯 그림을 그렸다.

그런 그가 초상화를 그릴 땐 어땠을까? 만약 세잔 곁에 있었으면 모델로 잡히지 않기 위해 빨리 도망가야 했을지도 모른다. 도망갈 수 없었던 한 사람이 있었으니 바로 그의 아내 오르탕스 피게나. 그녀의 보

세잔, 온실 속의 세잔 부인

습은 작품으로 29점이나 남아 있다. 집요한 관찰을 하는 세잔의 모델이 된다는 것은 일종의 고문과 같았을지도 모르겠다. 그래서일까? 그림 속 세잔 부인의 표정이 좋지 않다.

전해지기론 아름답고 발랄했다는 그녀의 그림 속 모습은 무표정하고 어둡다. 남편이 아내를 그린 것인데 어떤 사랑의 감정도 느껴지지 않는다. 세잔이 그리고자 했던 것, 그의 목적은 그림 자체였지 그녀가 아니었기 때문이다. 실제로 둘 사이가 그리 좋지 않았다고도 한다.

회화의 목적은 오로지 회화 그 자체이다.

세잔의 노력은 미술이 대상을 재현하지 않아도 된다는 자유를 획득하게 했다. 그는 집요한 관찰을 통해 보이는 것을 뛰어넘어 보이지 않는 것을 그렸고, 사과로 파리뿐만 아니라 세계를 정복했다.

인류 역사에서 사과는 특별한 것 같다. 뉴턴의 사과, 세잔의 사과, 스티브 잡스의 사과까지! 그렇다면 내가 창조하는 사과는 어떤 사과가 될까? 때론 순수한 눈으로, 때론 집요하게 관찰하는 연습을 해보자. 나에게도 이미 창조의 씨앗이 있으니!

예술가를
키우는 사람

'눈물이 없는 눈에는 무지개가 뜨지 않는다'는 인디언 속담이 있다. 여러 해석이 가능하겠지만, 슬픔도 있어야 아름답다는 뜻이 아닐까? 감정 내시경 같은 영화 〈인사이드 아웃〉도 슬픔이란 감정의 소중함을 생각하게 한다. 11살 소녀 라일리의 머릿속에 살아가는 다섯 가지 감정. 그중 주인공이지만, 안쓰럽고 처연하게 느껴지는 캐릭터가 있다. 바로 '기쁨이'이다.

"라일리는 행복해야만 해!"

행여 라일리가 행복을 느끼지 못할까 노심초사하며 슬픔이를 경계하는 모습은 현대를 살아가는 우리 모습 같다. 행복 강박증에 시달리며 피로를 호소하는 사람들. SNS에 '나 이렇게 행복해요'라고 편집된 행복을 보여 주려 오히려 우울감을 느끼는 사람들을 종종 본다. 행복한 모습만 보여주지만, 사실 그런 모습이 삶의 전부일 수 있겠나! 좌절과 갈등, 고통은 우리 삶에 필연적으로 함께 한다. 어쩌면 진정한 행복은 삶에서 경험할 수 있는 모든 감정을 외면하지 않고 느낄 수 있을 때 가능하지 않을까? 예술은 삶의 매끄러운 면, 그 이면의 울퉁불퉁한 것까지 모두 담아낸다. 그래서 예술은 자기를 인식할 수 있는 좋은 통로가 된다.

셀카를 찍는 것이 머뭇거려졌던 때가 있었다. 재독 철학자 한병철의 『아름다움의 구원』을 읽었는데, 셀카 중독은 '자아의 내면적 공허', '자아의 공회전'이라고 표현한 문장 때문이었다. 셀카를 찍는 앱은 주름이나 모공, 잡티를 싹 지우고 매끄럽고 보드라운 피부로 나를 바꾸어준다. 그 모습이 진짜 내가 아니어도 진짜 나라도 되는 것처럼 위선을 떨었는데, 그랬던 내 모습이 부끄럽게 느껴졌다.

한병철은 매끄러움을 현대의 징표로 보고 오늘날의 매끄러운 긍정 사회는 상처를 입히지 않고 어떤 저항을 하지 않고, 그저 '좋아요'를 추구하며 모든 부정성이 제거된다고 말한다. 그리고 철학자 가다머(Hans-Georg Gadamer)의 말을 빌려 부정성이 예술에 본질적인 것이며 이런 부정성은 매끄러움의 긍정성과 정면으로 대립한다고 했다. 부정성은 나를 뒤흔들고, 파헤치고, 나에 대해 의문을 제기하는 무언가가 있다고.

아름다움에 대한 이야기는 고대로 거슬러 올라간다. 고대 미론은 황금비례와 같이 미를 '객관적인 성질'로 보았다. 18세기가 되면서 인간의 능력과 감정에 대한 관심이 생겼고, 대상을 인식하는 우리의 주관에 주목하게 된다. 미의 코페르니쿠스적 전회가 시작된다. 비례와 균형이 완벽해도 감동이 없는 경우가 있고, 객관적 성질을 떠나 자신에게는 아름답게 느껴지는 것이 있기 때문이다.

18세기 영국의 취미론은 '무관심성'을 특징으로 한다. 무관심성은 이해관계가 없는 태도로 대상을 사심 없이 보고 그 자체로 흡족한 상태를 말한다. 내가 어떻게 느끼는가에 초점을 맞춘다.

미학이 태동한 18세기엔 '미'와 더불어 '숭고'라는 개념을 분류하여 미학적 고찰을 하게 되었다. 미학자이자 정치사상가였던 에드먼드 버크(Edmund Burke)는 아름다움의 하위 개념으로 간주되었던 '숭고'를 떼어내 분석했다. 그의 책 『숭고와 아름다움의 이념의 기원에 대한 철학적 탐구』는 18세기 경험론자의 서술 형식을 엿볼 수 있다. 숭고와 미에 대한 여러 사례를 조목조목 서술해 놓았기 때문이다.

'숭고(Sublime)'는 부정성을 내재하기 때문에 '미'와는 대립되는 개념이다. 숭고는 인간을 압도하는 크기나 힘에서 느끼게 되는 것으로 물리적인 것뿐 아니라 도덕적, 종교적인 압도도 포함한다.

나를 곧 집어삼킬 듯 일렁이는 거대한 파도를 보고 있다고 생각해 보자. 그것은 우리에게 두려움과 공포를 주지만, 곧 그 단계를 넘어서 경이로움을 느끼게 한다. 이성과 감성이 충돌하면서 합치되는 듯 우리에게 전율을 주는 것, 인간의 영역을 넘어서는 초월적인 신비함으로 느껴지는 것, 이것이 숭고다.

광활한 자연을 보았을 때 그것을 그대로 담고 싶어 연신 카메라 셔터를 눌러보아도 그 느낌을 담을 수 없어 아쉬웠던 경험이 있을 것이다. 숭고는 정신적인 감정이기에 담아내기가 쉽지 않다.

그런 표현할 수 없는 숭고를 그리고자 했던 화가가 있다. 바로 19세기 전반 독일의 낭만주의 대표 화가 카스파 다비드 프리드리히(Caspar David Fredrich)다. 그는 무한한 자연과 유한한 인간의 대비를 통해 숭고를 표현하고자 했다. 그의 그림 속 홀로 선 인간은 매우 작게 표현되어 있고, 어둠을 삼킨 듯한 짙은 푸른색 바다는 웅장하다 못해 스산한 기운이 돈다.

프리드리히, 바닷가의 수도승

　실제 작품은 110cm × 172cm 크기로 베를린 국립미술관에 소장되어 있다. 작품을 찍은 사진을 보고 숭고함을 느껴보자고 하기엔 다소 무리가 있지만 숭고를 말할 때 빼놓을 수 없는 작품이다.

　요즘 현대미술관에 가면 만나게 되는 작품들은 어떠한가? 미술관 벽면에 다소곳하게 부착되어 있는 작품보다는 공간 전체를 활용하여 거대한 스케일로 압도하는 작품을 더 많이 보았을 것이다. 예를 들자면, 아니쉬 카푸어나 올라퍼 엘리아슨의 작품이 그러하다. 현대미술은 '미' 뿐만 아니라 '숭고'를 표현하기도 한다. 이들 작품은 우리 마음속에 파토스*를 불러일으키며 강렬한 형용 못 할 감정을 유발시킨다.

　현대철학자 장 프랑수아 리오타르(Jean-François Lyotard)는 현대미술의

---

*　일시적인 격정이나 열정. 또는 예술에 있어서의 주관적·감정적 요소. 페이소스. ↔ 에토스.

특징을 눈에 보이는 묘사를 포기함으로써 그림이나 언어로 묘사할 수 없는 어떤 것이 있음을 드러내는 것, 즉 숭고로 설명한다.(급진성과 다양성을 특징으로 하는 현대미술은 어느 하나의 개념으로 일반화할 수는 없지만)

부정성을 포함한 숭고의 개념은 인간의 고양된 상태까지 알고자 했던 학자들에 의해 정리되고 발전해 왔다. 다시 한병철의 『아름다움의 구원』으로 돌아와 보자.

> 상처 없이는 문학도 예술도 없다. 사유도 상처의 부정성에 의해 촉발된다. 고통과 상처가 없다면 동일한 것, 친숙한 것, 익숙한 것이 계속된다.
> – 한병철, 『아름다움의 구원』 중 –

매끄러움을 쫓는 현대인은 표면을 중시하고, 이면을 들여다보려고 하지 않는다. 이 책은 매끄러운 감각적 만족을 넘어 전율과 불쾌감을 주는 부정성까지 포괄한 삶, 그것이 진정한 인간의 삶이라는 메시지를 통해 많은 것을 생각하게 한다. 우리의 모습을 돌아보자. 영화 〈인사이드 아웃〉에서 자신의 캐릭터에 맞지 않게 안절부절못했던 기쁨이 같은 모습은 아니었는지.

예술은 인간의 매끈한 이면까지 삶 전체를 담아낸다. 또 그것을 표현할 수 있게 한다. 무엇보다 예술은 자신을 가장 안전하게 꺼내 놓을 수 있는 안전지대이다. 그래서 많은 사람이 회복탄력성을 키울 방법으로 예술을 가까이하는 것을 제안한다.

어릴 적부터 두 다리를 쓸 수 없었지만, 육상선수와 모델로 우뚝 선 에이미 멀린스(Aimee Mullins). 그녀는 회복탄력성이 주목받으면서 강연을 통해 사람들에게 힘을 실어주는 강연자로 활동하고 있다. 그녀는 이렇게 말한다.

"장애란 신체 일부분을 쓸 수 없는 것이 아닙니다. 진짜 장애는 억눌린 영혼입니다. 영혼이 억눌리면 희망을 잃고 아름다움을 보지 못하고, 아이 같은 호기심과 상상력을 잃어버리게 됩니다. 사람들이 저를 보고 '장애를 극복했다'고 말할 때 저는 '잠재력을 끌어냈다'고 말하지요."

자신의 잠재력을 끌어낸 그녀는 강한 의지의 소유자이기도 하지만, 그녀가 교육받을 수 있도록 도운 훌륭한 코치와 부모가 있었다.

에듀케이션(Education)의 어원 Educe는 '빼어내다', '끌어내다'는 뜻을 가지고 있다. 땅속 깊이 박힌 뿌리식물을 뽑다 보면 꽤 많은 힘이 필요하다는 것을 알게 된다. 식물이 보이지 않기 때문에 크기가 어느 정도인지, 어디까지 뿌리를 내리고 있는지 알 수 없기 때문이기도 하다. 우리 아이들의 잠재력도 마찬가지이다. 그 크기가 얼마만큼인지, 어디까지 파 보아야 알 수 있는지 빼 내 보기 전엔 알 수 없다.

지금껏 우리는 채워주는 교육을 해 왔는데, 그 어원이 '빼어내다'라니! 개념의 뿌리를 이해하고 보니 지금껏 우리는 무엇 때문에 본질과 다르게 주입하는 교육해 왔을까 생각해 보게 된다.

"저는 예술적 감수성이 없어서요, 아이들에게 예술적인 것은 못 해주어서 아쉬워요."

가끔 이렇게 안타까워하시는 선생님들이 계신다. 그런 말을 들으면 나는 이렇게 말한다.

"선생님이 예술가는 아니어도, 선생님은 예술가를 키울 수 있는 분이시잖아요."

학창 시절 아련히 생각나는 선생님 한 분이 계신다. 아마도 그분은 기간제 선생님이셨던 것 같다. 함께할 시간이 짧다는 생각에 더 열심히 아이들을 지도해 주시려고 애쓰셨다.

"우와~ 다정아, 어떻게 이런 표현을 했어? 정말 멋지다~"

선생님은 뭔가를 가르쳐 주는 말보다 감탄하는 말을 더 많이 하셨다. 당시엔 자신을 낮추고 우리의 어설픈 작품을 높게 평가하시는 선생님이 조금 의아하게 느껴졌다. 다른 선생님처럼 자신의 유창함을 과시하거나 카리스마 있어 보이려고 하지 않으셨던 선생님. 그땐 몰랐는데 지금 생각해 보면 그분의 따뜻한 말 한마디가 나에게 큰 위로가 되었고, 계속해서 그림을 그리는 힘이 되었던 것 같다. 내가 미술을 해도 될지 확신할 수 없었던 그때 미술 선생님께서 그렇게 말씀해 주시니 자신감이 솟아났다.

주변 사람들의 이야기를 들어보면 미술을 좋아하게 된 계기나 싫어하게 된 계기가 중학교 때 미술 선생님의 말씀 때문이라는 경우가 있다. 그런 이야기를 들을 때면 말 한마디가 신중해진다. 그리고 아이들에게 새겨지는 교사의 말, 그 가치를 체감하게 된다. 섬세하게 아이들의 작업 과정을 지켜보며 격려하고 자신감 있게 꺼낼 수 있도록 지지하고 응원해 주시는 선생님. 그래서 선생님은 '예술가를 키우는 사람'이다.

예술작품은 인간의 자유를 통해 나타나는 자신감의 행위이다.
– 장 폴 사르트르 –

주도적이지 못한 경험은 오히려 자신감을 상실하게 한다. 정해진 원리를 그대로 따라서 수행하는 것은 예술적 경험이라 할 수 없다. 예술은 그저 색을 칠하고 재료를 만지는 것이 아니다. 예술은 자기 스스로 느끼고, 시도해 보고 자신만의 것을 창조해 내는 과정이다. 그러나 아직도 단순히 방법을 가르쳐주고 그대로 따라 하게 하는 경우가 많다. 때론 그런 과정도 필요하다. 하지만 그것으로만 끝나서는 안 된다.

진짜 자신을 꺼내는 예술적 경험은 자신감을 키워준다. 사실 자신감은 키워주지 않아도 된다. 우리가 가로막지만 않으면 어릴 적 가지고 있던 무엇이든 다 해볼 수 있을 것 같은 자신감이 사그라지지 않기 때문이다. 자신을 제대로 알 기회도 갖지 못한 채 외부에서 주입하고 평가하는 교육은 자신감을 잃게 한다. 내가 다 틀린 것처럼 느껴지기 때문이다. 자신을 충분히 알고 표현하면 자신감은 따라온다.

나와 연년생인 여동생은 육아 동지이다. 같이 육아를 위해 모인 날이었다. 여동생은 3살 조카에게 노란색을 쥐여주며 말했다.

"자~ 이걸로 바나나를 그려봐~"

그걸 보고 있던 나는 이렇게 말했다.

"아이에게 색도 자기가 선택하게 해 줘~ 아이는 다른 색 바나나를 그릴 수도 있잖아."

내심 미술전공자로서 이야기를 해 준 것 같아 우쭐한 마음이 들었다. 그런데 그런 나를 한 번 더 깨닫게 한 녀석이 있었으니 바로 아들 녀석이다. 녀석이 색연필을 쥐자 나는 이렇게 말했다.

"자~ 여기에 그려볼까?"

그런데 아들 녀석은 색연필들을 또르르... 굴리면서 까르르 웃는 것이 아닌가! 녀석에겐 색연필은 색칠을 할 수도 있지만, 굴리면서 놀 수 있는 장난감이기도 했던 것이다.

이렇게 무한한 방식으로 표현하던 아이들. 그런데 그랬던 아이들이 중학생이 되면 이런 질문을 한다.

"선생님, 가로로 그려요, 세로로 그려요?", "선생님, 이거 다음엔 어떻게 해야 해요?", "선생님, 이렇게 하면 다 된 건가요?"

무엇이 아이들을 이렇게 변화시켰을까? 이런 질문을 하는 아이들을 볼 때면 아이들이 그동안 얼마나 제시한 틀에 맞추기 위해 애써 왔는지가 느껴진다.

외부에서 시키는 대로 하는 것에 익숙했던 아이들도 자신을 꺼내어 볼 수 있는 활동을 함께 하다 보면 점점 변화한다. 아이들은 변화를 습자지처럼 빠르게 흡수한다. 물론 자신을 꺼내는 속도는 아이마다 다르다. 쉽게 자신을 표현하지 못하는 소위 모범생 아이들은 경직된 자세를 풀어주어야 하고, 꺼내는 데 시간이 오래 걸리는 아이는 조금 더 기다려 주어야 한다. 자신을 표현하기 어색해하는 아이들은 다른 친구들이 툭툭 꺼내어 놓는 모습을 보고 긴장을 풀도록 하여 덩달아 함께 자신을 꺼내어 보도록 돕는다. 그런 아이들의 표현, 미묘한 움직임은 미술이 아니더라도 많은 선생님께서 경험하신 수업의 기뻤던 순간일 것이다.

교직 생활의 해를 거듭하면서 내가 무언가를 멋있게 하는 것보다 아이들이 가지고 있는 것이 무엇인지 볼 수 있는 것이 훨씬 더 중요하다는 생각을 하게 된다. 내가 빛나기보다 아이들을 빛나게 할 준비가 되면, 선생님은 예술가를 키우는 사람이 된다.

3장

/

교육,
그 변화 속에서

여기 사람이
있습니다

"1번, 10번, 20번, 앞으로!"

내 번호가 불릴까 봐 심장이 쫄깃해졌던 수학 시간. 수학을 잘하지 못했던 나는 매시간 내 번호가 불리지 않기만을 바랐다. 특히 번호와 날짜가 겹치는 날이면 바짝 긴장했던 기억이 난다.

학교에 입학을 하면 새로운 번호나 학번을 부여받는다. 효율적인 관리를 위한 것이지만, 왠지 사람은 지워지고 번호만 남은 것 같은 느낌이 들 때가 있다. 학생 수가 지금보다 많았던 시절, 1차시였던 미술 수업은 20개가 넘는 반을 담당해야 했는데, 그러다 보니 만나는 학생 수가 900명이 넘었다. 매번 들어가는 반도 헷갈리고, 아이 한 명 한 명을 제대로 알아갈 여유가 없었다. 수행평가 점수 산출 시기가 오면 번호와 점수라는 숫자와 씨름하다 이내 공허한 마음이 들곤 했다. 마뜩잖은 일을 해야 하는 것도 싫었지만, 사람과 멀어져가는 느낌이 들어서였다.

'1번-27, 30, 27', '2번-30, 27, 27', '3번-24, 24, 27', '4번-21, 24,

24', '5번-30, 30, 27…'

반복해서 점수를 입력하다 보니 일하는 기계가 된 듯했다. 예술을 숫자로 환원해야 하는 상황이 괴롭기도 했고, 이상하게 외롭기도 했다.

빅토르 위고의 소설을 영화화한 〈레미제라블〉. 주인공 장 발장도 수감번호라는 또 다른 이름이 있었다. "24601!" 냉혹한 경찰 자베르는 이렇게 그의 이름 대신 수감번호를 부르며 20년 동안이나 그의 뒤를 쫓는다. 죽어가는 조카를 위해 빵 한 조각 훔친 것이 죄였던 장 발장이지만, 원칙주의자 자베르에게는 감옥을 벗어나도 범죄자였다.

법과 정의를 지키기 위한 투철한 자베르의 신념은 결국 장발장의 휴머니즘 앞에서 무너진다. 장 발장이 보여준 용서, 자비, 관용, 헌신은 죄수 '24601'이 아닌, 따뜻한 심장을 가진 사람이라는 것을 알게 했기 때문이다. 가치관이 흔들리며 갈등하는 자베르의 모습에서 연민을 느끼게 된다. 원칙에 충실하다 정작 중요한 것을 놓치고 있는 내 모습을 보는 듯해서이다.

예전보다 시수가 늘어나고 학생 수도 많이 줄었다. 평가도 예전과 달리 학생 한 명 한 명의 개별 특성을 보고 서술해 주는 형식으로 바뀌어서 조금 더 기쁜 마음으로 할 수 있게 되었다. 그래서 아이들 이름을 열심히 외우려고 한다. 이름을 불러 주는 나의 작은 행위가 아이들에게는 존재를 확인받는 일이라는 것을 알기에.

실제로 가끔 맹랑하게 자신의 이름표를 손으로 가린 채 "선생님, 제 이름 알아요?"라고 묻는 아이들이 있다. 혀끝에서 맴돌지만 기억해 내지 못할 때는 당황해서 웃어넘기지만, 미안하다.

모두를 다 기억하는 것은 기억 용량의 한계가 있지만, 아이들의 개별성을 지우고 번호로는 부르고 싶지 않았다. 그런 생각을 하고부터 아이들 이름이 생각나지 않을 때는 번호 대신 애칭을 불렀다.

> 만남이 교육에 선행한다.
> – 볼노(Bollnow) –

　우리는 우선, 만나야 한다. '나 - 그것'이 아닌 '나 - 너'의 관계로 만나야 한다. 인격적 상호작용, 만남 없이는 아무것도 일어날 수 없다. 타인에게 인격적으로 끌리게 될 때 비로소 진정한 교육이 시작된다. 가장 중시되어야 하는 것은 바로 사람이기에 교육에서 사람이 주변으로 밀려나서는 안 될 것이다.

　실존주의는 인간의 존재와 주체적 행위의 중요성을 강조하는 철학이다. 실존주의를 대표하는 철학자 장 폴 사르트르(Jean-Paul Sartre)의 '실존은 본질에 앞선다'는 말은 너무 유명하지만, 정작 삶과 연결하여 그 의미에 대해서 생각해 보지는 않았던 것 같다.

　인간이 만드는 모든 사물은 본질이나 용도가 있다. 의자의 본질은 앉는 것, 분필의 본질은 쓰는 것이다. 그의 말을 교육에도 대입해 보면 그동안 학생의 본질을 '지식을 습득할 자'라고 여겨온 것이 아닐까 하는 생각을 하게 된다. 보편적이고 동일한 속성으로 학생의 본질을 상정하고 그 본질이 실존에 앞서 있었기 때문에 우리는 아이들이 지식을 습득하도록 주입하고 있지 않았을까?

　구체적인 쓰임이 정해져 있는 사물과는 달리, 인간은 정해진 것이 없기에 본질로부터 자유로운 존재다. 인간은 성장하면서 스스로 자신의 의미를 만들어 가는 주체이다. 그래서 실존주의는 인간의 선택과 책임을 중요하게 여긴다. 실존주의 교육은 대화, 참여, 만남을 중시하며 창조적이고 주체적인 자유인을 형성하고자 한다. 그리고 실존적 선택은 개인적이고 주관적인 것이기에 정서적, 심미적, 시적인 교육이 필요하다고 말한다.

최근 영화 〈죽은 시인의 사회〉를 다시 보았다. 학생들을 한 편의 시처럼 보고 존중해 주시는 키팅 선생님의 모습은 몇 번을 다시 보아도 뭉클했다. 나는 키팅 선생님이 이 말씀을 하실 때를 가장 좋아했다.

> 시가 아름다워서 읽고 쓰는 것이 아니란다. 우리가 인류의 일원이기 때문에 시를 읽고 쓰는 것이지. 인류는 열정으로 가득 차 있어. 의학, 법률, 경제, 기술은 삶을 유지하는 데 필요해. 하지만 시와 미, 낭만, 사랑은 삶의 목적인 거야.

이번에 볼 때는 이 장면에서 선생님의 말씀을 듣고 있는 학생 닐의 표정에 시선이 머물렀다. 그 표정이 너무 좋아서 일시 정지시켜 놓고 한참을 바라보았다. 가끔 수업에서 닐과 같은 표정을 짓는 학생들이 있다.(그 빨려들어 오는 아이들의 모습은 사랑스럽다는 말로도 다 표현 못 한다)

그 표정 때문에 잠시 행복해졌지만, 1959년 미국 학교가 배경인 영화와 2020년 지금이 크게 다르지 않다는 생각이 들자 갑자기 슬퍼졌다. 나의 영원한 키팅 선생님일 것 같았던 로빈 윌리엄스가 2014년 자살로 생을 마감한 후 다시 보는 영화라서인지 선생님이 학교를 떠나는 장면에선 학생이 된 것 마냥 울었다.

이 영화가 감동적이었다는 사람은 많다. 하지만 내가 "교육 전반에 예술이 스며들도록 교육과 예술은 함께해야 해요"라고 말하면 듣게 되는 말은 이렇다. "좋은 이야기네요. 현실적으로는 조금 힘들지만요."

"이상적으론 그렇죠. 하지만 지금 너무 바빠요."

물론 적극적으로 동의해 주는 분도 많다. 지금 글로 만나고 있는 당신도 예술의 중요성에 대해 마음을 포개어 주실 것이라 믿는다.

진정한 인격적 만남이 없다면 수업은 소모적인 피곤한 시간에 그치고 말겠지만, 존재로 아이들을 만나면 수업은 새로운 무언가가 생성되는 의미 있는 기쁨의 시간이 될 것이다.

한 퍼포먼스를 소개하고 싶다. 2010년 뉴욕 MOMA(The Museum of Modern Art)에서 진행된 마리나 아브라모비치(Marina Abramovic)의 퍼포먼스, 〈Artist Is Present〉이다.

'여기 예술가가 있습니다', '작가는 선물이다' 번역하면 뉘앙스는 달라도 둘 다 맞는 표현일 것 같다. 마리나 아브라모비치는 '퍼포먼스의 대모'로 자신의 신체를 통해 신체의 한계와 정신의 가능성을 보여주는 것으로 이름을 알렸다. 유고슬라비아 출신인 그녀는 70년대 초 유럽에서 퍼포먼스를 시작했다. 조국의 내란과 민족의 분열, 전쟁의 비극적 역사에 영향을 받아 죽음, 폭력, 두려움이 그녀의 작품 주제가 되었다. 〈Artist Is Present〉. 그녀가 처음 이 프로젝트를 계획했을 때 주변의 반응은 "여긴 바쁜 뉴욕이야!"였다. 도대체 어떤 프로젝트였기에 그랬을까?

미술관 한쪽에 테이블을 가운데 두고 두 개의 의자가 놓여 있다. 한쪽 의자엔 몸 전체를 감싼 붉은색 드레스를 입은 마리나 아브라모비치가 있고, 그 앞에는 빈 의자가 놓여 있다. 그 의자엔 관람객이 한 명씩 와서 앉는다. 그리고 침묵 속에서 1분간 그녀와 눈을 마주한다. 이것이 이 퍼포먼스의 전부이다.

그녀는 이 프로젝트를 위해 3개월, 736시간 동안 관객과 눈을 맞췄다. 대부분의 사람은 타인과 30초만 눈을 바라보는 것도 어려워한다.

아브라모비치, Artist Is Present, 2010
© Courtesy of the Marina Abramović Archives / BILD-KUNST, Bonn - SACK, Seoul, 2021

그녀는 하루 8시간의 퍼포먼스를 진행하는 동안 움직이지 않고, 오롯이 사람들과 눈을 맞추었다. 이 퍼포먼스를 함께하기 위해 무려 850만 명이 넘는 관람객이 찾아왔다. 그녀 앞에 앉은 사람들의 반응은 다양했다. 자신을 바라보는 그녀의 눈빛을 보며 무심한 척하거나 부끄러운 듯 웃었다. 때론 눈싸움하듯 노려보는 사람도 있었고, 경계의 눈빛을 보내는 사람도 있었다. 그리고 하염없이 눈물을 쏟아내는 사람도 있었다.

그런데 흔들림 없이 침묵 속에서 사람들을 바라보던 그녀가 눈빛이 흔들리고 눈물이 차오르는 순간이 있었다. 바로 22년 전 헤어졌던 연인 울라이가 그녀 앞에 앉았을 때다. 그녀는 먼저 손을 내밀었다. 울라이는 그녀와 함께 많은 작업을 했던 창조적 동지로 최근 73세로 타계

했다. 이 작품이 그들이 함께한 마지막 퍼포먼스 같아서 아련한 마음이 든다.

수많은 사람을 마주하게 되는 뉴욕, 역설적이게도 그 많은 사람과의 시선은 잠시 스치고 금세 사라지기 때문에 수많은 군중 속에서 더 짙은 고독을 느낀다. 어쩌면 외부에서 주어진 것에 매몰된 채 자기기만에 빠져 살아가는 우리가 진정 바랐던 것은 찬찬히 바라보아 주는 눈빛과 같이 나라는 존재에 머물러 주는 것이 아니었을까?

그녀는 사람들에게 가장 중요한 것은 근원적인 경험이라고 말한다. 이 퍼포먼스는 그 경험으로의 초대인 셈이다. 퍼포먼스는 그 공간에만 존재하는 사건이다. 그래서 관객과의 직접적인 참여와 소통이 가능하다.

"현재야말로 우리가 관련될 수 있는 유일한 순간이죠."

이 퍼포먼스는 삶에서 수변으로 밀려나버린 인간이란 존재가 중심으로 오는 경험을 하게 한다. 70세 가까운 나이에 수행에 가까운 이러한 퍼포먼스를 하는 그녀도 놀랍지만, 나는 진지하게 참여하는 관객들이 더 놀라웠다. 예술의 힘은 이런 것이 아닐까. 나는 이 퍼포먼스가 소중한 것을 놓치고 살아가는 우리에게 예술가가 주는 선물 같이 느껴졌다.

작가와 관객이 마주하는 순간처럼 교사와 학생이 존재로 만나는 순간은 두 개의 우주가 만나는 것과 같은 것이리라. 수업코칭으로 만난 초등학교 3학년 국어 수업을 이야기해 보고 싶다. '공감하는 글쓰기' 수업이었다. 친구가 고민을 이야기하면 다른 친구들은 댓글 형식으로 공감하는 글을 포스트잇에 적었다. 고민을 말한 친구는 친구들이 써 준 글 중에 맘에 드는 것을 골라 읽었다. 엄마가 자신과 놀아주지 않아서 속상했다는 친구. 그 친구가 고른 마음에 드는 공감의 글은 이러했다.

"○○아, 엄마가 같이 안 놀아줘서 많이 속상했을 것 같아. 하지만 엄마는 너를 사랑하셔. 너의 마음을 안아주고 싶다."

엄마 미소가 절로 나왔다. 그런데 정작 수업을 하신 선생님과 이야기해 보니 가장 아쉬웠던 장면이 거기였다고 하셨다. 정확히는 모르겠지만 뭔가가 아쉽다고. 그래서 그 장면을 '지금-여기'로 가져와 보자고 제안했다. 선생님과 동료 선생님이 함께 그 장면 속 학생이 되어 다시 연출을 해 보았는데 선생님은 무언가를 알아차리신 듯 눈빛이 반짝이셨다. 수입 장면 속 아이들에게 무엇인가 빠져 있던 것을 발견하신 것이다.

아이들이 선생님의 진행에 맞추어 활동을 잘했지만 아쉬움이 남았던 이유는 바로 그 속에 정서적인 공감이 빠져 있었기 때문이었다. 선생님은 공감하는 글을 그저 허공에 대고 기계적으로 읽고 끝나는 것이 아니라, 서로 눈을 바라보고 웃으며 작은 고갯짓으로도 말하는, 감정적으로도 교류하는 진짜 공감이 되기를 원하셨던 것이다.

'공감'이란 귀한 가치를 심어주기 위해 수업을 재구성하신 것도 감동이었는데, 아이들이 인지적으로만 공감하는 것에서 그치지 않고 정서적인 공감까지 할 수 있기를 바란 선생님. 선생님의 섬세한 마음은 우리 교육에서 무엇이 먼저인가를 다시 생각하게 했다.

아이들을 존재로 바라보면, 그동안 우리가 잃었던 것이 무엇인지, 깨닫게 된다. 마리나 아브라모비치의 퍼포먼스의 제목을 차용해 본다면, 수업은 '여기 사람이 있습니다'이다.

당신은 연결되어
있나요?

'연결되지 않았거나 연결이 제한됨'

'사이트에 연결할 수 없음'

종종 컴퓨터 화면이 이런 메시지를 띄울 때 당혹스러웠던 경험이 있을 것이다. 특히 바쁘거나 급한 상황이라면, 컴퓨터를 달래서라도 연결시키고 싶지 않았던가. 모든 것이 연결된 세상, 우리는 잠시라도 연결이 끊어지면 불안하다. 그래서 잠깐의 대기상태가 진공상태처럼 느껴지기도 한다.

인터넷의 등장으로 시공간의 제약이 사라지고 무한한 소통의 장이 열렸다. 마음만 먹으면 전 세계 어느 곳이든 쉽게 접속하고 새로운 사람들과 연결될 수 있다. 하지만 쉽게 끊을 수 있기도 한 이 허약한 관계는 은밀한 곳에서는 외롭기도 하다.

지그문트 바우만(Zygmunt Bauman)은 저서 『액체 근대』를 통해 '액체'

라는 메타포로 '현대(modernity)'의 특징을 설명한 사회학자이다. 책 제목을 듣는 순간 수은처럼 액체로 변해 어떤 곳이든 흘러 들어갈 수 있는 로봇이 나왔던 영화 〈터미네이터〉가 떠올랐다. 액체는 고체와 같이 고정되어 있지 않고 쉽게 움직이며 흐르고 이동한다. 그가 말하고자 한 것이 바로 '유동성'이다.

견고한 구조나 제도가 지탱하고 있던 기존 사회는 얼음이 녹아내리듯 해체되고, 점점 유동하는 액체와 같이 변화한다. 오늘날 우리 삶은 흘러서 어디로 갈지 모르는 물처럼 표류한다. 흐르는 물 같은 사회는 기준을 소멸시키고 시공간의 경계도 무너뜨린다. 심지어 하나의 민족, 국가라는 경계도 허물어뜨린다. 신자유주의적 세계화가 휩쓸고 간 경계가 무너진 열린 사회는 혼돈과 불안, 불확실성으로 가득 차 있다.

이런 유동적인 사회는 '개인화'라는 특징이 있다. 예전에 집단이 공유하던 것은 쪼개어져 개인에게 할당되고 각각의 개인은 홀로 고군분투한다. 밑 빠진 독에 물 붓기 같은 스펙 쌓기가 그러하다. 사회구조를 살펴지 않았을 때 사람들은 개인의 힘으로 해결하라는 듯 쉽게 이렇게 말한다. "너의 노오~력이 아직 부족하다고."

바우만은 이 때문에 이상이 사라지고 사람들은 무력감을 느끼게 된다고 말하며 개인화로 인해 사적이익만 추구하는 미래가 되어서는 안된다고 경고했다. 사회학은 잘 모르지만, 사회현상을 꿰뚫어 보는 학자들의 글을 읽다 보면 갑자기 세상을 줌 아웃 해서 보는 느낌이 든다.

모두가 '개인'인 시대를 사는 우리에게 고독과 소외감은 그림자처럼 따라다닌다. 강박적으로 접속하는 SNS는 조금이라도 연결되고 싶은 마음 때문이지만, 가상 속에 반짝거리는 것들과 대비되는 나의 빈곤한 '좋아요'는 오히려 더 큰 소외감과 상실감을 낳고, 대열에 끼지 못할 때는 조바심이 생기기도 한다.

2020년, 예상하지 못한 바이러스가 전 세계를 멈추게 했다. 부정적으로도 인식되었던 온라인은 사상 초유의 사태에서 유일하게 연결될 수 있는 끈이었다. 팬데믹 상태가 된 세상은 보이지 않는 것과 싸워야 했고 사람들과는 의무적으로 거리를 두어야 했다.

나는 그 해 가장 많은 사망자가 나온 나라, 미국에 있었다. 미국은 모든 주가 셧다운되어 그야말로 아무것도 하지 못하는 상황이었다. 비싼 의료시설을 마음 놓고 이용할 수 없는 이방인 신분이다 보니 덜컥 겁이 났다. 다운타운 거리는 재난영화처럼 노숙자들의 텐트가 늘어났고, 생필품을 구할 수 없다는 말이 돌았다. 가뜩이나 불안한 상황에서 늘어나는 확진자 수만큼 총기 구입량도 늘었다는 소식까지 들렸다. 지레 겁을 먹은 나는 집에 가만히 있어도 무서워서 문을 꼭꼭 걸어 잠갔다.

모든 사람을 잠재적 바이러스 보유자로 보아야 하는 상황은 잠시 집 주변을 걷는 것조차 꺼리게 만들었다. 산책을 하다가 혹 사람이 가까이 오면 피하듯 돌아서 걸었다. 사람이란 존재를 바이러스로 치환해 버리는 것 같아 알 수 없는 죄책감도 들었다. 그때의 가장 큰 공포는 고립감이었다. 이러지도 저러지도 못한 채 간신히 음식 재료를 사 오는 것이 할 수 있는 것의 전부였고 창살 없는 감옥이나 다름없는 집에 갇혀 마디 없는 시간이 흘렀다.

하루는 넋 놓고 앉아 있다 창밖에 보이는 연둣빛 나뭇잎 사이로 들어오는 햇살을 보는데 왈칵 눈물이 쏟아졌다. 사람들과 함께하지 못한다는 것, 연결되지 못한다는 것이 그렇게 슬픈 일이라는 것을 이런 극단적인 상황이 아니면 몰랐을 것이다. 나뿐만 아니라 모든 사람이 그동안 우리가 보이지 않지만 얼마나 복잡하게 연결돼 있었는지 알게 되었다.

개인화되어 가던 사회는 그 연결이 끊어졌을 때 우리 삶이 얼마나 보잘 것없고 의미 없는지도 알게 해주었다. 하지만 삶은 계속되었다. 사람들은 직접 만날 수 없는 상황이 되자 비대면으로 더 강하게 연결될 방법을 모색했다.

영화 〈퍼펙트 센스〉는 바이러스로 인한 인류의 위기를 그린 영화이다. 주인공 수잔은 감염병 연구원, 마이클은 요리사이다. 영화는 사랑에 냉소적이던 두 주인공의 러브스토리를 큰 줄기로 하지만 영화 전반은 바이러스로 인해 전 인류가 후각, 미각, 청각 그리고 시각을 서서히 잃어가는 끔찍한 과정을 그린다.

코로나19로 사람들과 만나 얼굴을 마주하며 웃고 떠들고 맛있는 음식을 나눌 수 없게 되자 그 소중함을 깨닫게 된 것처럼 영화도 당연했던 냄새, 맛, 소리를 느낄 수 없게 되자 감각할 수 있었던 것이 얼마나 소중했는지를 알게 한다.

냄새를 맡을 수 없게 되자 바이올린 연주 소리로 자연의 냄새를 느껴보려는 장면이 있다. 연주자는 이렇게 말한다.

"제일 낮은 음엔 이끼, 버섯, 썩은 잎들이 있어요. 높은 음엔 나뭇잎과 빗물뿐만 아니라 하늘도 느낄 수 있어요."

숲에서 마음껏 들이마셨던 그 냄새를 맡을 수 없다면 이런 방법으로 느껴야 할까? 거기까지는 그저 안타깝다는 생각이 들었다. 그런데 미각에 이어 청각이 사라지는 장면에선 소리를 완벽히 차단한 화면만 나오는데, 잠깐이지만 숨이 막히는 공포감이 느껴졌다.

당연하게 여긴 감각이 하나씩 떠나갈 때, 우리는 존재를 느낄 수 있을까? 영화 마지막엔 시각이 사라지는 것을 암시하는 어둠이 찾아온다. 그러나 촉각이 아직 남아있기에 그들은 서로의 숨결, 맞댄 살의 감촉을 느끼고 서로의 뺨에 흐르는 눈물을 닦으며 입을 맞춘다.

'Life goes on(그래도 삶은 계속된다)'

영화는 내레이션을 통해 이렇게 말한다. 그래서 재난 같은 상황을 묘사하는 것보다 남겨진 감각에 더 민감하게 집중해서 일상을 회복하고자 하는 사람들의 모습을 잔잔하게 보여준다. 감각을 상실하는 끔찍한 상황에서도 살아내려는 사람들. 그들이 살고자 하는 것은 여전히 자신과 연결되어 있는 사람, 바로 사랑하는 이들이 함께 존재하기 때문 아닐까?

미미한 감각일지라도 상대방과 연결되어 있음을 느낄 수 있다면, 인류는 극한의 상황도 새로운 방식으로 극복해 낼 수 있을 것이다. 코로나19를 겪으며 미래일 줄 알았던 비대면, 디지털 시대를 급하게 접하게 되며 그 변화 속에서 더 선명하게 알게 되는 것은 사람과의 연결의 중요성이다.

앞서 언급한 바우만의 말대로 우리는 '개인들의 사회'를 살고 있다. 2017년 91세로 타계한 그가 살아 있다면 지금과 같이 사람과의 접촉을 최소화하기 위해 비대면 소통이 불가피해진 상황을 두고 어떤 말을 했을까? 이미 SNS에 대해서는 이렇게 우려스러운 목소리를 냈었는데 말이다.

결국 외로움으로부터 멀리 도망쳐나가는 바로 그 길 위에서 당신은 고독을 누릴 수 있는 기회를 놓쳐버린다.

그는 더 많이 만나고 접촉해야 한다고 말했지만 가상, 온라인의 인공성을 피할 수 없는 지금, 우리는 어떻게 해야 연결되고 유대감을 느낄 수 있을까? 더 나아가 공동체적 삶의 가치를 알 수 있을까?

나는 사람과 사람의 연결은 아주 섬세하고 민감한 작용이라고 생각한다. 살짝 올라가는 입꼬리, 잠깐의 침묵, 짧은 한숨, 살짝 붉어진 뺨, 근육의 씰룩거림 등 찰나의 작은 것을 통해서도 우리는 상대를 느낀다. 그래서 지극히 완벽해 보이거나 감정적 동요가 없는 사람을 만나면 '사람이 느껴지지 않는다'와 같은 표현을 한다. 주변에 그런 사람이 있거나, 자신이 그런 것 같다면, 이 작품을 보자.

'거미여인'이라는 별명을 가진 일본 작가, 시오타 치하루(Shiota Chiharu)는 실을 주재료로 작업을 한다. 붉은 실로 제작한 작품이 설치된 공간에 들어가면 혈관이 가득 찬 몸속에 들어 온 것 같은 묘한 느낌이 든다. 강렬한 붉은 색 공간은 뛰고 있는 심장을, 그리고 태아가 머물렀던 엄마의 뱃속을 상상하게도 한다.

앞에서 소개한 마리나 아브라모비치의 제자이기도 한 시오타 치하루는 드로잉부터 설치, 퍼포먼스 등 작품의 폭이 넓은 작가이다. 2019년 부산시립미술관에서 열린 〈영혼의 떨림〉 전을 통해 한국에서도 그녀의 다양한 작품을 직접 볼 수 있었다.

> 실은 인간이 느끼는 감정 같은 것이다. 실은 팽팽할 수도 있고, 엉킬 수도 있고, 끊어질 수도 있다. 마치 사람과 사람과의 관계 같은 것이다. 나의 실은 감정을 대변해 보여주는 거울과 같다.

그녀는 보이지 않는 인간의 감정, 관계와 같은 주제를 실을 엮는 작업을 통해 보여준다. 실은 존재와 세상을 연결해 주는 것 같다. 그녀의 작품 중에서 가장 경이로웠던 것은 2015년 베니스 비엔날레에서 선보

시오타 치하루, Key in the Hand , 2015
© Chiharu Shiota / BILD–KUNST, Bonn – SACK,
Seoul, 2021

인 〈Key in the Hand〉라는 설치작품이다.

두 척의 보트, 붉은색 실 그리고 여러 사람의 사연을 담은 수많은 열쇠로 가득 채운 공간. 우리 마음을 꺼내 놓으라 하면 이렇게 뒤엉켜 있을 것만 같다. 관계 맺으며 살아가는 세상을 시각적으로 표현하면 이런 형태가 아닐까?

그런데 왜 열쇠일까? 열쇠는 소중한 것들을 보호할 때 쓰인다. 열쇠는 일상이 축적되어 있고, 그것을 매만진 사람의 온기가 배어 있다. 열쇠는 연결의 시작점인 사람을 상징한다. 실제로 옛 열쇠의 형태는 사람의 모습을 닮기도 했다.

분출하듯 뽑아낸 붉은 실은 열쇠로 상징되는 사람들을 연결시키며 강렬한 무언가를 말한다. 그녀의 작품은 이런 거미줄과 같이 연결된 삶을 살고 있으면서도 미처 알아차리지 못하는 우리에게 우리 삶은 한 가닥 실이 아니라 장엄하게 펼쳐진 거대한 실타래임을 보여준다.

전시장 바닥의 두 척의 배는 매달린 열쇠 아래 펼친 두 손처럼 놓여 있다. 제각각 다른 기억과 추억을 담은 사람들을 연결해 싣고 넓은 바다로 향할 것 같다.

무수한 연결망 속에 살아가고 있지만, 소외감을 느끼는 현대인. 내가 당기면 더 가까이 올까? 아니면 부담스러울까? 누군가와 관계 맺는다는 것, 연결된다는 것은 쉽지 않다.

2021년, 4년간의 긴 휴직 후 복직을 했다. 코로나19로 인해 온라인 수업이라는 급격한 변화가 있었던 터라 복직을 준비하는 마음이 무거웠다. 아니나 다를까. 처음엔 마스크를 쓴 채 앉아 있는 아이들을 보고 도통 누가 누구인지 구분하기 어려웠고, 표정을 읽을 수 없어 소통이 안 되는 느낌이 들었다. 온라인 수업에선 부끄러워 얼굴을 보여주지 않는 아이들이 대부분이었고 홀로 컴퓨터 앞에서 목소리를 높였다. 하지만 서로 낯설었던 몇 주가 지나자 서서히 눈으로도 말하고 함께 웃으며 이야기하게 된다.

복도를 지나가던 여학생이 상큼한 미소와 함께 기분 좋은 말을 남기고 간다.

"선생님~ 오늘 수업 정말 재미있었어요!"

온라인 수업 미팅창에서는 수업이 끝났는데도 나가지 않고 자신의 이야기를 나누는 학생이 있다.

"선생님, 아까 선생님이 말씀하신 작품이요~ 예전에 실제로 본 적 있어요."

언뜻언뜻 아이들과 연결되고 있음이 느껴지는 뿌듯하고 기쁜 순간이 있었다.

언택트(untact) 시대가 도래한 지금, 우리는 허약한 연결이 되지 않기 위해, 더 따뜻하게 연결되기 위해 애써야 한다. 시오타 치하루의 작품처럼 마음의 실타래를 풀어보자. 미세한 떨림을 선사하는 예술은 우리가 연결될 수 있도록 탁월한 통찰을 줄 것이다.

눈동자를
그리기 전

'제발 치우지 말아주세요!!! 쓰레기가 아닙니다. ㅜㅜㅜ'

실기실이 있는 예술대학 건물 곳곳에서 눈에 띄는 쪽지이다. 작업 중이던 작품을 임시방편으로 비닐이나 신문으로 엉성하게 씌워 놓아서 이런 쪽지가 없으면 딱 쓰레기로 오해하기 쉽다. 작업을 하다 보면 사이즈가 커지기도 하고, 늘여 놓아야 해서 슬금슬금 복도로 나오게 된다. 그래서 예술대학 건물은 교실과 복도가 따로 없다. 복도에 조금이라도 확보할 수 있는 공간은 여지없이 누군가가 자신의 아지트를 만들고 작업을 한다. 큰 캔버스도 그렇지만, 설치 작업물은 보관하기도 쉽지 않다. 그래서 복도 벽이나 사물함 위는 이것저것 고물상같이 잡동사니가 쌓이곤 했다.

이렇다 보니 작업 중인 것에 쪽지를 붙여 놓지 않으면 버려지기에 십상이었다. 그래서 버려지지 않으려면 쪽지는 최대한 다급하고 간절하게 써야 했다. 느낌표는 많이, 불쌍해 보이는 눈물 기호는 필수, 다급함

뒤샹, 자전거 바퀴

이 느껴지는 글씨체….

　미대를 나온 사람은 공감할 웃픈 풍경이다. 그땐 철없는 대학생이라 몰랐는데 지금 생각해 보면 건물을 청소해 주시던 아주머니들께 죄송하고, 감사하다. 예술대학 청소는 진정한 '극한직업'이다. 청소도 힘드실 텐데, 예술과 쓰레기를 구분하는 눈까지 요구하니 말이다.

　작업 공간엔 이런저런 시도를 하다 버려지는 것도 많다. 뒤샹의 〈자전거 바퀴〉처럼 조합해 보다가 어떤 것은 버리기도 하고, 어떤 것은 작품이 되기도 하기 때문이다.

　1913년 제작된 이 작품은 등받이 없는 의자 위에 자전거 앞바퀴가 위로 오게 해서 꽂은 것이 전부다. 자전거 외관이 아름답다고 느꼈던 뒤샹은 보기 편하도록 휠을 잘라 의자 위에 세운 것이다. 1917년 〈샘〉

보다 먼저 제작된 〈자전거 바퀴〉는 기성품을 예술품으로 전환한 레디 메이드 전 단계 작품이다. 뒤샹의 〈자전거 바퀴〉가 없었으면, 〈샘〉도 없었을 것이다.

그가 이 작품을 처음 만든 것은 1913년이지만, 도판 속 작품은 1913년에 제작된 것은 아니다. 실제 처음 그가 제작한 것은 사진조차 남아 있지 않다고 한다. 후에 여러 번 다시 만들어졌지만, 외형은 일관성 없이 조금씩 다르다. 그는 근대적 의미의 예술 제작을 거부하고 현대미술의 존재 방식을 바꾸었다. 그가 중요하게 보았던 것은 '개념'이었다. 그래서 당시 인지도가 있는 예술가였지만 쿨하게 작품을 보관조차 하지 않았다.

사람들은 〈자전거 바퀴〉를 보고 이렇게 말했을 것이다.

"이건 뭐야? 자전거?" "이게 작품이야?" "정말 이게 끝?"

우리는 찬찬히 작가의 의도를 알아보려 하기 전에 자신이 가지고 있던 관념으로 보고 평가한다. 작가가 무엇을 말하고자 하는지에 관심을 가지지 않으면, 이 작품은 그야말로 쓸데없는 짓을 한 쓰레기에 불과한 것이다.

나는 뒤샹의 작품을 볼 때마다 사람들이 예술을 대할 때, 혹은 세상을 만날 때 얼마만큼 마음을 열어야 하는지 시험하는 것 같다는 생각이 든다. 성급하게 판단하기 전, 그동안 보지 못했던 것, 생각하지 않았던 것들을 보기 위해서는 최대치로 생각과 마음을 열어 보아야 한다.

한동안 공개 오디션 프로그램이 유행했다. 세상이 전부 오디션 중인 듯한 착각을 일으킬 정도로 TV 속 많은 채널이 심사 중이었다. 나도 재미있게 본 프로그램이 몇 개 있긴 했지만, 공개적으로 누군가의 간절함을 담보삼아 상업화하는 것이 불편하게 느껴졌다. 서바이벌 형식

으로 살아가는 우리 삶을 펼쳐서 적나라하게 보여주는
것 같아 어느 순간부터 외면하게 되었다. 그러다가 우
연히 유튜브에서 스위스의 한 오디션 프로그램을 보게
되었다. '스위스 갓 탤런트'(Switzerland's got Talent)에 참가한 한 여성 예술
가의 영상이었다.

4명의 심사위원 앞에 있는 무대에 선 그녀는 이젤 위에 캔버스를 올
려놓고 누군가의 얼굴을 그리기 시작했다. 그림 속 주인공은 심사위원
중 한 명의 얼굴로 보였다. 양손을 써가며 쉴 새 없이 손을 움직였지만,
금세 지루함을 느낀 듯 심사위원들은 심드렁한 표정을 지었고 차례로
X 버튼을 눌렀다. 버튼이 눌러짐과 동시에 그녀는 캔버스를 뒤집고 마
법의 가루를 뿌리듯 하얀 가루를 그 위에 뿌렸다. 그러자 놀라운 반전
이 일어났다. 그녀가 그리고 있었던 것은 처음 예상했던 심사위원의 모
습이 아닌, 그 옆에 있던 다른 심사위원의 모습이었던 것이다. 순식간
에 현장은 사람들의 감탄과 박수가 쏟아졌고 그녀는 가쁜 숨을 몰아쉬
며 눈물을 흘렸다. 그녀는 두 명의 초상화를 그리고 있었던 것이다. 심
사위원들은 자신들이 성급하게 판단한 것에 대해 진심으로 사과했다.

무엇인가를 위해 쏟는 노력의 시간, 그 과정을 사람들은 참지 못하고
성급하게 판단하거나 무시하곤 한다. 그것이 무엇을 위한 것인지 그 자
체를 제대로 알려고 하기보다 색안경을 끼고 보는 경우가 더 많다.

개방적인 태도는 그것을 쉬이 판단하지 않는 '신중함'과 대충 흘려보
지 않는 '섬세함'이 필요하다. 그리고 대상에 대한 애정과 존중하는 마
음이 있어야 한다. 개방적인 태도는 더 나은 답 혹은 다른 답을 찾기 위
해 언제나 다른 사람을 인정하고 그들에게 귀를 기울이는 것이다. 닫혀
있던 내 생각과 마음의 문을 열기 위해서는 우선 마음의 예열이 필요하

다. 데워진 마음으로 보지 않으면 제대로 이해할 수 없고, 오해하게 되고, 내 생각대로 판단하게 된다. 그리고 생각해 보면 그렇게 내린 판단은 결국 나를 괴롭게 하는 경우가 많다.

'화룡점정(畵龍點睛)'

마지막으로 눈동자를 그린다는 뜻으로 가장 요긴한 부분을 마치어 일을 끝냄을 이르는 말이다. 살아 있는 것을 그리는 그림에는 생명을 불어넣는다는 의미로 눈동자를 마지막에 그렸다. 실제 그림을 그릴 때 마지막으로 하얀 물감이 묻은 세필로 하이라이트를 몇 군데 콕콕 찍어 주면 금세 생기가 돌고 완성된 것 같은 느낌이 난다.

그러나 모딜리아니의 그림 속 인물엔 눈동자가 보이지 않는다. 그는 쉽게 점을 찍지 않았다. 왜 그는 눈동자를 그리지 않았을까?

'몽마르트르의 보헤미안'이었던 이탈리아 출신의 화가 모딜리아니. 그는 1900년대 초 예술의 중심지였던 파리로 건너와 그림을 그렸다. 서양미술사를 대표하는 미남 화가로 꼽히는 그의 곁엔 많은 여자가 있었지만, 그에게 끊임없는 영감을 주었던 뮤즈는 사랑하는 아내, 잔 에부테른이었다.

그는 잔의 영혼까지 화폭에 담아내고 싶어 했다. 그들의 결혼 생활은 당장 먹을 것을 걱정해야 할 정도로 불안했다. 어릴 적부터 몸이 약해 각종 질병에 시달렸던 모딜리아니는 삶의 매 순간 죽음을 생각해야 했다. 그런데도 죽기 전까지 그가 예술의 혼을 불태울 수 있었던 것은 바로 영감을 주는 아내 잔의 헌신과 순진무구한 사랑 때문이었다. 14살이란 나이 차이, 집안의 반대에도 불구하고 그녀는 그와 함께했다. 모딜리아니의 부탁인 천국에서도 자신의 모델이 되어 달라는 말에 그녀는 기꺼이 그곳에서도 당신의 모델이 되어 주겠노라 답한다. 그래서였을

모딜리아니, 노란 스웨터를 입은 잔 에부테른   붉은 숄을 두른 에부테른의 초상

까. 서른여섯, 모딜리아니가 결핵성 뇌막염으로 이른 생을 마감하고 며칠이 지나지 않아 슬픔을 견디지 못한 잔은 6층 아파트에서 임신 8개월의 몸으로 뛰어내려 결국 그의 곁으로 간다. 그의 묘비에 새겨진 글귀는 그의 안타까운 삶을 말해준다.

이제 영광을 차지하려는 순간 죽음이 그를 데려가다.

모딜리아니의 작품은 당시 유행하던 어떤 화풍에도 속하지 않은 독창적인 작품이었지만, 안타깝게도 생전에 인정을 받지 못했다. 아이러니하게도 그의 죽음 직후 그림은 엄청난 값으로 뛴다. 지독한 가난 속에서 그려낸 고고하고 신비로운 초상화를 조금만 더 일찍 알아봐 주었다면 그들은 행복했을까?

그의 텅 빈 눈을 한 초상화를 바라보고 있으면, 모딜리아니를 바라보는 것 같은 느낌이 든다. 혹자는 인물화 속 눈동자가 없기 때문에 유일하게 바라보는 사람인 화가가 힘을 독점한다고 해석하기도 한다.

나는 그가 상대의 가능성을 열어 놓은 것이라 생각한다. 자신의 눈에 담아 누군가를 객체화해서 마음내로 해석하고 규정하지 않으려고 한 그의 고뇌가 느껴지기 때문이다. 눈동자만 그려 주면 적당히 비슷한 느낌을 낼 수 있다. 그런데도 그리지 않은 것은 타인을 쉽게 알려고 하지 않은 그의 노력이다.

내가 당신의 영혼을 알게 되면 눈동자를 그릴 것입니다.

실제로 모딜리아니는 왜 눈동자를 그리지 않느냐고 묻는 잔의 질문에 아직 당신을 제대로 볼 수 없기 때문이라고 말했다. 그는 눈에 보이는 그녀를 그리지 않았다. 자신의 영혼의 동반자, 그녀의 영혼을 표현하고자 했다. 어쩌면 그녀는 곧 자신이었을지도 모르겠다. 그녀의 눈동자엔 항상 자신의 모습이 담겨 있었을 테니까. 사랑하는 이와 자신의 내면 깊은 곳, 영혼까지 담아내려 했기에 그는 쉽게 눈동자를 그릴 수 없었던 것이다.

사람은 하나의 우주다. 우리는 상대를 안다고, 자신을 안다고 쉽게 말할 수 없다. 사람을 알게 되는 것은 경이로운 일이다. 그래서 인간은 '신속하고 정확하게'라는 효율성의 잣대로 접근해서는 절대 알 수 없는 존재이다. 하지만 안타깝게도 세상은 인간마저 카테고리화시켜 빨리 파악하려는 경우가 많다.

　많은 아이를 만나는 학교에서도 그렇다. 아이들을 알아가는 과정은 눈동자를 읽어가는 과정이다. 그런데 무언가 제대로 파악되지 않은 상태는 불편하게 느껴지기 때문에 교사들은 빨리 눈동자의 점을 찍고 싶어 한다. 그래서 쉽게 점을 찍는 경우도 있다.

　한 TV 예능 프로그램에서 개그맨 박명수 씨의 생활기록부가 공개된 적이 있다.

　"집은 보통으로 사나 교육에는 관심이 없고 옷은 고급으로 입힌다."

　패널들은 이 정도면 악성댓글 수준이라며 깔깔댔고 시청자들에게 큰 웃음을 주었다. 하지만 웃을 수만은 없는 쓸쓸한 옛 교육의 흔적이다. 겉으로 보이는 것들로 속단하는 것이 교육이란 이름으로 자행되었던 것이다.

　모딜리아니의 그림은 신기하게도 눈동자가 없지만 어색하지 않고 오히려 더 많은 것을 말하는 느낌이 든다. 결정적인 눈동자가 없어도 그 사람을 오롯이 담아낸다.

　우리에겐 아이들을 결정지을 권리가 없다. 다만, 아이들이 자신을 발견해 나가는 과정에 함께 있을 뿐이다. 우리가 할 일은 빨리 눈동자의 점을 찍는 것이 아니라 그저 그 눈동자를 더 많이 바라보아 주는 것이다. 그리고 아이들을 편협한 틀에 가두는 오류를 범하지 않도록, 끊임없이 개방적인 태도를 갖고자 노력하는 일이다. 하나로 결정지을 수 없는 눈을 지닌 모딜리아니 작품에 말을 걸어보자. 아이들의 영혼까지 바라볼 수 있는 '보이지 않는 것을 볼 수 있는 눈'이 생겨나도록.

교육은 경계를 허물고
함께하는 것

"엄마, 우리 마음이 소리가 나는 이유는~ 우리 마음에 소리가 들어 있어서 그래."

5살 아들 녀석이 무슨 맥락으로 한 말인지는 모르겠지만, 가끔 녀석은 잠시 생각하게 하는 말을 한다.

'맞아. 우리 마음이 소리를 내는데, 우리는 그 소리를 제대로 듣지 않았구나.'

마음은 소리를 낸다. 그리고 마음과 마음이 부딪치면 더 많은 소리를 낸다. 바람에 흔들리다 맞닿으면 신비로운 소리를 내는 청동 모빌처럼.

소리는 공기의 떨림이다. 그 떨림을 느끼는 것은 사람마다 다르다. 사람은 대략 20~20,000㎐ 정도의 소리를 들을 수 있다고 한다. 이것을 가청 주파수라고 하는데, 나이가 들면 점차 가청 주파수가 떨어진다. 일종의 듣기 능력의 노화인 셈이다. 혹시, 그렇다면 정말 어린 아이들은 마음의 소리까지 듣는 것은 아닐까?

사람들은 고유의 주파수를 가지고 산다. 주파수를 맞추어가며 누군가와 만나려 애쓰다 보면 어느 지점에서 마음이 울려 반응을 하기도 하고 알지 못했던 감정이 터져 나오기도 한다. 사실 멈춰 있는 듯한 모든 것은 잔잔한 진동 상태이다. 단지 둔감한 우리가 느끼지 못할 뿐이다. 우리의 마음은 늘 울리고 있으며 함께 울릴 상대를 찾는다.

　진동수가 같은 물체가 가까이에서 진동하면 다른 쪽의 물체도 진동하는데, 이런 현상을 '공명'이라고 한다. 마음의 소리는 공명할 때 들린다. 함께 울릴 때, 우리는 마음의 소리를 더 정확하게 들을 수 있다.

　주파수가 각기 다른 사람들이 함께 어울려 살 수 있는 것은 공명의 순간 때문이다. 오랫동안 닫혀 있던 창문처럼 마음을 여는 것은 쉽지 않다. 하지만 함께 울리면 조금 더 쉽게 열린다. 교육의 시작은 공명이다. 교육은 사람과 사람의 주파수를 맞추는 것에서 시작한다.

　한 TV 광고에 피노키오를 만든 제페토 할아버지 같은 분이 나와 로봇을 만들며 이렇게 말씀하신다.

　"이놈아~ 널 위해 뭐든 만들 수 있지만, 딱 하나 줄 수 없는 게 있으니 '마음'. 마음까지 주면 전부를 주는 건데 말이지~"

　그리고 이런 카피가 뜬다.

　'마음이 전부였구나. 마음을 준다는 건 전부를 준다는 것.'

　짧은 광고에서 전해지는 메시지는 교육 현장에서도 공감되는 말이다. 실제로 한 EBS 프로그램에서 아이들에게 어떤 선생님이 좋은 선생님이라고 생각하느냐고 물었을 때 아이들이 가장 많이 대답한 말은 바로 "자신의 마음을 알아주는 선생님"이었다. 아이들은 선생님의 마음, 그 진정성을 느낄 때 수업 안으로 들어온다. 그리고 교사는 마음을 쏟고, 학생들과 진정한 소통을 할 때 '진짜' 선생님이 된다.

마음을 흔들지 못하면 가짜다. 마음을 흔든다는 것은 찰나적인 유행을 의미하는 것이 아니다. 조금 더 깊은 곳의 울림을 의미한다. 사람의 진정성을 느끼는 순간, 우리는 따뜻한 체온을 공유한다.

–『당신은 스토리다』中 –

마음이 만나야 하듯, 교육에서 또 만나야 하는 것이 있다. 바로 구획된 학문들이다.

르네상스 시대, 천재들이 쏟아졌던 이탈리아 피렌체에는 메디치가가 있었다. 메디치가는 당시 유럽에서 가장 부유한 가문으로 두 명의 교황을 배출한 대단한 가문이었다. 그들은 잠재력이 있는 예술가들을 후원하고 지지했다. 그들의 마음이 닿았던 것일까? 이탈리아의 작은 도시, 피렌체에서 천재들이 쏟아져 나왔다. 전폭적으로 예술가들을 후원한 결과였다. 물론 한편에서는 메디치 가문이 정치적 도구로 예술가들을 이용했다고 보는 시각도 있다. 하지만 위대한 예술가들의 위대한 작품의 탄생 배경에 메디치 가문이 있었음을 부인하지는 못할 것이다.

당시 메디치 가문은 예술뿐만 아니라 건축가, 의사, 음악가, 화가, 철학가 등 다방면의 전문가들을 후원했다. 숙식을 제공하기도 했기에 한 공간에서 서로 다른 영역의 전문가들이 직접 만나 이야기를 나눌 수 있었다. 그러다 보니 다양한 영역의 교차점을 발견하게 되었고 기존에 없던 생각들, 새로운 것들을 만들게 되었다. 이것을 '메디치 효과'라고 한다. 융합의 중요성이 대두되면서 요즘 기업에서는 이 효과를 통해 세상에 없던 새로운 제품들을 만들어 내기도 한다.

각기 다른 영역의 교차점이라⋯ 학교 교무실이 떠올랐다. 중등학교 교무실만큼 다양한 학문 전공자들이 한 공간에 모여 일하는 곳이 있을까? 하지만 물리적인 공간이 중요한 것은 아닌 것 같다. 교무실에서는 서로 닿으면 깨질까 조심스러워 보이지 않는 경계선을 지켜가며 제각각 자기 일을 하고 있으니 말이다. 한 선생님은 그런 교무실 풍경을 계란판에 비유하기도 했는데 고개가 끄덕여졌다.

주파수를 맞추어 공명하는 것이 교육의 시작이라면, 교차점을 찾는 것은 앞으로의 과제이다. 교사에게 수업은 서로 침범해서는 안 되는 영역으로 여겨져 왔고, 다른 과목에는 관심을 가질 이유도 여유도 없었던 것이 현실이다. 그러다 보니 통합, 융합수업은 실현 불가능한 이상적인 지침처럼 느껴진다. 하지만 여러 영역의 경계, 그 교차점에서 르네상스 시대가 열렸듯 교육도 교차점에 서는 시도가 꾸준히 이루어진다면, 전에 없던 새로운 교육이 가능하지 않을까?

메디치 가문의 전속 화가였던 보티첼리의 '비너스의 탄생'은 르네상

보티첼리, 비너스의 탄생

스 시대를 함축적으로 표현한 작품이다. 키테라섬 바다 거품 속에서 비너스가 탄생한 장면을 그린 것으로 인간의 아름다움을 그린 최초의 누드화이기도 하다. 장미꽃은 비너스의 탄생과 함께 생겨났다고 한다. 그림에는 미와 사랑의 여신 비너스를 축복하듯 장미 꽃잎이 흩날리고 있다. 이 작품을 보다 보면 이 그림을 그리는 보티첼리의 모습을 상상하게 된다. 인간의 자유를 마음껏 표현할 새로운 시대, 변화하는 교차점에 대한 기대감에 흠뻑 젖어 이 그림을 그렸을 그의 모습을. 융합, 변화에 대한 요구가 버겁게만 느껴진다면, 보티첼리의 기쁨과 기대에 가득 찬 이 그림을 한 번 감상해 보는 것은 어떨까?

청계천의 '스프링'이란 작품으로 우리나라 사람들에게 친숙한 팝아트 작가 클래스 올덴버그(Claes Thure Oldenburg)는 일상의 사물을 거대한 크기로 확대한 작업을 한다. 현대의 예술작품은 상이한 분야의 연결과 변형 그리고 타 영역과의 협력이 필수적이다.

올덴버그, 옷핀

> 드로잉을 작품으로 구현하기 위해 나는 엔지니어, 토양전문가, 조경설계사, 조명전문가에 이르는 모든 국면의 영역을 변형시켰다.
> – 클래스 올덴버그 –

교육도 마찬가지다. 시대의 변화에 따라 교육은 학문이라는 각각의 구슬을 꿰어낼 수 있는 새로운 능력이 요구되고 있다.

중국의 현대미술 작가 쉬빙(徐 · Xu Bing)은 '차이나 아방가르드' 1세대 작가이다. 서른다섯에 미국으로 건너가 서구 현대미술 속에서 자신만의 독창적이고 실험적인 작업으로 주목을 끌었다. 새롭고 낯선 문화,

쉬빙, 천서(天書 · Book from the Sky)

언어라는 장벽, 다른 사상과 환경은 한계적 상황이었지만, 그는 자신의 경험을 '언어', '오해'와 같은 주제로 작업에 활용했다.

  그는 자신이 서 있는 곳, 그 교차점이 자신의 예술적 창의의 원천이라는 것을 알았다. 그의 대표작품 '천서'는 영문 알파벳을 한자 형태로 융합한 것으로 세상에 없는 가짜 문자 활자를 인쇄하여 전시장에 설치한 것이다. 전시장을 가득 채운 거대한 스케일의 문자 예술. 이 작품은 서구 시장에서 크게 이슈가 되었고 쉬빙은 명성 높은 작가의 자리에 오르게 되었다.

  현재 현대미술 시장에서 중국 작가들의 영향력은 커지고 있다. 그것은 쉬빙과 같이 교차점에 서서 주저하지 않고 새로움을 창조해 낸 작가들이 있었기에 가능했을 것이다. 중국으로 돌아간 그는 지금도 동서양에서 얻은 무수한 경험을 어떻게 작품에 응용하고 창작으로 연결시킬지 계속해서 고민한다.

학교에서는 어떻게 해야 교차점에 설 수 있을까? 어떻게 해야 경계를 허물고 새로운 것을 시도할 수 있을까? 신규 시절, 첫 공개수업을 하는 날이었다. 여러 고민을 끌어모아 짜낸 수업. 수업을 참관하실 선생님들을 위해 교실 뒤켠에 행여 구겨질까 빳빳하게 뽑아 놓은 수업지도안과 참관록을 올려놓고, 긴장된 마음으로 시작종이 치기를 기다렸다. 그런데 종이 쳤는데 아무도 안 들어오시는 것이다. '그래, 조금 있다 오시겠지….'

결국 수업이 끝났고 씁쓸한 마음으로 책상에 올려놓았던 지도안을 다시 걷었다. 복도를 걷다 동 교과 선생님과 마주쳤다. '왜 안 오셨어요?'라는 말이 목구멍까지 올라오는데 차마 할 수 없다. 그런데 선생님께서 먼저 이렇게 말씀하시는 것이다.

"어머, 자기 오늘 잘했어? 안 들어가 줘서 고마웠지?"

들어오지 않으셨던 것은 '배려'였다. 불과 몇 년 전만 해도 남의 수업에 들어가지 않는 것은 비공식적인 학교 관습이었다. 당시에는 다른 사람의 수업에 들어가지 않는 것이 수업을 존중해 주는 것이라 여겼던 것을 몰랐다. 나는 많이 순수했었다.

시대가 변했고, 요즘은 학교에서 수업협의회, 수업나눔을 통해 수업을 열고 함께 나누기를 장려한다. 그러나 매일 하는 수업이지만, 수업을 공개하는 것은 쉽지 않다. 혹시 나의 부족한 점이 보이지는 않을까 하는 조바심, 실수하지 않을까 하는 두려움 때문이다. 누군가에게 나를 보여준다는 것은 용기가 필요하다.

툴루즈 로트레크

툴루즈 로트레크, 물랑루즈

수업나눔을 생각하면 떠오르는 화가가 있다. 19세기 후반 파리의 화가 툴루즈 로트레크이다. 그는 난쟁이 화가로 유명하다. 그는 부모의 근친혼으로 인한 유전병을 앓아 성인이 되어서도 154cm의 키로 상반신은 성인의 몸, 하반신은 아이와 같은 상태로 살아야 했다. 귀족 출신인 그의 아버지는 그런 아들을 부끄럽게 여겼다.

가문으로부터 깊은 상처를 받고 그가 향한 곳은 의외의 장소, 물랑루즈였다. 물랑루즈는 당시 파리의 가장 인기 있는 카바레로 쾌락과 화려함으로 상징되던 곳이다. 요즘 말로 '핫 플레이스'라고나 할까? 그런데 궁금해진다. 그는 왜 많은 사람이 자신을 볼 수 있는 물랑루즈로 갔을까? 어떻게 그는 많은 사람 앞에서 자신을 보여줄 수 있었을까?

물랑루즈는 화려한 밤 문화와 밑바닥의 아픔이 공존하는 곳이었다. 그는 그곳 무대 뒤편에서 살롱의 매춘부, 무희, 광대들을 만난다. 사회의 밑바닥이라 멸시받는 계급이었지만, 로트레크는 그들을 같은 눈높이에서 바라본다. 그리고 비로소 '자신과 비슷한 키를 가진 사람'을 만났다고 말한다. 그는 세상에 당당히 나설 수 없는 그들 속에 들어가서 이전에 세상에서 느껴보지 못한 동질감을 느꼈다. 그래서였을까. 그는 자신과 같이 상처 입은 영혼들을 예리하게 관찰하고 겉모습뿐 아니라 내면의 아픔까지 화폭에 담아낸다. '부정한 존재들'로 여겨졌던 그들에 대한 어떠한 편견도 없이 그들의 삶, 그 자체를 그려냈다.

> 추한 존재도 그만의 아름다운 모습을 갖고 있기 마련이다.
> 아무도 눈치채지 못한 그 모습을 알아볼 때 난 짜릿함을 느낀다.
> – 툴루즈 로트레크 –

수업 후 좌절감과 자책이 밀려올 때 그 마음을 나눌 사람이 필요하다. 편견 없이 나의 수업, 그 자체를 보아주고 당신만 수업에서 무너지는 것이 아니라고 공감해 주는 동료 교사 말이다. 우리에게도 로트레크와 같이 '비슷한 키'로 바라보아 주는 동료가 필요하다.

지금까지 교사들은 경직된 학교 문화 속에서 보이지 않는 경계선을 치고 각자의 영역 안에서 일사불란하게 애써왔다. '이러이러해야만 한다'라는 무거운 당위에 눌려 자신의 마음 한 번 내어놓지 못하고 홀로 고독히 버텨내지 않았던가!

경계를 허문다는 것. 처음엔 두려워서 주저하게 되는 일이다. 하지만 마음의 벽, 분절된 학문의 벽, 그리고 학교 문화 속 경계의 벽을 허물면, 우리는 새로운 교육을 함께 경험하게 될 것이다.

배제되었던 것들의
회복

"빨리해라~! 미완성은 최하점이다!"

초임 시절 수업 시간에 자주 하던 말이다. 이 말에 내포된 의미를 공개해 본다.

점수라는 도구로 아이들을 닦달한 것이다.

'과정'보다 '완성'에 방점을 두었다.

빨리 점수를 내고 성적 처리를 완료하고 싶다.

일 처리가 늦은 교사로 남들에게 보이고 싶지 않다.

아이들에게 경험하게 하고 싶은 것이 딱히 없다.(수업철학의 부재)

교사가 생각하는 '완성'이라는 하나의 틀, 제한된 개념만 있다.

수업 속 교사의 말과 몸짓에는 교사가 지향하는 것이 오롯이 담긴다. 이렇게 조목조목 그때의 마음을 꺼내 적어 보니 민망하기 그지없다. 공장장이 같이 관리하고 평가를 위해 정신없이 했던 수업. 그때는 수업에서 무엇이 빠져 있는지, 무엇을 배제하고 있는지조차 알지 못했다.

무언가가 선택되었다는 것은 이면의 다른 것은 배제되었다는 의미이기도 하다. 멀리 거슬러 그리스 시대 플라톤은 철인정치를 주장하며 시인을 추방해야 한다고 주장했다. 시인을 추방하자니! 다소 엉뚱하게 느껴지는 이런 주장을 왜 했던 것일까?

플라톤은 감성은 이성에 비해 열등한 것이라 여겼다. 그는 세계를 둘로 나누어 감각으로 알 수 있는 현상의 세계와 정신의 사유를 통해 접근할 수 있는 이데아 세계로 설명했다. 눈에 보이지 않는 이데아는 오로지 이성을 통해서만 알 수 있는 것이었다. 그래서 이데아와 동떨어진 현실은 그에게 한갓 그림자와도 같았다. 그런데 예술은 그러한 그림자인 현실을 다시 모방한 것! 그래서 플라톤에게 예술은 진리인 이데아에서 무려 두 단계나 떨어져 있는 하등한 것이라 여겨졌던 것이다.

그는 예술이 즐거움에 취해 진리를 망각하게 하는 것이라고 생각했다. 예술이 진리의 추구를 방해한다 생각했던 그는 시인을 추방해야 한다고 주장한 것이다. 뒤집어 생각해 보면 그는 예술이 지닌 힘을 알고 있었던 것이기도 하다. 그러나 그는 철학자였기에 '이성'을 선택했고 그렇게 감성은 배제할 대상이 되어버렸다.

언제부터 주요 과목, 비주류 과목이란 것이 생겼을까? 중요하다는 과목은 무엇 때문에 주요 과목이 된 것일까? 이러한 질문을 따라가다 보면 '대학입시'라는 거대한 문 앞에 서게 된다. 대한민국 사람은 대부분 그 문을 통과해서 살아가고 있다. 그런데 왜 그 문으로 들어가야 하는지 질문하는 사람이 많지 않다. 당연히 들어가야 한다고 생각하기 때문이다. 머뭇거릴 틈도 없이 떠밀려 가는 상황에서 생각은 멈춰버린다.

머리도 마음도 모두 기계처럼 굳어버린 채 우리는 오직 그 문을 열고 들어가려고만 한다.

그 문을 열기 위한 열쇠가 바로 수능시험에 나오는 '주요 과목'이다. 미술을 전공하려던 나에게는 미술이 주요한 과목이었지만, 입시를 위해서는 내게도 국, 영, 수가 주요 과목이 될 수밖에 없었다. 저마다 삶에서 주요하게 생각하는 것은 다를 텐데, 왜 주요 과목은 모두에게 똑같이 제시되는 것일까?

오랜만에 친한 미술 선생님을 만났다. 중학교에서 근무하다가 고등학교에서 처음 근무를 하게 된 선생님의 이야기를 들으며 몸이 파르르 떨릴 만큼 속상한 마음이 들었다. 고등학교에서 예체능 교사로 사는 것은 대놓고 배제되는 것을 견뎌내야 하는 삶이었기 때문이다.

"선생님~ 미술도 다른 수업처럼 자습해요~. 예체능은 이제 다 자습하는데…."

"선생님, 열심히 해 주시는 거 알아요. 저희도 미술 배우고 싶어요. 하지만 저희 지금 좀 급해요. 대학은 가야 하잖아요."

선생님은 이렇게 말하는 아이들이 처음에는 미웠다고 하셨다. 열정 넘치는 선생님을 무력하게 만드는 상황. 교사로서 자부심이 넘쳤던 선생님은 매번 온 힘을 쏟아 수업을 했는데, 열심히 수업을 하는 것보다 자습 시간을 원하는 아이들을 보며 얼마나 힘이 빠지셨을까. 노력하는 자신보다 가만히 있는 것이 더 옳다고 말하는 이상한 상황에서 선생님의 열정은 꺾이고 또 꺾였다. 선생님은 그런 현실이 아이들 잘못이 아니라는 것을 알기에 아이들을 미워할 수 없었고, 그래서 더 마음이 아팠다고 하셨다.

이런 상황은 20년 전, 나의 학창 시절과 크게 다르지 않은 것 같다.

인문계 학교는 학생을 문과, 이과로만 분류했기 때문에 예체능을 하는 학생은 어중간한 상태로 알아서 해야 하는 경우가 많았다. 그리고 수능 시험에 포함되지 않는다는 이유로 음악, 미술, 체육 시간은 당연하게 자습을 하는 시간이었다.

겉으로는 전인교육, 창의교육을 내세우고 있었지만, 공교육에서 예체능 과목은 대놓고 배제되어왔다. 수능과 관계없는 것들은 중요하지 않은 것이 되어버렸다. 예체능 과목이 시간표의 구색을 갖추라고 있는 것이 아닌데 고3 시절엔 예체능 과목을 가짜로 끼워 넣은 거짓 시간표를 바라보며 거짓말이라고 말하지도 못했다.

1세기 전에 주입식 교육의 문제를 지적한 철학자 화이트헤드(Alfred North Whitehead)는 저서 『교육의 목적』에서 이렇게 말한다.

> 단지 박식함에 그치는 사람은 이 지상에서 가장 쓸모없는 인간이다. 우리는 교양과 특수 영역의 전문 지식을 겸비한 인간을 육성해야 한다. 전문 지식은 교양으로부터 출발하는 데 필요한 무대를 제공하며 교양은 그들을 철학의 깊이와 예술의 높이로까지 이끌어줄 것이다.

생기 없는 관념을 주입하며 현학적인 지식을 쏟아내는 것이 교육이 되었던 현실. 물론 지식의 습득은 필요하지만, 이러한 교육에서 배제되었던 것들이 이제는 회복되어야 하지 않을까? 예술은 근본적으로 생기를 갖는 창조적 활동에 해당한다. 깨어 있게 하고, 자신을 바라보게 한다. 그동안 우리가 허약하게 가르쳐 온 예술교육이 회복되면, 진정한 전인교육이 가능하지 않을까? 더 이상 교육과정 문서에서만 이상적으로 전인교육을 외치지 않았으면 한다.

예술은 권리다. 예술이 배제된 삶은 삶의 일부를 잃는 것이다. 한국 기성세대의 대부분은 예술이 자신과 동떨어진 것이라 생각한다. 예술에 대한 권리를 학창 시절부터 박탈당했기 때문이다. 그렇다면 이제라도 그 권리를 찾아야 하지 않을까?

문화심리학자 김정운은 "불안한 사회일수록 다양한 문화적 경험과 예술적 체험이 탈출구다"라고 말한다. 어디로 튈지 알 수 없는 이 괴짜 학자는 50대에 교수직을 내려놓고 일본으로 그림을 배우러 떠났다. 그가 보여주는 삶은 참으로 궁상맞고, 웃프다. 그러나 '왕년에 내가 이랬어'라고 말하는 이빨 빠진 호랑이 같은 삶이 아닌 여전히 호기심 가득한 현재 진행형의 삶이라 매력적으로 느껴진다.

우리의 삶은 꽤 긴데, 세상이 정해 놓은 것만 따르다 보면 정해져 있던 것들이 제거되었을 때 불안할 수밖에 없다. 퇴직 후의 김정운 교수의 모습에선 상실감 따위는 찾아볼 수 없다. 예술과 함께하는 그의 삶은 더 생기가 넘치고 재미나다. 예술을 향유하는 것은 우리 삶 전반에 너무도 중요하며 즐거움과 재미는 우리 삶이 추구해야 할 것이다. 그래서 더 이상 예술 과목이 비주류 과목으로 폄하되지 않았으면 한다.

예술은 실험의 형식이다. 그래서 대부분 실패한다. 예술가들의 작업 과정은 끊임없는 실패와 시도의 과정이고 매우 비합리적인 과정이다. 그래서 공교육이라는 제도 속에 불확실성을 특징으로 하는 예술을 포함시키기 어려울지도 모르겠다. 그러나 그러한 이유로 앞으로도 예술이 배제된 채 교육이 이루어진다면, 우리 아이들은 기성세대처럼 삶의 반쪽을 잃은 채 살아가야 할지도 모른다. 지금까지의 교육은 학생들이 실패할 권리를 빼앗고 맞는 것만 깔끔하게 채워 나가도록 하는 교육이 아니었던가. 그 틀에서 벗어나 황홀한 실패의 경험까지 수용하는 예술이 교육과 함께할 수 있다면 새로운 차원의 교육이 이루어지지 않을까?

예술은 배제된 것들을 수용하며 발전해 왔다. 19세기 낭만주의는 기존에 표현하지 않았던 작가의 감정과 상상력을, 초현실주의는 잠재되어 있던 무의식의 세계를 수용하여 작업을 발전시켰다. 이후로도 현대 미술 작품을 통해 은폐되고 배제된 것을 끌어들여 통찰을 준다.

공간주의의 창시자 루치오 폰타나(Lucio Fontana)의 작품을 살펴보자. 무엇이 보이는가? 그렇다. 캔버스를 칼로 그어놓거나 구멍을 뚫은 자국이다. 그에 대해서 잘 몰라도 캔버스를 쓰윽 베어 놓은 작품은 누구나 한 번쯤 보았을 것이다.

폰타나는 아르헨티나에서 태어나 이탈리아에서 자라 유럽에서 활동한 작가로 기존의 눈속임 기법인 원근법으로 3차원 공간을 표현하던 방식을 그만의 방식으로 단숨에 전복시켰다. 그리는 것이 아닌, 캔버스를 칼로 찢거나 뚫는 방식으로 '3차원 회화'를 표현해 낸 것이다. 그의 작품을 보고 "해도 해도 너무하네, 캔버스를 찢어 놓고도 예술이라니!" 라고 말하는 사람을 종종 본다. 늘 생각하게 되는 것이지만, 남이 한 것은 쉬워 보이기 마련이다. 남이 한 것과 내가 생각하고 실행한 것은 완전히 다른 차원이라 말할 수 있을 만큼 같지 않다. 자신을 바라보는 텅 빈 캔버스 앞에서 붓 대신 칼을 들기까지 그는 얼마나 많은 생각을 했을까? 그를 통해 3차원의 공간뿐 아니라 미술의 새로운 개념도 열렸다.

회화는 2차원 평면이다. 그래서 배제된 것이 바로 '공간'이다. 폰타나는 평면 캔버스를 예리한 칼로 그어 배제되었던 공간을 아주 간단하게 끌어들였다. 팽팽한 캔버스를 가르고 난 자국, 그 뒤편에 공간이 드러

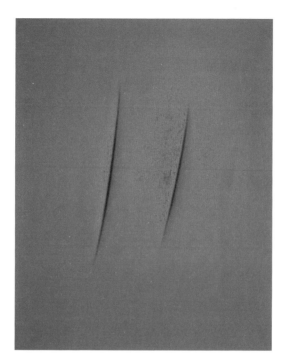

난다. 그의 작업은 2차원 회화와 3차원 조각을 분리하는 것을 깨는 행
위로, 전통적인 예술 개념을 탈피함을 의미한다.

> "나는 파괴한 것이 아니라 구성한 것이다."
> "'절단'은 표면 너머의 공간을 엶으로써 표면의 잠재적인 무한함
> 을 증명한다."
> – 루치오 폰타나 –

어쩌면 우리 교육에서 배제하고 있던 이면의 공간도 의외로 간단히 열릴 수 있을지 모르겠다. 우리가 막힌 공간을 열어 보려 시도하지 않은 채 이전과 같은 방식으로 살아가고 있던 것이라면, 폰타나가 시원하게 캔버스 이면을 열어 준 것처럼 지금의 교육의 이면, 그 막혀 있던 막을 열어 보았으면 한다. 그러면 열린 그 공간을 통해 지금까지 행해지던 교육 너머 잠재된 무한한 것들을 만날 수 있지 않을까?

폰타나의 작품 속 팽팽한 색 면이 뚫려 오그라든 천 사이로 열린 공간은 숨구멍 같다. 그래서 그의 작품을 볼 때마다 묘한 희열이 느껴진다. 교육에도 이렇게 숨구멍 같은 공간이 생긴다면 진정한 전인교육이 이루어질 것이다.

위기 극복을 통해 꿈꾸는
새로운 교육

4월, 과학의 달이 되면 어느 학교나 과학의 달 행사가 열린다. '과학 상상화 그리기'는 변하지 않고 이어지는 종목이다. 나 역시 어릴 적 빠지지 않고 참가했던 대회라 교사가 된 후 아이들 그림을 심사할 때면 옛 생각이 나곤 한다. 어렸을 때 과학 상상화의 주 소재였던 화상 전화나 손안의 작은 컴퓨터는 현실이 되었고, 아이들은 더 이상 그런 것은 상상하지 않는다.

"컴퓨터도 책처럼 막 들고 다닐 수 있을지도 몰라~"

영화 〈써니〉에도 미래를 상상하는 장면이 나온다. 미래를 사는 지금 영화를 보면 웃음이 나오지만, 생각해 보면 어렸을 때 덩치 큰 컴퓨터 모니터 그리고 TV와 함께 살았다. 그 물건들이 언제 사라졌는지 기억조차 나지 않지만. 변화하는 시간에서 하나둘, 새로운 것에 밀려 떠나간 것들처럼 교육도 옛것을 버리고 새로운 상황을 맞이하고 있다.

교육 현장에서 예전과 달라진 교육을 경험하기도 하지만, 학교보다 더 빨리 변해버린 아이들을 따라가지 못하고 있다는 생각을 떨칠 수 없다. 디지털 네이티브인 아이들은 텍스트보다 영상을 선호하고, 정보를 소비하는 형태도 달라서 기존과 같은 방식을 교육이라 할 수 없는 상황이 되었다. 손에 개별 스마트폰이 쥐어져 있고, 마음만 먹으면 혼자서도 배울 수 있는 콘텐츠가 넘쳐나는 세상. 너무 많은 것이 변해버린 지금 교육이 처한 상황을 볼 때 나는 19세기 화가들을 떠올리게 된다.

카메라가 발명된 후 너 이상 대상을 재현할 필요가 없어져 혼란에 빠진 화가들. 인생을 걸고 그림을 그렸던 그들에게 얼마나 허망한 일이었을까. 카메라의 발명은 그들에게 삶을 송두리째 빼앗긴 것만큼의 큰 위기였다. 하지만 역설적으로 미술은 그때부터 더 폭발적으로 발전했다. 재현하는 것 뒤에 가려져 있던 미술의 다른 가능성을 보기 시작한 것이다. 실제 같은 느낌을 주기 위해 숨겼던 붓 터치, 물감의 생생한 물질성은 드러냈고, 그리는 이의 감정과 각기 다른 개성을 표출했다. 그동안 제거되었던 것들을 오히려 끌어내어 새로운 가능성을 만든 것이다. 영원히 변하지 않는 아름다움을 찾으려고 했던 목적도 변한다. 예술가들은 조금 더 빨리 알았다. 세계는 완결적이지 않고 본질은 고정된 것이 아닌 변화하는 것이라는 것을. 그래서 그들은 수천 년 회화가 추구해왔던 것들, 절대적이라 믿었던 것들을 걷어 내고 변화가 주는 불안에 압도되지 않고 오히려 출렁이며, 위기를 새로움으로 극복하고자 했다.

벽지가 이 그림보다 낫겠다. 날로 먹는 장인 정신의 자유에 깊은 인상을 받았다. 이것이 그림인가?

비평가 루이 르로이(Louis Leroy)가 인상주의 화가 모네의 '해돋이'를

모네, 해돋이

보고 한 말이다. 이토록 비난받은 이유는 인상주의가 기존의 규칙과 방법대로 재현하지 않고 자신들이 본 것을 그렸기 때문이다.

당시 화가들에게도 오늘날 오디션 프로그램과 같이 선망하는 꿈의 무대가 있었다. '살롱전'은 정부가 판권을 보장하고 명성을 얻을 기회가 주어지기 때문에 많은 화가가 살롱전에 입상하길 원했다. 모네에 앞서 마네는 당시 비주류였던 인상주의에 소속되기보다는 살롱전에 입상하여 인정받고 싶어 했다. 그러나 여러 번의 도전에서 줄줄이 낙선의 고배를 마셔야 했고, 오히려 그의 모델이 되어주었던 화가 빅토린 뫼랑이 살롱전에 입상하면서 적잖이 자존심을 구겨야 했다.

그가 낙선할 수밖에 없었던 것은 보수적이었던 심사위원들에게 시대를 앞선 작품을 선보인 탓이었다. 마네는 혁신을 꾀하면서도 기존 체제의 인정까지 바랐던 것이다. 심사위원들은 그의 작품을 이해하지 못했고 심지어 분노하기까지 했다. 오늘날 명화하면 떠오르는 '풀밭 위의 점심 식사'와 '올랭피아'는 그 문제작으로 빅토린 뫼랑을 모델로 한 작품이다.

졸지에 분노유발자가 되어버린 마네. 그는 왜 쏟아지는 비난에도 계속해서 그런 그림을 그렸을까? 당시 세상은 도시화되며 급속히 변하고 있었다. 기차가 달리기 시작했고, 도시에 살게 된 사람들은 삶의 리듬이 달라졌다. 사람들의 지각 방식도 달라지고 있었다. 마네는 전과 다른 속도, 풍경과 사람들 속에서 민감하게 변화를 감지했고, 달라진 세

마네, 풀밭 위의 점심 식사

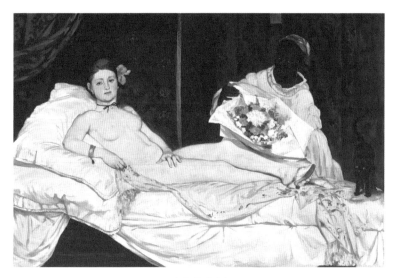
마네, 올랭피아

상 속에서 전과 같은 것을 따르기보다 현재의 모습, 직시한 현실을 담아내고 싶었다.

> 예술가가 자신의 시대에 관련된 것들에 솔직하지 못하다면 그는 잘못된 작품을 생산하게 될 것이다.
> – 마네 –

19세기의 변화된 도시를 그린 것뿐 아니라, 표현 방식에서도 새로움을 추구했던 그의 작품은 현대미술에 큰 영향을 주었다. 그러나 변화의 순간, 최전선에 서는 것이 쉽지 않았다. 보수적인 아카데미즘에 반대하여 '낙선전'이 열렸을 때 사람들은 신화 속 여신이 아닌 평범한 현실 속 여자의 모습을 그린 '올랭피아'를 보고 "참으로 뻔뻔하다!"고 비난했다. 마네는 쏟아지는 야유와 냉랭한 평가를 감당해 내야 했다.

재미있는 일화로 낙선전의 그의 작품을 보기 위해 수많은 사람이 몰려들어 따로 제지를 해야 했다는 이야기가 있다. 현실을 외면한 채 위선을 떨던 사람들도 그렇게 서서히 시대의 진실과 마주하게 된 것이다.

빅토린 뫼랑을 모델로 그린 또 다른 그림, '에스파다 옷을 입은 빅토린.' 그녀는 강렬한 시선으로 그림 밖의 우리를 바라본다. 투우장을 배경으로 투우복을 입은 여성의 모습을 그린 것도 신선하지만, 주체성이 느껴지는 그녀의 당당한 시선은 변화된 여성의 모습을 대변하는 것처

마네, 에스파다
옷을 입은 빅토린

럼 보인다. 실제 그녀의 사진을 보면, 그림과 매우 비슷한 눈빛을 지니
고 있음을 알 수 있다. 무심한 듯하지만 무언가를 말하려는 것 같은 그
녀의 독특한 눈빛은 마네의 목소리를 대변하는 것 같다. 물론 이 그림
역시 혁신적이었던 만큼 비난을 피해 갈 수 없었다.

사람들을 불편하게 했던 마네의 그림은 미술의 새로운 패러다임을
열었다. 사진은 정직하게 당시의 모습을 보여줄 수 있지만, 당시 사람
들의 감수성, 그 느낌까지 담아내지 못한다. 예술가들에게 카메라의 발
명은 분명 위기였지만, 이를 통해 예술은 눈에 보이지 않는 것까지 담
아내는 새로운 정체성을 갖게 된다.

교육은 위기를 어떻게 극복해 나가야 할까? 더 이상 단순한 지식 전
달이 의미가 없다면 어떤 새로운 시도를 해야 할까?

'미네르바 스쿨'은 대학계의 스타트업으로 불린다. 2011년 설립된 학
교로 가장 큰 특징은 물리적인 학교 공간 없이 4년간 100% 온라인 수
업만으로 진행된다는 것이다. 학교의 미션은 '지혜의 여신'이란 이름
이 말해주듯 '세상을 이롭게 하는 지혜를 함양하는 것(Nurturing Critical
Wisdom for the sake of the World)'이다. 이곳에서는 능동적 학습을 통해 생
각하는 습관을 기를 수 있도록 한다. 정보가 넘쳐나는 세상에서 수동적
으로 습득한 지식은 쉽게 잊기 때문에 지식 습득보다 정보를 비판적으
로 접근하는 능력을 키워주는 것을 중요하게 본다. 물리적인 학교는 없
지만, 세계 곳곳에서 온 학생들이 함께 모여 생활한다. 학생들은 반년
마다 샌프란시스코, 베를린, 런던, 이스탄불, 서울 등 각 나라 기숙사를
돌며 새로운 상황에 적응하며 다양한 경험을 축적한다. 온라인상의 토
론뿐 아니라 구글, 애플, 아마존과 같은 IT기업과 연계한 현장실습을
통해서도 학습이 이루어진다. 벤 넬슨 미네르바 스쿨 창립자 겸 CEO

는 '참교육'으로 세상을 변화시키고자 한다고 말한다. 세상을 변화시키 겠다는 그의 말엔 자부심이 넘친다. 자부심을 느껴도 될 만큼 미네르바 스쿨은 세계에서 주목받고 있다. 지원하는 학생이 많아 합격률이 2% 도 안 될 만큼 입학하기도 쉽지 않다. 한국에서도 하버드대보다 들어가 기 힘든 학교라고 알려지며 관심을 받고 있다.

미네르바 스쿨이 학생들에게 주목해서 보는 것은 세상에 대한 지적 호기심과 협력적, 공동체적인 마인드, 글로벌 의식 등이다. 특히 성장 에 대한 태도를 각별히 요구하며 학생들은 이곳에서 유연한 태도로 세 상을 보는 법, 생각하는 법, 바뀌는 무엇인가에 적응하는 법, 문제를 발 견하는 법을 배운다.

하나 더 소개할 학교는 SW 교육의 혁신으로 불리는 프랑스의 '에꼴 42'이다. 지금은 15개국으로 퍼져 한국에서도 만날 수 있다. 2013년에 개교한 이 학교의 가장 큰 특징은 '3無'이다. 강사, 교과서, 학비가 없 다. 에꼴 42는 학습자가 생각하고 활용하는 능력을 스스로 키워나가는 것을 목표로 하며 매일 코딩 프로젝트를 수행하고 다른 학생들과 협업 으로 해결하며 상호평가한다. 이곳에서는 아이디 카드만 부여하고 프 로그래밍, 알고리즘, 웹 디자인, 보안 등을 스스로 익히도록 한다.

재미있는 것은 입학 전 테스트 단계의 이름이다. '수영장'을 뜻하는 불어 '라 피신(la piscine)', 물에 던져두면 스스로 헤엄쳐 살아남으라는 의 미다. 가르쳐주지 않아도, 본인이 원한다면 자신의 의지와 노력으로, 설사 실패하거나 오래 걸리더라도 해낼 수 있다고 믿는 것이다.

새로운 것을 창조해야 하는 시대. 소개한 학교들이 정답이라고 할 수 는 없겠지만, 교육의 위기 속, 최전방에서 새로움을 모색하고 있기에 의미 있게 살펴볼 만하다.

한국의 공교육도 시대의 변화에 맞추어 능력주의와 정량적 목표에 의한 평가 등을 탈피하기 위해 새로운 방안을 모색하고 있다. 2008년에 교직 생활을 시작한 나는 세 번 바뀐 정권 아래에서 공교육을 했다. 그 후로 경제 논리를 적용한 교육은 교사, 학교, 교육청까지 경쟁 속에서 괴로워해야 했다. 하루가 멀다고 쏟아지는 학생들의 자살 소식과 학교폭력 사건은 따라오는 결과였다. 질식할 듯 압박해 오는 보이지 않는 힘 앞에 의미를 찾지 못한 교사들은 무력해졌고, 아이들은 꽃을 피워보지도 못한 채 스스로 목숨을 끊었다. 곪은 것이 터지듯 학교와 사회는 여기저기에서 아픔을 드러냈다. 더 안타까웠던 것은 교육의 본질을 외면하고 내놓은 폭력적인 대책들이었다. 폭력을 폭력으로 바꾸려는 대안은 여전히 교육에서 가장 중요한 사람을 먼저 보지 못하고 있음을 말하는 듯했다.

박근혜 정부는 '행복교육'을 슬로건으로 내걸었지만, 행복보다 혼란을 더 많이 느꼈다. 대부분의 교육 공약은 지켜지지 않았고, 위에서 갈팡질팡하고 주춤하다 보니 아래에서는 이리저리 휘둘렸다. 지식 암기 위주의 교육에서 탈피하려는 노력은 있었지만, 교육 패러다임을 바꾸기에는 역부족이었다.

2012년, 나는 혁신학교 초빙으로 비교적 일찍 혁신교육에 함께하게 되었다.(당시 일반 학교는 이전과 크게 다르지 않았다) 동료 선생님들과 함께 교육이란 무엇인가 계속해서 질문하고 밭을 갈고 씨를 심듯 차곡차곡 작은 것부터 바꾸고 실천해 볼 수 있었다. 몸은 고되고 힘들었지만, 처음으로 교사로 산다는 것에 자부심을 느꼈다. 진정한 배움의 요소가 회복되도록 여러 시도를 하며 아래에서부터 자발적으로 고민하고 움직였다. 아쉽게도 무늬만 혁신인 경우도 있지만 말이다.

혁신교육은 가치 있는 시도라고 생각한다. 여전히 혁신교육은 진행 중이다. 그러나 고정된 것이 아닌 끊임없이 변화를 수용하고 움직이는 것이 혁신이기에, 혁신학교는 오늘도 내일도 계속해서 질문해야 한다. 혁신학교도 안정적으로 자리 잡아버리는 순간, 그 의미를 잃을 수 있기 때문이다.

2020년, 코로나19로 인해 다른 차원의 공교육의 위기가 찾아왔다. 분명 위기이지만, 새로운 패러다임을 열 기회이기도 하다. 사람들은 일반적인 온라인 콘텐츠와 공교육이 다를 것이 뭐 있느냐고 묻는다. 19세기 화가들이 사진과 그림이 무엇이 다른지 고민하고 보여주었던 것처럼 우리도 곧 답을 찾을 것이다.

> 사람들이 왜 새로운 생각을 두려워하는지 이해할 수 없다.
> 나는 오래된 생각이 두렵다.
> – 존 케이지(미국의 작곡가) –

2부

그림으로
삶을 말하다

4장

/

예술의 눈으로
아이들을 바라보면

무한한 그리움을
쌓아서

다정했던 사람이여 나를 잊었나

벌써 나를 잊어 버렸나

그리움만 남겨놓고 나를 잊었나

　내 이름으로 시작하는 이 노래는 학창 시절 나의 애창곡이다. 노영심의 기교 없이 담백하게 부르는 목소리, 가슴으로 부르는 이 노래는 그때도 지금도 아련해지게 한다. 노래를 들을 때면 지금처럼 화려하지는 않았지만, 정감 있었던 아날로그 시절이 그리워진다. 옛 노래는 복잡하고 바쁜 현재를 살아가는 사람들을 위로하는 것 같다. 이 곡은 요즘 노래와 다르게 가사를 꾹꾹 정직하게 눌러 불러서 가사가 잘 들린다. 멜로디와 가사가 잘 전해져서일까? 나도 모르게 눈물이 고이고 옛 시절의 추억이 오버랩 되며 묵혀 두었던 감정들이 깨어나 옛날이 한 없이 그리워진다. 세월이 쌓인 후 들으니 과거의 모든 것이 사무치게 그립다.

이 노래가 처음 세상에 나온 때는 내가 태어나기도 전이었던 1979년이다. 원작자는 직접 작사 작곡을 한 여류 싱어송라이터의 원조 '여진'이라는 가수이다. 그런데 어떤 사연으로 다른 가수를 통해 리메이크가 되고서야 더 많이 알려지게 된 것일까?

호기심에 검색을 해 보았다. 본명은 '남궁은영.' 성악을 전공한 그녀는 23살이 되던 해 앨범을 낸지 얼마 되지 않아 음악 교사로 발령을 받았고, 두 일을 병행할 수 없어 세상에 노래만 남겨두고 교직 생활을 하게 되었다고 한다. 당시 노래는 인기순위 상위에 올랐지만, 끝내 노래를 부른 가수는 나타나지 않아 얼굴 없는 가수가 되었다.

기분이 묘했다. 시간의 가닥이 여기저기 얽히는 느낌이 들었다. 그러니까 나의 과거를 떠올리게 하는 이 노래를 창작한 사람은 내 과거의 시간 속에 교사로 살았고, 이 노래를 듣고 옛 시절을 그리워하는 현재는 내가 교사로 살고 있다는 것… 교차된 시간 속에서 한 번도 본 적은 없지만, 세상에 노래만 남겨 두고 교직 생활을 했던 그녀의 젊은 시절이 느껴져 왠지 모르게 마음이 아려왔다.

> "그리운 나의 중학교 음악 선생님, 남궁은영 선생님 그립습니다! 그리움만 쌓이네."
>
> "저의 중학교 음악 선생님세요! 수업 시간에 아침이슬을 가르쳐주시던 기억이 생생합니다."
>
> "제가 이수중학교 다닐 때 직접 배웠답니다.^^ 최고의 음악 선생님이셨고 언제나 소외된 학생들을 먼저 챙기시던 분으로 기억해요!"

인터넷 곳곳에 그녀의 제자들이 남겨 놓은 글을 보는데 눈시울이 붉어졌다. 앨범 사진 속 앳된 모습을 세상에 비추지 못했고, 흐른 세월만큼 나이가 들어 외모는 변했지만, 그녀는 행복한 삶을 살고 있는 것 같았다. 그녀를 가슴으로 기억하는 제자들, 거기다 그녀의 노래를 가슴으로 느끼고 아끼는 사람들이 있으니까.

음악처럼 교사의 삶도 누군가의 가슴 속에 남는다. 그림이나 책, 노래 등 모든 창작물은 창작자의 손을 떠나는 순간 더 이상 창작자의 것이 아니라는 말이 있다. 창작물은 창작 의도와 상관없이 보고 듣는 사람의 마음에 따라 다르게 다가오기 때문이다. 지난 교직 생활 동안 만났던 아이들에게 나는 어떤 기억일까? 어떤 모습으로 남아 있을까? 수십 년이 흘러도 잊히지 않고 사람의 마음을 움직이는 노래 같은, 그런 교사로 살아갈 수 있을까?

교직 경력이 쌓이면서 삶을 지탱해 주는 힘이 되는 것은 지난 시간 함께했던 아이들에 대한 그리움이다. 그리움의 사전적 뜻은 보고 싶어 애타는 마음이라지만, 나는 그리움이 보고 싶은 은근한 마음이라고 생각한다. 아른아른 조용하게 떠오르는 마음. 가끔 언뜻 언뜻 지난 시간 함께 했던 아이들과의 추억이 떠오른다. 그 기억, 그리움 때문에 이 자리를 버티고 사랑하게 된다. 생각지 않게 휴직생활이 길어지면서 그리움이 더 짙어졌다. 한 낮에 길을 걷다 학교 종소리만 들려도 심장이 응답하고, 학교가 궁금해 선생님들의 SNS를 기웃거리게 된다.

생텍쥐페리는 이런 말을 했다.

배를 만들게 하고 싶다면 배 만드는 법을 가르치는 대신
무한한 바다에 대한 그리움을 갖게 하라.

이 문장은 배움에 대한 명언으로 많이 언급되지만, 나에게는 학생들에게 좋은 선생님이 되려면 가르치는 법을 배우는 대신 학생에 대한 애틋한 마음을 갖게 하라는 말로 들린다.

지금 한 발짝 떨어져 있기 때문에 학교의 모든 것이 아름답게 기억되는 것일지도 모른다. 막상 현장에 있으면 참으로 지치는데 말이다. 로버트 헨리의 그림을 보면 지쳤던 학교생활이 떠오른다.

차가운 가을바람이 스치면 더위 끝에 찾아온 선선함을 마음껏 느껴보고 싶지만 환절기 질환으로 목과 코, 눈까지 아프지 않은 곳이 없었다.

"약 처방해 드릴 테니 드시고요, 당분간 말은 하지 마세요."

매번 병원 갈 때마다 사정도 모르고 이렇게 말하는 의사 선생님의 말씀이 야속하게 느껴졌다.

2학기가 시작된 지 얼마 안 되었던 날이다. 기대하며 준비한 수업은 생각과 다르게 흘러가고, 소란한 아이들 틈에서 나 홀로 목에 핏대를 세우고 있었다. 귀가 먹먹해지고 아이들 소리가 다른 공기층에서 들리는 것 같았다. 평소 같으면 아이들의 재잘거리는 소리도 자연스럽게 수업으로 연결하고, 어수선함 속에도 번뜩이는 아이들의 표현을 찾아 함께 즐거워했겠지만, 몸이 아프니 도통 힘이 나지 않았다.

"야~!!!"

결국 아이들에게 짜증이 터져 버렸다.

'어? 미술 선생님이 왜 그러시지?' 당황한 기색이 역력한 아이들…. 바로 민망함이 밀려온다. 사실 아이들은 평상시와 크게 다르지 않았기 때문이다. 아이들 탓이 아니라는 것을 알기에 부끄럽고 미안하지만, 서러운 마음은 달랠 길이 없었다. 교무실로 돌아와 뜨거운 차를 한 모금 넘기며 목을 진정시켜 보았다. 컨디션을 배려하지 않는 시계는 벌써 다

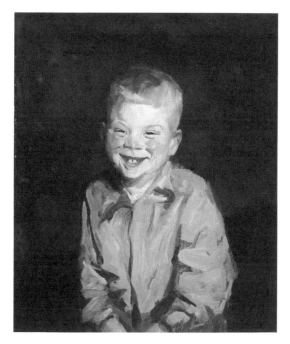

로버트 헨리, 웃는 아이

음 수업 시간을 향해 가고 있다.

　마음은 예상치 못한 곳에서 풀렸다. 우연히 보게 된 그림 한 점. 로버트 헨리의 '웃는 소년'이라는 작품 때문이다. 한 소년이 배시시 웃으며 나를 바라본다. 그 천진난만한 표정에 그만 나는 무장해제 되고 말았다. 웃음이 새어 나왔다. 이런 표정을 보고 웃지 않을 수가 없다. 덕분에 뾰족해졌던 마음이 다듬어 졌다. 몸을 일으켜 다음 수업을 위해 교무실 문을 열었다. 아까 나에게 한 소리 들었던 아이들이 해맑은 모습으로 서 있다. 천진난만한 얼굴로 언제 혼이 났었냐는 듯 웃는 아이들. 그림 속 소년처럼 웃는 아이들의 모습에 나도 같이 웃음이 나왔다.

지금도 종종 떠올리는 아이들 모습, 지금 로버트 헨리의 그림을 다시 보니 아이들이 그리워진다. '그때 그 녀석들. 지금쯤 어떻게 컸을까?'

> 예술이란 곧 삶에 대한 사랑과 거기서 느껴지는 행복을 표현해 놓은 것이다.
> - 로버트 헨리 -

로버트 헨리(Robert Henri)는 20세기 미국 미술의 아버지로 불리는 화가이다. 프랑스 인상주의와 미국 사실주의의 가교 역할을 하며 왕성하게 활동했던 그는 미국의 사회상을 사실적으로 그려내고자 했다. 당시 뉴욕은 급변하는 미국을 가장 잘 보여주는 도시였다. 이민자들이 모여 이질적인 것들로 역동하고 있었고, 이로 인해 혼란스러웠지만 활기가 넘쳤다. 부유함과 빈곤함이 공존하며 그 어느 때보다 급격한 변화를 겪는 중이었다.

이러한 모습을 표현하고자 했던 화가들을 '에쉬캔(Ash Can)파'라고 불렀고 로버트 헨리는 그 모임의 리더였다. 그는 보수적인 아카데미즘에 반대하며 기존의 예술을 무조건적으로 수용하지 않고 당시 미국 사회를 읽어내어 자신의 것으로 표현하려고 했다.

초기에는 도시의 풍경을 많이 그렸지만 후에 인물화를 많이 그렸다. 인물이 가진 고유의 에너지를 포착하여 화폭에 담고자 했고, 특히 해맑은 어린아이들의 모습을 많이 담았다. 인물에 대한 애정을 담은 것이 느껴지는 친근한 초상화를 보면 표정이 살아 있어 실제로 만나는 것 같은 느낌이 든다. 그의 인물화는 인종이 다른데도 불구하고 비슷한 느낌을 지닌 아이들이 떠오르게 한다. '어, 이 그림은 ○○ 같은데?'

로버트 헨리, 아이들 초상

로버트 헨리는 화가보다 미술 교사로 더 영향력 있는 삶을 살며 젊은 화가들이 독립적으로 작업을 할 수 있도록 도왔고, 미국 미술이 나아가야 하는 방향을 제시하며 어떤 자세로 예술을 해야 하는지 말했다.

그는 저서 『예술의 정신』은 예술가를 꿈꾸는 젊은 화가들에게 건네는 예술적 조언이 담긴 책이다. 그가 중요하게 생각했던 것은 기량이 아닌 삶의 태도였다.

> "예술가가 있기 때문에 세상은 비로소 아름답다. 어떤 작업을 하든 누구나 다 예술가가 될 수 있으며, 자신의 일에서 진정한 기쁨을 느낀다면 그가 곧 예술가이다."
> "예술가가 파악하는 리얼리티는 사물 자체에 존재하지 않는다. 사물 그 자체는 아름답지 않다. 사물을 아름답게 바라보고 그것을 개성적으로 표현한 방식, 그것이 아름다운 것이다. 물질은 그 자체로 아름답지 않다. 우리가 아름답다고 생각하기 때문에 비로소 아름다운 것이다."

이런 그의 가르침은 미국인이 가장 사랑하는 화가, 에드워드 호퍼에게도 영향을 주었다. 호퍼가 세계적으로 유명해지는 바람에 로버트 헨리는 '호퍼의 스승'으로 불리기도 한다. 스승에겐 영광스러운 일이다.

앞서 소개한 가수 여진의 노래는 비교적 최근 까마득한 후배 가수 마마무 솔라에 의해 또 한 번 리메이크 되었다. 여진은 후배에게 따뜻한 메시지를 보냈고, 감동한 솔라는 SNS를 통해 받은 메시지를 공개했다.

솔라의 포근하고 정감어린 목소리로 부르는 '그리움만 쌓이네' 원곡에서의 '그리움'에 아련하고 애틋한 감정이 더해져 더욱 깊어진 '그리움만 쌓이네'가 탄생했네요. 솔라 양에게 찬사를 보내며 기쁘고 고마운 마음을 전합니다. 쉽지 않은 곡을 새로운 해석으로 아름답게 불러주셔서 고맙습니다. 진심으로.

선배이자 가수들의 선생님이기도 한 것 같다는 생각이 드는 따뜻한 메시지였다.

자신의 노래, 자신의 그림을 통해 세상과 소통했던 이들이지만, 누군가의 선생님으로 더 많은 사람에게 영향을 준 사람들. 그들을 통해 문득 나도 그런 삶을 살 수 있다는 것이 소중하게 느껴진다. 누군가의 가슴에, 누군가의 정신에 남을 수 있는 교사라는 자리가 귀하게 느껴진다.

밑바닥에 잠재워둔 그리움이 일렁인다. 무한한 그리움을 쌓아 아이들을 만나러 가야겠다.

학교에는
그림 같은 아이들이 산다

나는 미술사 시간에 그림과 함께 화가들의 실제 모습이 담긴 사진을 보여준다. 작가를 알면 작품과도 더 깊게 만날 수 있을 것이라는 생각 때문이다. 작가의 얼굴을 보면 교과서에 실린 그림이 조금 다르게 느껴진다. 그저 '그림'이라고 생각했던 것에서 누군가가 세상을 바라보던 시선을 느끼고, 다른 시대의 시간을 읽고, 그들의 간절함과 열정을 공유하게 된다.

그림이 교과서 속 명화가 아닌 한 사람의 삶과 접속하는 매개체가 되어 아이들에게 와 닿을 수 있기를 바라기에 나는 아이들에게 몇 백 년 전 예술가들과의 만남을 주선하듯 화가들을 소개한다. 통념적으로 전해지는 것들이 아닌 누군가를 만날 때의 설렘으로 작품을 만나면, 그 순간에만 파생되는 순수한 교감이 있다. 아이들은 자기 안의 느낌을 잃지 않도록 기회를 주선하는 이 가상미팅에 잘 빨려든다. 그리고 천연덕스럽게 지금-여기로 데려 온 화가에 대해 이야기한다.

"이 사람은 '쇠라'라는 사람이에요. 첫인상이 어때요?"

"졸려 보이는데요?" "많이 피곤해 보여요~!"

"하하하. 그래요? 그런데 왜 피곤했을까? 그림을 보면서 쇠라에 대해 알아볼까요?"

아이들 말대로 사진 속 쇠라는 살짝 감긴 힘없는 눈을 한 피곤한 모습이다. 수많은 점을 하나하나 찍어야 했던 힘든 점묘법 때문이었을까?

조르주 쇠라(Georges-Pierre Seurat Seurat)는 답을 찾고 싶을 때 몰입하는 사람의 에너지를 잘 보여주는 화가다. 탐구정신을 지닌 과학자 같았던 그는 자신이 공부하고 고민한 것을 실험하듯 그림으로 그렸고, 창작을 가장한 노동을 했다. 오랜 시간에 걸쳐 큰 캔버스에 점을 찍어 표현한 그의 작품은 집요함의 결정체이다. 안타깝게도 그는 후두염으로 32살이라는 이른 나이에 세상을 떠났고 활동한 10년 동안 단 7점의 작품만을 남겼다.

당시 유행하던 인상주의가 순간의 '감각'을 그렸다면, 그는 '분석'해서 그렸다. 광학, 색채학 등 과학을 통해 예술을 하고자 한 것이다. 그래서 그의 작품은 인상주의와 비슷한 듯 보이기도 하지만 완전히 다르다. 순간의 감각을 포착해 빨리 그려 움직임이 느껴지는 인상주의 그림과는 달리 하나하나 계산하며 점을 찍어 그린 그의 그림은 정지된 듯 딱딱하고 경직되어 보인다. 실제 그는 흐트러짐 없고 다소 폐쇄적이며 검은 양복을 즐겨 입는, 규칙적인 사람이었다고 전해진다.

> 미술은 보다 체계적이고 과학적이어야 한다.
> 일정한 법칙을 통해 조화를 이루는 것이 참된 예술의 목표다.
> – 쇠라 –

쇠라, 그랑드 자트 섬의 일요일 오후

그의 대표작품인 '그랑드 자트 섬의 일요일 오후'는 센 강 유역의 그랑드 자트 섬에서 파리지앵이 일요일 오후 휴식을 즐기는 장면을 그린 것으로 세로 2m, 가로 약 3m 가량의 꽤 큰 작품이다. 작업 준비 시간만 2년, 그 기간 그린 습작만 60여 점가량 된다고 하니 그가 얼마나 공을 들였는지 알 수 있다.

이 작품은 나에게 실제로 보고 싶은 1순위 그림이다. 작은 사진으로는 도저히 그의 특징인 색 점들을 제대로 볼 수 없기 때문이다. 이 그림을 직접 보려면 프랑스가 아닌 미국 시카고로 가야 한다. 쇠라가 사망하고 그의 어머니가 프랑스 정부에 작품을 기증하려고 했으나 거부당했기 때문이다.

이 작품은 1926년, 진가를 알아본 미국의 한 수집가가 2만 달러에 구입하여 미국으로 옮겨졌고, 지금은 시카고미술관을 대표하게 되었다.

'그랑드 자트 섬의 일요일 오후'는 한 번도 다른 곳에 작품을 반출하지 않은 것으로 유명하다. 그래서인지 더 직접 보고 싶다.

파렛트 위에서 색을 섞지 않고 원색의 점을 찍은 점묘화는 나의 눈을 통해 바라볼 때 비로소 색이 혼합되어 보이기 때문에 직접 보지 않고는 알 수 없는 그림이다. 색 점이 병치된 화면을 직접 보면 어떨까? 색이 섞이지 않아 탁해지지 않고 채도를 유지한다는데, 어떤 느낌일까?

색은 가까이 있는 다른 색에 영향을 준다. 그래서 각각 다른 색 점을 찍으면 실제 달라지는 것은 없지만, 우리 뇌는 착각한다. 마치 혼합된 것처럼 말이다. 그는 캔버스 위에서 색 알갱이들로 일종의 색채실험을 했던 셈이다.

예전에 쇠라의 점묘법을 배운다며 검정색 사인펜으로 점만 찍다가 끝나는 수업을 보았다. 아이들은 점을 왜 찍어야 하는지, 왜 찍고 있는지 의미를 찾지 못한 채 노동하듯 점찍기를 하고 있어 애석한 마음이 들었다.

사실 쇠라를 알기 위해 주목해야 하는 것은 '점'이 아니라 '색'이다. 점으로 표현한 이유는 색과 색이 섞이지 않지만 가까이 위치할 수 있어서이다. 그가 점을 찍는 행위보다 중요하게 생각한 것은 각각의 색이 사라지지 않게 하는 것과 색 옆에 어떤 색을 두느냐 였을 것이다. 색 점 하나 하나의 고유성을 살리면서도 조화로운 또 다른 색이 나오게 하기 위해 신경을 곤두세웠을 그를 상상해 본다.

쇠라의 그림을 볼 때면 '학교는 쇠라의 작품 같아야 하지 않을까?'라는 생각을 하게 된다. 학교가 아이들이 고유의 색을 잃지 않도록 하되, 함께할 때 조화롭고 신비로운 색을 경험할 수 있는 곳이면 좋겠다. 물론 그러기 위해선 쇠라와 같이 세심한 조율과 인내가 필요하겠지만. 가까이에서 볼 땐 한 명 한 명의 색이 영롱하게 빛나고, 멀리서 보았을 때는 또 다른 아름다움을 느낄 수 있는 그림 같은 학교를 꿈꾸어 본다.

하지만 현실 학교는 정적인 쇠라 그림 같지 않은 경우가 더 많다.

"선생님, 걔 이상해요."

"선생님, 이건 걔가 잘못한 거예요~"

"선생님, 쟤가 자꾸 절 괴롭혀요~!"

학기 초, 각자 다른 초등학교에서 올라온 아이들은 하루에도 몇 번씩 찾아와 이른다. 교무실의 내 자리는 쉬는 시간 10분 동안 민원접수창구가 된다.

개성 강한 아이들은 서로 섞이지 못하고 미끄러지듯 도망 다닌다. 데면데면 티격태격하던 아이들. 하지만 흐르는 시간 속에서 함께 배우고 나눌 이야기들이 보태지며 아이들은 변한다.

일 년의 끝이 보이는 날, 슬며시 아이들을 보니 달라진 것이 눈에 보인다. 중학교 교사를 하다 보면 한 사람 인생의 가장 극적인 외적 변화를 지켜볼 수 있다. 초등학생 티를 벗지 못한 1학년 아이들은 순식간에 쭉쭉 키가 크고 3학년이 되면 성숙해져 못 알아볼 정도로 고등학생 티가 난다. 이제 곧, 다음 학년으로 올려 보낼 시간이다. 서로 이르기 바빴던 아이들은 내년에도 같은 반이 되자며 아쉬워한다. 서로의 다름을 받아들이기 어려워했던 아이들은 그렇게 서로 닮아가며 친구가 된다.

처음엔 낯설어했던 특수반 친구는 우리 반의 마스코트와도 같은 존재가 되었고, 점잖고 사려깊은 아이는 더 멋진 아이가 되었다. 짓궂은 장난으로 따가운 시선과 맹비난을 받던 녀석도 친구들과 동화되어 아이들 틈에서 함께 웃고 있다. 떠나보낼 때가 가까워져서인지 그 모습이 예쁘고 애틋하다.

여기 두 점의 그림이 있다. 왼쪽은 일본 화가 히로시게의 작품이고

안도 히로시게, 우키요에,　　　　　　　고흐, 꽃이 핀 자두나무, 1887
가메이도 매화 정원

오른쪽은 이를 따라 그린 고흐의 작품이다. 정규 미술교육을 받는 대신
들라크루아, 밀레와 같이 앞선 화가들의 작품을 모작하며 자신의 화풍
을 만들었던 고흐. 그가 이 화가들만큼 많이 따라 그렸던 그림이 바로
일본의 '우키요에 판화'이다. 고흐는 수백 점의 우키요에를 수집했다고
전해진다.

1865년, 프랑스의 화가 브라크몽은 일본에서 온 도자기를 쌌던 포장
지를 친구들에게 소개한다. 목판을 종이로 찍은 것이라 당시 값이 저렴
했던 우키요에는 포장지로 쓰일 만큼 흔했다. 새로운 미감에 목말라 있
었던 인상주의 화가들은 이렇게 우키요에를 만나 순식간에 매료된다.

우키요에는 19세기 중반부터 20세기 초까지 유럽 전반에 '자니포즘
(일본풍)' 열풍을 일으켰다. 인상주의 화가들의 그림을 볼 때 그 흔적들
을 찾아보는 재미가 있다. 선명한 색채, 과장과 생략 그리고 독특한 각

도의 구도는 그들이 찾고 있던 파격, 그 자체였다. 색다름의 충격을 수용하고 닮아갔던 화가들로 인해 오늘 날 우리는 동양과 서양의 닮은 듯 다른 작품들을 만나볼 수 있다.

서로 다른 문화가 만나 새로운 아름다움이 표현될 수 있었던 것은 낯선 것도 아름답게 바라보는 눈이 있었기 때문이다. 사람들은 낯선 것을 싫어하거나 두려워한다. 다른 것은 거부감을 먼저 느끼기 마련이다. 그러나 낯선 것, 다른 것은 '나'라는 존재의 외연을 넓힐 수 있다. 19세기, 세계 여러 나라가 서서히 빗장을 풀고 교류했어도 마음을 열지 않았다면 우키요에는 버려지는 한 낱 종잇장에 불과했을지 모른다.

낯선 것을 대할 때의 어른들의 모습과 비교해 보면, 아이들이 사귀는 과정은 신비롭다. 어른들은 걱정이 많다. 매번 진심이 아닐까 불안해한다. '나를 흔들어 놓지는 않을까?' '나에게 바라는 것이 있나?' 의심하고 경계한다. 새로운 것에 대한 호기심보다 불확실한 것에 대한 두려움이 더 크다. 그런 어른들과 달리 순수한 아이들은 서로의 아름다움을 가뿐히 발견한다. 그리고 닮아가며 함께 성장해 나간다.

지구 반대편에서 각각 그려진 닮은 두 개의 그림을 나란히 놓고 바라본다. 그림 속 두 그루의 나무가 살아있다는 상상을 해 본다. 바람에 나뭇가지는 흔들리고 꽃잎은 시공에 흩날릴 것이다. 꽃잎은 멀리 날아가 아스라이 사라질 것이다. 날아가는 꽃잎처럼 아이들이 떠나가는 시간이 다가온다.

학교엔 아이들이 산다. 쇠라의 작품 속 색 점 같은 고유한 자신만의 색을 품은 아이들이. 친구들과 어울리며 더 오묘한 빛을 내는 아이들이. 히로시게의 그림을 닮은 고흐의 그림처럼 서로 닮아가며 성장하는 아이들이.

5층 계단 끝

    미술실은 대부분 학교의 맨 위층에 있다. 1, 2층에 행정실, 교무실, 학년별 교실 등을 먼저 채우고 나서 특별실은 맨 위에 두는 경우가 많기 때문이다. 2층 교무실에서 5층 미술실을 하루에 몇 번씩 오르내리다 보면, 도는 계단을 따라 같이 빙그르르 도는 느낌이 든다. 학교의 일상은 돌고 돌며 오르내리는 이 계단 같다.

    아이들이 재잘거리며 한바탕 작업을 하고 빠져나간 미술실, 뒷마무리를 하느라 쉬는 시간이 한참 지나서야 잠시 숨을 돌려본다. 같은 공간인데 어쩜 아이들이 있을 때와 없을 때가 이리도 다를까. 정신을 쏙 빼 놓던 아이들이 머물다 간 자리. 갑자기 찾아온 적막이 어색해서 음악을 틀어 놓고 교실을 둘러본다. 분명 아이들은 정리를 다 했다고 했는데 여전히 아이들의 흔적이 남아 있다. 누군가 다시 와서 지우개 가루를 뿌려놓았나? 피식, 웃음이 나온다. 비질한 흔적 따라 고스란히 남아 있는 종이조각, 연필가루…. 정리를 안 한 것은 아니니 뭐라 할 수도 없는 노릇이다. 평화로운 상태를 맞이한 미술실은 아이들이 머물 때와는 다르게 먼지마저 햇살 속에 여유롭게 떠다닌다.

옆에 있는 음악실에서 피아노 소리가 들린다. 음악 선생님이다. 수업이 끝난 후 힘없이 떠다니는 먼지를 멍하게 바라보고 있는 나와는 달리, 음악 선생님은 피아노 연주를 하며 충전 중이신 듯하다. 그래서 틀어 놓았던 음악을 끄고 그 소리를 듣는다. 이상하게 학교에서 울리는 피아노 소리는 다른 곳에서 듣는 것과는 다른 특별함이 있다. 음악은 참 묘하다. 피아노 소리에 학창 시절의 그득한 그리움이 느껴지기도 하고, 좀 전까지 정신없었던 상태가 맑아지기도 하니까. 오르내리긴 힘들어도 특별실은 정신없는 학교에서 이런 짬 시간을 홀로 보낼 수 있는 곳이다.

일반 교실이 없고 특별실이 많은 5층은 수업이 없으면 아이들이 머물지 않는 공간이다. 변두리 같은 공간이랄까. 중요한 것들을 내어 주고 교통도 여의치 않은 변두리처럼 5층은 학교의 다른 곳과는 조금 다른 공기층을 형성하고 있다.

그래서인지 점심시간이 되면 방송반에서 트는 음악소리가 유독 크게 울린다. 종소리가 울리고 방송반 신입 학생의 어색한 멘트와 함께 아이들의 신청곡이 켜진다. 교실에선 아이들의 떼창이 이어지고 있겠지만, 비어 있는 5층엔 음악소리만 여러 겹으로 울린다.

어느 날 점심시간이었다. 아이들이 우르르 몰려왔다. "선생님, 성현이가 저기에 앉아 있어요." "이번만 그런 게 아니에요. 날마다 저기에 앉아 있다니까요!" 귀여움과 과장이 섞인 중학교 1학년 남학생의 특유의 이르는 말투다. 아이들과 함께 그 친구가 있다는 곳으로 가 보았다.

미술실 옆 5층 계단 끝엔 옥상으로 연결되는 계단이 있다. 옥상 문은 늘 굳게 잠겨 있기 때문에 더 이상 올라갈 수 없는 이 계단은 아무도 찾지 않는다. 그런데 그 곳에 한 아이가 앉아 있었다.

"여기서 뭐하고 있니?"

눈도 마주치지 않는 아이. 표정을 보니 친구들이 몰려든 것이 편치 않은 모양이다. 그래서 함께 왔던 아이들을 보내고 옆에 앉았다.

"여기가 편해?"

"네."

"여기가 교실보다 좋은가보구나?"

"네, 교실은 너무 시끄러워요."

작고 퉁명스러운 목소리다.

성현이는 평소 말이 적고 친구들과 어울리는 것을 힘들어했다. 하지만 책 읽기를 좋아해서 여느 중1과는 다른 어려운 어휘를 구사할 줄 알았다.

6반은 유독 꾸러기들이 많은 반이다. 에너지 넘치는 남학생들 속에서 성현이 얼굴에서 자주 읽었던 표정은 '난감함'이었다. 또래 친구들의 장난이나 관심에 안절부절 못하는 경우를 종종 보았다. 그래서 인적이 드문 이곳이 마음이 편해지는 공간이었나 보다. 녀석의 한쪽 손엔 책 한 권이 쥐어져 있었다. 다시 상황을 정리해 보니 성현이는 앉아서 조용히 책을 읽고 있었는데 꾸러기 녀석들이 와서 신고(?)를 한 것이다. 성현이가 당황스러워 할 법하다. 물론 우리 꾸러기들은 친구가 위험할 수도 있다는 생각에 일러준 것이겠지만. 외부의 자극을 최소한으로만 받는 곳에서 자기만의 조용한 시간과 공간이 필요한 아이. 그런 성현이를 알기에 나도 자리를 비켜주었다.

영화 〈플립〉이 떠오른다. 2010년 미국에서 제작되었지만 우리나라에선 뒤늦게 입소문을 타고 관객들의 요구로 2017년 개봉한 영화이다. 미국 작가 웬들린 밴 드라닌의 소설을 원작으로 한 이 영화는 아역배우들의 풋풋한 첫사랑 연기만으로도 행복해지지만, 메시지가 주는 울림이 있어 그 이상의 감동이 있다.

주인공 소녀 줄리에게도 5층 계단 끝과 같은 자신만의 공간인 오래된 플라타너스 나무가 있다. 누군가에겐 쓸모없는 못생긴 나무일지 몰라도 이 플라타너스 나무는 줄리에게 만큼은 신이 지구에게 준 선물과도 같은 존재였다.

줄리가 나무 위에 올라가 마을 전체를 내려다보는 장면이 있다. 나무 위에서 본 오렌지 빛 석양이 물드는 마을 풍경은 눈부시게 황홀했다. 그 높이의 공기와 바람까지 전해지는 것 같은 장면이었다. 줄리는 이 아름다운 풍경을 바라보며 화가인 아빠가 예전에 그림을 그리며 해 주셨던 말을 떠올린다.

"항상 전체 풍경을 봐야 한단다. 그림은 단지 부분들이 합쳐신 게 아니란다. 소는 그냥 소이고, 초원은 그냥 풀과 꽃이고, 나무들을 가로지르는 태양은 그냥 한줌의 빛이지만 그걸 모두 한 번에 같이 모은다면 마법이 벌어진단다."

옆집 친구 브라이스에게 첫눈에 반해 브라이스에 대한 이야기만 늘어놓는 줄리에게 아빠가 해 준 말이다. 줄리는 처음엔 그 말을 이해하지 못했지만 나무 위에서 풍경을 바라보며 차츰 아빠가 하신 말의 의미를 이해하게 된다. 풍경뿐 아니라 사람도 전체를 보아야 한다는 것을.

"몇 시간이고 나무 위에 앉아 세상을 바라봤다. 해질녘 하늘은 가끔 자줏빛으로 물들었고 가끔은 타는 듯이 붉게 물들었다. 그 노을을 보며 아빠의 말을 떠올렸다. 전체는 부분의 합보다 크다는 말은 머리가 아닌 내 가슴에 새겨졌다."

얼마 지나지 않아 어른들이 새 공사를 위해 나무를 베겠다는 청천벽력 같은 소식이 들린다. 줄리는 나무 위에서 울며 버텨보았지만, 아빠의 설득으로 내려오게 되고 결국 나무는 베어진다. 몇 주 동안 상실감에 빠져 있는 줄리. 그런 딸에게 아빠는 나무를 그려서 선물해 준다. "그건 네게 그냥 나무가 아니었지."

영화 전반은 소녀 줄리와 소년 브라이스의 깜찍한 사랑 이야기이지만, 두 주인공의 상반된 가정의 정서를 보여 줌으로써 더 많은 것을 생각하게 한다. 부유하지는 않지만 아이가 편하게 마음을 내어 놓을 수 있도록 넉넉하고 따뜻하게 품어주는 줄리의 부모를 통해 그동안 교육에서 놓쳤던 것을 생각하게 된다.

다시 5층 계단 끝으로 돌아와 보니 차가운 바닥이 느껴졌다. 매일 스치며 지나치는 곳이지만, 제대로 머물러 본 적은 없는 곳. 이 공간 같은 아이들이 떠올랐다.

'그동안 너희에게 몸과 마음이 머물 공간을 제대로 내어 주지 못했구나.'

섬세하지 못했던 것에 대한 미안함이 밀려왔다. 적극적으로 표현하지는 못해도 눈빛으로는 분명 말하고 있었던 아이들. 그 눈빛을 읽었지만 바쁘다는 핑계로 함께 머물러 주지 못했던 시간들. 그동안 우리 교육이 놓치고 있었던 것들이 떠올랐다. 다수가 함께 생활하는 학교는 남들과 조금만 달라도 이상하게 여겨졌고 남들처럼 하지 않으면 쉽게 부적응자로 낙인찍었다. 제대로 숨 쉴 구멍, 편하게 마음을 꺼내 놓을 곳, 있는 그대로의 자신을 보여줄 기회⋯ 우리 교육은 아이들을 이해하기 위한 가장 중요한 것들을 놓치고 있었다. 영화에서 사정없이 나무를 베

어 버리는 어른들처럼 쉽게 재단하고, 아이들의 개별적인 배움의 의미
는 귀 기울이지 못했다.

한 TV 프로그램에서 불안지수가 높은 아이가 주변에 갑자기 몰려든
친구들로 인해 긴장하는 모습을 보고 개그맨 정형돈 씨는 '부풀린 풍선
앞에 뾰족한 바늘을 대는 느낌'이라고 그 아이의 심리를 대변하며 눈물
을 흘렸다. '아~ 그런 느낌이 들 수도 있는 것이구나.' 조금 다르고 특
별한 아이들. 그 입장이 되어 본 적이 없었던 나는 생각지도 못한 느낌
이었다. 그저 부끄러워하는 것이라 단순하게 생각했는데 그런 느낌이
든다면 얼마나 괴로웠을까?

자신만의 공간이 필요한 아이들처럼 자신만의 공간에서 작업 한 화
가, 피에르 보나르(Pierre Bonnard)를 소개하고 싶다. 학부 시절 교수님께
서는 화가 보나르의 그림을 보고 이런 말씀을 하셨다.

"보나르 그림은 사각의 캔버스 네 귀퉁이까지 천사들이 있는 것 같
지."

그의 그림에서 느껴지는 따뜻하고 감각적인 색채와 영롱한 빛이 너
무나 매혹적이었기에 나도 그의 작품을 처음 만나고 나서 금세 빠져들
었다. 한동안 보나르 그림만 찾아 모으기도 했다.

그는 인상주의 유행이 끝난 후 뒤늦게 도착한 철 지난 인상주의자
라고 회자되는 화가이다. 그림은 민트그린, 페일 핑크, 네이플스 옐로
우… 보기만 해도 기분 좋아지는 색들로 채워져 있다. 그의 친구 모리
스 드니도는 "보나르는 노란 호박을 금빛 마차로 바꾸는 요정과 같은
재주"를 갖고 있다고 말하기도 했다.

그의 작품 속 공간은 지극히 사적이고 평범한 실내, 은밀한 자신의
집이다. 그 공간에는 언제나 그의 아내 마르트가 있다. 신경쇠약증과

결벽증으로 목욕을 즐겼던 그녀는 창백하지만 아름다운 모습으로 그려진다. 내성적이고 다른 사람과의 교류를 어려워했던 마르트 때문에 보나르의 그림은 더 비밀스럽고 은밀한 느낌이 든다. 그래서 그는 일상생활의 소재를 사적인 느낌으로 그리는 화가, '앵티미스트'로 불린다.

'욕조 안의 누드'는 그의 대표작품이다. 몇 시간이고 욕조 안에서 몸을 담그고 있었던 마르트를 그린 것이다. 실제 흰색 타일이었다는 욕실은 아름다운 색채로 가득하다. 물에 잠긴 연보랏빛의 몸과 색색의 바닥 타일까지…. 평범한 일상은 황홀한 색으로 빛난다. 욕실 한 구석, 한 귀퉁이도 색색의 붓 터치로 채워져 있다.

심신이 미약했던 마르트와 함께하는 삶은 평범하지 못했다. 그녀는

보나르, 욕조 안의 누드

보나르, 시골의 다이닝 룸

고립을 원했고, 보나르는 그녀를 위해 사람들과의 접촉을 피하고 은둔 생활을 하듯 집에서 그림을 그렸다. 하지만 그랬기에 무려 384점을 그녀를 모델로 그릴 수 있었다.

강렬하고 압도적인 것으로 우리에게 말을 거는 현대미술 작품과는 달리 보나르 그림은 편안하고 조용히 말을 건넨다.

학교에 있다 보면 목소리가 큰 아이들에게, 자기주장을 더 하는 아이들에게 시선이 가기 마련이다. 그래서 상대적으로 조용한 아이들은 보지 못하는 경우가 많다. 하지만 아이들은 보나르 그림 속 색만큼이나 다양하다. 어울리는 것보다는 혼자 생각하는 것을 더 좋아하는 아이, 표현하지 못해도 남들보다 더 속이 깊은 아이, 남들은 생각하지 않는 것을 생각할 줄 아는 아이. 드러내지 않아도 모든 아이는 제각각 자신만의 색을 품고 있다.

개별성을 존중받지 못한 아이는 위축되거나 주저하게 된다. 그동안 섬세하게 살피지 못하고 아이들을 밀어 붙이려고만 했다면 이제는 마음을 꺼내 놓을 수 있는 따뜻한 공간을 내어 주고 싶다. 평범한 일상이지만 눈부신 색채로 채워 넣은 보나르 그림 같은 공간을.

산책과
행군

　아이들을 닮은 계절을 꼽으라면 나는 단연 '봄'이라 말하고 싶다. 봄
은 가만히 있지 못하는 아이들과 똑 닮았다. 해마다 찾아오는 봄. 그래
서 그 모습에 크게 감동하지 않으면 봄은 더 아우성 댄다. 다채로운 색
을 터뜨리며, 여기저기 꽃잎을 흩뿌리고 향기를 뿜어대며 보라고, 봐달
라고 말이다. 그래도 안 되면 꽃가루를 타고 날아와 코끝을 간지럽힌
다. "에취~! 그래. 너 거기 있구나." 봄은 보아 주어야만 비로소 다음
계절에 자신을 양보한다. 아이들도 끊임없이 다양한 몸짓으로 자신을
보아 달라고 신호를 보낸다. 아이들은 봄이다.

　여러 해 전 봄이었다. 새 학기인데, 물에 젖은 종이비행기 같이 날아
갈 힘이 없었다. 갑자기 도입된 '복수담임제' 때문이다. 그해 나는 미술
집중이수제 때문에 24시수 수업이 불가피해서 비담임을 하기로 되어
있었다. 그런데 개학 날 아침, 갑자기 담임을 하라는 말을 듣게 된 것이
다. 전 날도 아닌, 당일 날, 상의도 되지 않은 통보였다. 뭐든 배우는 자

세로 학교일을 하려고 했지만, 이번 일은 도통 그런 착한 생각이 들지 않았다.

갑자기 일 년의 노선이 바뀌어버렸다. 비담임이라고 더 맡게 된 일들까지 생각하니 힘이 쭉 빠졌다. 다른 때 같으면 맡게 될 아이들의 이름과 얼굴을 미리 확인하고 일 년을 어떻게 함께 할까 설레는 마음으로 준비했을 텐데, 도대체 이게 뭐란 말인가!

감정을 추스를 새도 없이 조회를 들어가야 했다. 다듬어지지 않은 모난 마음으로 묵직한 공기를 밀어내듯 교실 문을 열었다. 그런데… 교실 속 아이들은 기대감에 잔뜩 부풀어 애니메이션의 장화 신은 고양이 같은 반짝 반짝한 눈망울을 하고 있는 것이 아닌가! 행군을 시작하려는 나와는 달리 아이들은 산책할 채비가 되어 있었다. 순간 미안함과 부끄러운 마음이 일렁였다.

나는 행군할 준비를 하고 들어섰다. 해야 할 업무들을 군장에 넣듯 꾹꾹 눌러 담고, 전투화 끈을 묶듯 마음을 질끈 묶고 무거운 발걸음으로 걸어 들어갔다. 20kg 가까운 군장을 매면 '이걸 매고 걸을 수 있을까?'라는 생각이 든다던데, 딱 그 느낌이었다.

그런데 교실에 들어서는 순간 어색함과 기대감이 부유하는 공기와 아이들의 반짝이는 눈빛을 마주하게 되었다. 시작되는 순간의 질감이 느껴지던 교실. 나는 여전히 삐죽한 마음이 있었지만, 점점 이 공기와 뒤섞이는 느낌이 들었다.

"내가 너희 담임이라고 하는구나."

참 모자란 어른. 이런 얄팍한 자기소개라니. 상황을 모르는 아이들은 어리둥절해했지만, 곧 나를 즐겁게 환영해 주었다. 아이들 모습을 보니 교실 문을 나오는 걸음이 가벼워졌다. 그래서 나도 행군 말고 산책이

하고 싶어졌다.

샤갈의 '산책'은 아내 벨라와의 행복했던 시간을 그린 작품이다. 가난한 노동자의 아들이었던 그는 당시 상류층 지성인이었던 벨라와 신분의 차이를 극복하고 결혼한다. 그리고 그 이듬해 딸 이다가 태어나면서 세상에서 가장 큰 기쁨을 누렸다.

나는 그녀가 언제나 나를 알아왔다는 것을 느꼈다. 내 어린 시절,
내 현재의 삶,
나의 미래도 나는 이 사람이 바로 그녀, 내 아내라는 것을 알았다.
- 샤갈 -

샤갈, 산책, 1918
© Marc Chagall / ADAGP, Paris - SACK, Seoul, 2021

그림 속 배경은 그의 고향인 비테프스크다. 다른 그림에선 회색빛으로 표현하기도 했지만, 이 작품에는 희망을 느끼게 하는 싱그러운 초록색을 입혔다. 그 초록빛 세상 위로 핑크색 옷을 입고 샤갈과 손을 잡고 두둥실 떠오르는 사람은 바로 벨라다.

사실 마냥 평화로워 보이는 작품과는 달리 이 시기, 세계는 매우 혼란스러웠다. 러시아 혁명 그리고 두 차례 세계대전으로 샤갈도 러시아에서 파리로, 파리에서 미국으로 추방과 이주를 되풀이해야 했다. 당시 미술은 체제를 바꾸기 위한 정치 혁명의 도구가 되는 경우가 허다했다. 전쟁으로 인한 약탈과 파괴로 무너진 상황 속에서 그는 이 그림을 그렸던 것이다. 어떻게 그럴 수 있었을까?

샤갈은 자신의 의지가 만든 상황이 아닌 현실을 비관하는 것은 어리석다고 말했다. 그래서 그가 택한 주제는 현실을 초월한 '사랑'이었다.

> 우리 인생에서 삶과 예술에 의미를 주는 단 하나의 색은 바로 사랑의 색깔이다.
> – 샤갈 –

사랑. 그에게 삶과 예술의 의미는 사랑이었다. 물론 그가 사랑만을 주제로 그렸던 것은 아니다. 그의 다른 작품에는 고향에 대한 그리움, 아픔, 불안과 공포, 삶의 고뇌 등 생의 많은 것이 담겨 있다. 그러나 신비롭게도 그의 작품은 그러한 것들마저 아름답다.

그의 작품은 시 같다. 실제로 그는 많은 시인과 교류하며 시를 즐겨썼고 시집을 내기도 했다. 헨리 밀러는 그를 "화가의 날개를 가진 시인"이라고 말하기도 했다. 시적인 특성 때문일까? 사람들은 그의 작품은 초현실주의로 보기도 한다. 그러나 그는 자신의 그림은 삶의 경험을 토대로 한 것이라고 주장했다. 이렇게 그는 어느 유파에 흡수되지 않고 자신만의 화풍을 만들었다.

'산책' 속 샤갈과 벨라는 하늘로 떠오르고 있다. 중력을 거스르는 사랑의 힘 때문이다. 나는 중력을 거스를 만큼 막강한 중2 아이들의 담임이 되었다. 무거운 마음으로 첫 만남을 가졌지만, 산책하듯 걷다 보면 샤갈 그림처럼 행복한 시간이 되지 않을까? 잠시 생각해 본다.

영화 〈라라랜드〉에도 샤갈 그림처럼 두 남녀가 사뿐히 떠올라 두둥실 날아오르는 장면이 있다. 영화의 마법을 통해 보여주는 이 장면은 합의된 환상이기에 관객들도 힘을 빼고 함께 떠오른다. 어른들의 동화 같은 이 영화는 묵혀 두었던 뭉글뭉글한 감정을 떠올리게 한다. 잊었던 것들, 꿈꾸었던 것들을.

현실 속 두 주인공의 삶은 비루하다. 레스토랑 사장 앞에서 징글벨 대신 자신의 재즈곡을 연주해 해고를 당한 세바스찬. 배우 오디션마다 낙방해 상실감에 빠진 마야. '꿈을 꾼 것이 잘못된 것일까?'라는 회의감이 그들을 짓누른다. 현실은 꿈꾸는 자에게 아름답지만은 않다. 그러나 예술은 그런 현실을 계속해서 아름답게 만든다. 진정한 재즈 음악을 하길 원하는 세바스찬은 이렇게 말한다.

"재즈는 꿈이야. 충돌이 있으면 화해가 있어. 매 순간이 새로워. 정말 흥미진진하다고."

즉흥적으로 연주되는 재즈처럼 우리 삶도 예상치 못한 일들을 마주한다. 그런 순간을 마주할 때 자연스럽게 연결되고 만들어지는 재즈 선율처럼 좀 더 유연하게 받아들일 수 없을까? 서로 얽히고 바뀌며 매 순간 변화하는 재즈처럼 우리 삶도 정해진 것이 없으며 매 순간이 처음이니 말이다.

간절히 바라고 꿈꾸던 교직 생활이었다. 괴로운 행군처럼 느껴진 것은 비단 많은 업무 때문만은 아니었을 것이다. 현실에 납작하게 눌려 시야는 좁아지고 가슴은 차가워졌다. 덩치는 커졌지만 방향을 잃고 헛돌고 있었던 내 자신의 문제이기도 했다.

산책은 가볍고 소박하게 걷는 것이다. 최대한 짐을 가볍게 하고, 편한 옷차림으로 천천히 자유롭게 걷는다. 그래서 어딘가를 향해 바쁘게 걸을 때는 몰랐던 것들과 만난다. 새들의 지저귐과 작은 돌들의 속삭임, 나뭇잎의 재잘거리는 소리를 듣는다. 존재하고 있었으나 미처 알아차리지 못했던 것들을 만나며 걷다 보면 어느 순간 내 발걸음의 리듬과 마음의 소리도 들린다.

산책 같은 학교생활이 이어진다면 조지아 오키프(Georgia O'Keeffe)가 꽃을 바라보는 시선처럼 아이들을 바라볼 수 있을 것이다.

> 사람들은 아무도 꽃을 보려고 하지 않아요. 꽃은 너무 작고, 우리는 너무 바쁘니까요. 그리고 본다는 것은 시간이 걸리는 일입니다. 친구를 사귀는 일이 시간이 걸리는 것처럼 말이죠. 그래서 난 꽃을 그려요.
> – 조지아 오키프 –

오키프는 꽃을 소재로 많은 작품을 그렸다. 그런데 꽃 같기도 하고 아닌 것 같기도 해서 고개를 갸우뚱하게 된다. 클로즈업 기법을 통해 확대하고 일부는 세세히 그려서 무엇인지 알 듯 말 듯 하게 표현되었기 때문이다. 묘사력과 상상력이 결합된 '구상'과 '추상'의 공존이 그녀 그

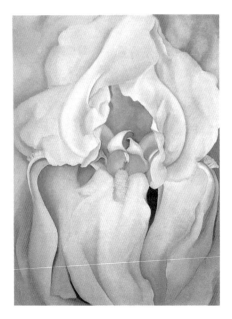

림의 특징이다. 그녀는 바쁜 사람들은 자신이 꽃을 거대하게 그리면 그 규모에 놀라 천천히 꽃을 보게 된다며 이런 꽃 그림을 그리기 위해서 몇 시간 동안 꽃만 바라보았다고 한다.

　오키프 작품이 다른 그림 꽃과 다른 특별함이 있는 이유이다. 흔한 소재라 여겨졌던 꽃을 그린 그림은 당시 예술계에서 가벼운 것이라 취급되었다. "예쁜 그림 그리는 여자군!" 사람들은 색안경을 끼고 쉽게 평가했다. 남성 위주로 형성된 예술계는 시골의 미술 교사였던 그녀의 작품을 아마추어의 취미작 정도로 여겼던 것이다. 그런 반응에 그녀는 당당했다. "나는 내 작품이 예쁘다는 것을 꺼리지 않는다." 주류에 편승하기 위해 억지맞춤하지 않은 자신만의 작품세계였기 때문이다.

후에 그녀는 유명한 사진가이자 뉴욕에서 화랑을 경영하던 스티글리츠를 만나게 된다. 자신의 작품을 동의 없이 전시한 그에게 항의하러 찾아갔다 맺게 된 인연이었다. 이 만남을 계기로 스티글리츠의 후원과 지지로 예술계 중심으로 진출하며 자신을 알리게 된다. 그러나 23살 연상의 유부남이었던 그와 연인관계로 발전하게 되면서 그녀는 또 다른 비난을 피할 수 없었다. '스티글리츠의 여자'로 손가락질 받아야 했던 그녀는 스티글리츠가 죽은 후 뉴멕시코로 떠나 창작의 혼을 불태웠다. 광활한 사막의 풍경 속 모래바람에 닳은 동물의 뼈를 소재로 그린 그림은 신비로움이 더해졌다. 98세까지 장수한 후 맞은 그녀의 죽음은 또 한 번 사람들에 입에 오르내리게 된다. 그녀가 죽기 직전까지 그녀를 보살폈던 젊은 청년에게 엄청난 유산을 상속했기 때문이다. 실제 그 둘의 관계가 어떠했는지는 몰라도, 그녀에게 고마운 사람이었던 것은 분명한 것 같다.

　시골 교사에서 일약 뉴욕의 스타가 되기까지, 그리고 말년까지 작품을 이어가기까지 그녀는 남성들의 도움이 있었음을 부인하지 않았다. 그러나 이러한 것들로 그녀의 강인함과 예술성이 가려진 것은 안타까운 일이다.

　'여성화가'가 아닌 '예술가'가 되고자 했던 조지아 오키프. 당시에 세상은 그녀를 자세히 보지 않았지만, 지금은 많은 사람이 그녀의 작품을 오래도록 바라보며 아끼고 사랑한다. 그녀는 미국 미술을 대표하는 화가로 인정받으며 명예와 부를 누렸고, 그녀가 머물던 도시 산타페는 예술의 도시로 변모하게 되었다.

　그녀의 그림을 볼 때면 신영복 선생님의 글이 생각난다,

자동차로 빠르게 지나가는 사람에게 1m의 코스모스 길은 한 개의 점에 불과합니다. 그러나 천천히 걸어가는 사람에게는 이 가을을 남김없이 담을 수 있는 아름다운 꽃길이 됩니다.

행군이 될 뻔 했던 그해. 아이들과 가벼운 산책 같은 일 년을 보냈다. 꽃 같은 아이들을 가까이에서 보다 오래 지켜보고 더 많은 아름다움을 발견할 수 있어 감사한 시간이었다.

어떤
기다림

　"안 먹을 거면 치운다~"

　이렇게 말해 놓고도 마음 약해져서 결국 숟가락을 잡고 들이민다. 육아맘으로 사는 요즘, 가장 힘든 시간은 식사 시간이다. 혼자 살 때야 대충 인스턴트 음식으로 한 끼 때우곤 했지만, 아이가 있으니 그럴 수도 없다. 아이의 작은 식판에 음식 담으려다 주방은 초토화된다. 대단한 요리라도 한 것처럼 벌려 놓은 주방, 그래도 아이가 맛있게 먹어 준다면 이쯤이야 즐거운 마음으로 치울 텐데. 본격적인 전쟁은 이제 시작이다.

　"엄마 그런데… 밥은 왜 먹어야 해?"

　겨우 식탁 앞에 앉혔는데, 녀석은 엄마가 공들여 만든 반찬엔 관심이 없고 음식은 점점 식어간다. 윤기 흐르던 밥은 이미 꾸덕꾸덕 해진 상태. 그래도 어떻게든 먹여보려고 남편과 나는 밥상 앞에서 연기를 한다.

　"이건 엄마가 먹을 거다~" "아니야 아빠가 먹을 거야~"

　이제야 자기가 먹겠다는 녀석. 그래봤자 겨우 몇 숟가락이다. 그런데 겨우 입안에 넣은 밥은 한참을 물고만 있지 목구멍으로 넘기지를 않는다. 그러다 입에 넣은 것을 뱉어낸다. 눈물이 날 것 같다. 어쩔 수 없이 한 숟가락이라도 제대로 먹이고 싶은 마음에 숟가락을 들고 녀석을 따라다니며 입에 넣어 준다. 그래서는 안 된다는 걸 알면서도 이렇게밖에 할 수 없는 나 자신이 한심하게 느껴진다. 어느새 식사 시간은 한 시간이 훌쩍 넘어가고 결국 남은 음식은 음식물 쓰레기통에 버려진다. '엄마의 정성을 이렇게 몰라주다니!'

'행복을 그린 화가'로 불리는 르누아르. 그는 평화롭고 아름다운 일상의 순간을 담은 인상주의 화가다. 아이가 생기기 전엔 르누아르의 그림 같은 우아한 육아를 할 줄 알았다. 그의 작품 '어린아이와 장난감'

르누아르, 어린아이와 장난감, 가브리엘과 르누아르의 아들 장

속엔 딱 꿈꾸었던 온화한 엄마 미소를 짓는 여자가 있다. 아이의 보모 가브리엘이다. 아이는 르누아르의 아들 장이다. 르누아르 특유의 부드러운 붓질, 장밋빛 뺨으로 물든 얼굴, 복슬복슬 털실 같은 따뜻함이 느껴지는 이 그림은 육아의 로망 같다. 현실 육아는 많이 다르니 말이다. 그래도 아이로 인해 느끼게 되는 충만한 행복감은 그림과 통하는 느낌이다. 르누아르에게도 아이의 모습이 삶의 가장 큰 행복이었을까? 그는 죽기 전까지 이 그림을 집안에 걸어 두었다고 한다.

> 내게 그림이란 소중하고 즐겁고 아름다운 것이다. 무조건 아름다운 것이어야 한다. 세상에는 불쾌한 것이 많은데 더는 그런 것을 그려서는 안 된다.
> – 르누아르 –

삐딱하게 들으면 행복강박증이 있나, 라는 생각이 들지만, 그가 말한 행복은 고통이 없는 것을 뜻하지 않았다. 말년에 류머티즘으로 고생하면서도 붓을 놓지 않고 삶의 아름다움을 표현한 그는 고통도 끌어안고 웃는 그런 행복을 추구했다.

아이를 키우면서 세상 다른 것과 바꿀 수 없는 행복을 느끼지만, 육아는 힘들다. 무엇이 가장 힘든가 생각해 보니 '내 뜻대로 되지 않는 경우가 많아서'라는 답이 나온다.

수업 시간에도 밥상 앞에서와 비슷한 심정이 될 때가 많다. 이것저것 정성껏 준비를 해서 들어갔는데, 정작 아이들은 별 반응이 없거나 건성으로만 함께하는 경우가 그렇다. 그렇다고 다 큰 중학생들에게 떠먹여 줄 수도 없는 노릇이고, 아이들이 원망스럽고 마음이 울적해진다.

'너희를 위한 것인데, 어떻게 이럴 수 있니? 선생님의 정성을 이렇게 몰라주다니!'

그러나 가만 생각해 보면 잘 차린 밥상 같은 수업은 나의 만족이었던 것 같다. 준비하는 과정에서 내가 즐거웠고 설렜던 것을 떠올려 보면 그랬다. 그렇다면 뭐가 문제였을까? 준비하는 과정에 아이들도 함께 했어야 했다. 막연히 '이렇게 하면 좋아하겠지?'라고 혼자 생각만 했지 정작 아이들과 준비과정에 함께했던 것은 아니었기 때문이다. 조금 더 아이들이 능동적으로 함께하려면 기획의 단계인 수업 구상부터 참여시켜서 함께 해야겠다는 생각이 들었다. 아이들에게 좀 더 들어보며, 물어보고 함께 기획해 보아야겠다고 생각했다.

그래서 아들에게도 물어봤다.

"민준이는 어린이 집에서는 밥 혼자서 잘 먹는데, 왜 집에선 스스로 안 먹는 거야?"

"어린이집 밥은 작은데, 집에 있는 밥은 너무 크잖아~"

물어보길 잘 한 것 같다. 많이 먹고 쑥쑥 크길 바라는 마음에 엄마가 너무 많이 담아 주었던 것이다. 이제부터는 녀석에게 좀 더 맞추어 양을 조절하고 하고 다시 기다려 보아야겠다.

발레복을 입은 소녀는 상반신을 앞으로 푹 숙인 채 아픈 발목을 감싸고 있고, 그 옆에 여인은 근심 가득한 표정으로 앉아 있다. 이 작품은 인상주의 화가 드가의 '기다림'이다. 두 사람은 무언가를 기다리고 있다. 따뜻한 색감이지만, 공간에 내려앉은 묵직한 공기가 느껴진다. 가벼운 기다림은 아닌 듯하다.

우리 삶에서 기다림의 순간은 꽤 많다. 약속한 사람을 기다릴 때, 시험 결과를 기다릴 때, 오븐에 넣은 빵이 구워지기를 기다릴 때, 마트에

드가, 기다림

서 계산할 차례를 기다릴 때…. 같은 '기다림'의 순간이지만, 마음은 각
각 조금 다른 기다림의 시간이다.

'교육은 기다림이다'라는 말을 흔히 한다. 하지만 '어떤 기다림'이 되
어야 하는지에 대해서는 생각해 본 적은 없었던 것 같다. 어떤 기다림
이 되어야 할까? 수줍어 자신을 드러내기까지 긴 시간이 필요한 아이
는 묵묵히 기다려 주어야 한다. 스스로 무엇인가를 경험하며 의미를 찾
아가는 아이는 오래 기다려 주어야 한다. 실패의 어려움과 마주하는 아
이는 따뜻하게 품으며 기다려 주어야 한다.

그동안 나의 기다림의 시간은 어떠했나 생각해 보면 '즐거운 기다림'
보다는 '인내의 기다림'이 많았던 것 같다. 인내심의 사전적 정의는 '괴
로움이나 어려움을 참고 견디는 마음'이다. 어쩌다 아이들을 기다리는

시간이 인내의 시간이 되었던 것일까?

기다림의 목적을 잊었기 때문이었다. 일상이 반복되다 보니 왜 기다리고 있는지 잊었던 것이다. 그저 활동을 제시하고 아이들이 무탈하게 끝내기만 바랐던 것이다. 목적을 잊어버린 기다림의 과정에서는 아이들의 성장을 제대로 보지 못했다. 그 반짝이는 보석 같은 지점, 그 성장의 찰나를 놓치다 보니 기다림의 시간은 무료하고 괴로운 인내의 시간이 되었다.

'수업이 타성에 젖으면 성장에 대한 기대, 설렘이 이렇게 변질되는구나.' 그동안 나의 기다림이 어떤 기다림이었는지 알아차리게 되니 아차 싶었다. 막연한 기다림은 지루하고 즐겁지 않다. 그래서 끝까지 기다리지 못하고 내 뜻대로 꺾어 버리게 되었다.

좋아하는 시인 김소연의 책 『한 글자 사전』에서 읽은 '씨'에 대한 한 문장은 어떤 기다림이 되어야 하는지 깨닫게 한다. 마음에 한 글자 씨가 쏙 심긴다.

씨
그 안에 무엇이 들어 있는지 쪼개어 알아내는 것이 아니라 심고 물을 주어 키워내며 알아내는 것

한 글자가 가진 큰 울림과 그 뜻에 감탄하며 책장을 넘기다 또 다른 한 글자에 마음을 빼앗겼다.

달
변해가는 모든 모습에서 '예쁘다'라는 말을 들어온 유일무이한 존재.

달을 보듯 아이들을 기다려 보면 어떨까 생각도 해 본다.

호프 자런의 책 『랩걸』은 씨앗의 기다림이 어떠한지 알 수 있는 대목이 있다.

> 씨앗은 어떻게 기다려야 하는지 안다. 대부분의 씨앗은 자라기 시작하기 전 적어도 1년은 기다린다. 체리 씨앗은 아무 문제없이 100년을 기다리기도 한다. 각각의 씨앗이 정확히 무엇을 기다리는지는 그 씨앗만이 안다. 씨앗이 성장할 수 있는 유일무이한 기회, 그 기회를 타고 깊은 물속으로 뛰어들 듯 싹을 틔우려면 그 씨앗이 기다리고 있던 온도와 수분, 빛의 적절한 조합과 다른 많은 조건이 맞아 떨어졌다는 신호가 있어야 한다. (중략) 모든 우거진 나무의 시작은 기다림을 포기하지 않은 씨앗이었다.

'무엇을 기다리는지 그 씨앗만이 알고 있는데, 옆에서 그리 쪼개어 꺼내려고 했으니…. 씨앗과 같은 아이들에게 적절한 조합과 조건이 맞아 떨어질 수 있도록 나는 햇빛과 빗방울이 되어야겠구나! 그러다 보면 기적처럼 싹이 돋아나겠지.' 이런 생각을 하며 즐거워지고 있음을 알아차린다.

때론 밥을 떠먹여 주었던 나처럼 기다려 주지 못하는 부모들은 잔디 깎기 기계가 되어, 아이가 걷게 될 길 위에 위험한 모든 것을 말끔하게 제거해 준다. 체스판 위에 툭 올린 체스처럼 무대 아래에서 부딪치고 좌절하는 과정을 생략한 채 무대 위에 놓인 아이들은 괜찮을까? 부모가 만들어 준 평탄한 길만 걸으며 명문대에 진학한 학생들이 돌연 자살을 한 사건들은 부모의 성급한 개입이 옳지 않다고 말해 주었다.

기다림에는 상상력도 필요하다. 오래전 인상 깊게 보았던 일본의 어린이재단 캠페인 광고엔 일본의 초등학교 미술 시간이 나온다. 마음속에 있는 것을 그려 보라는 선생님 말씀에 아이들은 아이다운 알록달록한 그림을 그리는데, 한 소년이 도화지를 검정색으로만 칠하고 있다. 그렇게 계속해서 여러 장의 도화지를 검정색으로만 채워나가는 소년을 이상하게 여긴 선생님은 학부모에게 사실을 말하지만, 아이는 멈추지 않고 계속해서 검정색으로 도화지를 채운다. 결국 병원에 보내진 아이. 그곳에서도 아이는 말없이 검정색으로 칠을 한다. 그런데 우연히 아이의 책상 서랍에서 퍼즐 조각을 본 선생님은 아이가 큰 그림을 조각조각 나누어 그리고 있는 것일지도 모른다는 생각하고, 어른들은 모여서 넓은 강당에 아이가 칠한 도화지를 늘어놓고 연결해 본다. 그것은 실제 크기와 같이 커다란 검정색 고래였다. 아이의 상상력을 따라가지 못한 어른들은 그 잠재력을 알아보지 못하고 정신적인 문제가 있는 것이라 여겼지만, 아이는 조금 다른 방법으로 천천히 자신의 것을 꺼내고 있었던 것이다.

　아이들의 잠재력은 작은 도화지 한 장에 다 넣을 수 없을 만큼 무궁무진하다. 그 잠재력을 꺼내는 과정에서 어떤 기다림으로 함께 해야 할지 더 많은 생각을 하게 된다.

　드가는 기다림의 순간을 많이 그렸다. 햇빛에 반짝이는 야외 풍경을 주로 그렸던 인상주의 화가들과는 달리 약한 시력 탓에 실내의 풍경과 무희들의 일상을 많이 그렸다. 그는 무희들의 무대 아래에서의 연습 장면, 휴식 시간, 준비하는 분장실과 같은 '기다리는 시간'을 그렸다. 이런 과정을 담은 모습은 화려한 조명이 비추는 무대 위 모습과는 또 다른 아름다움이 있다.

드가, 휴식을 취하는 무희들

　씨가 싹을 틔우듯 자신이 품고 있던 잠재력을 터뜨려 내기까지는 기
다리는 시간이 필요하다. 어떤 기다림이 되어야 하는지 생각하다 보니
기다림의 시간이 숭고하게 느껴진다. 엄마가 뱃속에 아이를 품고 기다
리듯, 씨앗이 땅속을 자궁삼아 기다리듯, 아이들의 반짝이는 성장의 순
간을 기쁘게 기다려 보자.

생장점

    성장 단계별로 아이의 모습을 담을 수 있는 성장앨범. 만삭 사진부터 50일, 100일, 돌 사진 등 아이가 커가는 모습을 남길 수 있다 하니 부모 입장에선 하지 않겠다고 말하기 어렵다. 나도 남들도 다 하는데 이 정도는 해 줘야 하지 않을까 싶어 한 스튜디오와 계약을 했다. 그런데 50일 사진을 찍은 후부터 업체와 연락이 되지 않아 이상하다 싶었는데, 결국 뉴스를 통해 사기를 당했다는 사실을 알게 되었다. 고양시엔 우리 집과 비슷하게 돈과 추억을 잃은 사람이 300명 가까이 되었다.

    사기를 당한 원통함보다는 나 자신에 대한 후회가 컸다. 남들이 하니까 해야겠다고 생각한 것, 내 아이의 성장기록을 쉽게 누군가에게 맡기려 했다는 것 때문이다. 아무리 그들의 사진 기술이 훌륭하다 해도 늘 곁에서 함께하는 엄마가 애정을 가지고 찍은 사진과 같을까. 뒤늦게 후회해도 돌이킬 수 없는 일이었지만, 이 일을 통해 깨달은 바는 컸다.

    성장의 순간은 잘 꾸며진 스튜디오에서 좋은 카메라로 남길 수 있는 것이 아니다. 허울 좋게 성장이라는 이름을 붙였지만, 아이의 성장 따위엔 관심 없었던 그들. 누군가에겐 소중한 순간이 얄궂은 상술에 사라지는 것을 보며 이런 질문을 하게 되었다.

'진정한 성장을 기록할 수 있을까?'

'성장을 기록한다는 것은 어떤 의미일까?'

이 일 때문인지 그 이후론 반 아이들을 바라볼 때 내 눈이 성장을 기록하는 카메라 같다는 생각을 하게 되었다. 그래서 담임선생님을 잘 따랐던 반 아이들에 대한 이런저런 글을 그림과 함께 남겨 놓게 되었다.

에너지가 넘치는 아이들은 날이 꽤 쌀쌀한 아침에도 어김없이 일찍 나와 운동장에서 놀다 우렁찬 인사로 맞아주었다.

"다정 쌔~엠~ 안녕하세요~~~!"

늘 적극적인 학생을 만나길 바랐는데 반 전체가 적극적이니 얼떨떨했던 해. 엄마가 된 첫 해, 나는 열정이 넘치는 반을 만났다. 4개월이 된 아들 육아를 하며 학교생활을 해야 해서 아무래도 반 아이들에게 예전과 같은 힘을 실어주는 데 현실적인 어려움이 있었는데, 무엇이든 열심히 하는 아이들 덕분에 오히려 힘을 얻었다. 아이러니하게도 시험성적은 매번 꼴찌였지만 말이다. 한 선생님은 멋쩍은 웃음을 지으시며 이렇게 말씀하셨다. "이번 행사도 1반이 제일 많이 지원했네요. 언제나 열정 1등 1반이에요."

행사에 참여하려는 학생이 없어 억지로 권유를 해야 하는 다른 반 선생님들은 부러워하시기도 했다. 결과와 상관없이 무엇이든 의욕적으로 참여하던 우리 반 아이들은 학교에 행사가 있을 때는 도통 집에 갈 생각을 하지 않았다. 가끔 그런 모습이 걱정스러울 때도 있었지만, 열정적인 모습이 예뻤다. 학교 행사는 오래 전부터 해마다 해 오던 것이라

형식적으로 치러지는 경우도 더러 있었는데, 우리 반 아이들의 넘치는 에너지 때문에 행사의 성격이 바뀔 정도였다.

　열정적인 아이들 모습을 보며 떠오르는 그림이 있다. 바로 마티스의 '이카루스'이다. 그리스 신화 속 이카루스는 너무 높게 날아서는 안 된 다는 아버지 다이달로스의 경고를 무시하고 밀랍으로 붙인 날개를 달 고 태양 가까이 날아오른다. 그래서 결국 밀랍이 녹아내려 바다로 추락 하고 만다. 그래서 이 이야기는 '과욕을 부리지 말자' '중용을 지키자' 라는 교훈을 전할 때 언급되곤 한다. 많은 화가가 이 이야기를 소재로 그림을 그렸고 마티스도 그중 한 명이다. 그는 야수파의 대표 화가답게 이 장면을 단순하고 강렬하게 표현했다.

　이카루스가 추락하고 있다. 하늘일까? 바다일까? 파랑색을 배경으 로 까맣게 타버린 이카루스가 떨어지고 있다. 주변에는 노란 별처럼 보 이는 떨어진 깃털이 흩날린다. 그러나 보이는가? 이카루스의 타버린 까만 몸에 빠알간 작은 심장이 뛰고 있는 것이.

　제목을 보아서는 분명 이카루스가 추락하는 장면일 텐데, 나는 이 그 림이 춤을 추는 장면처럼 느껴진다. 저 붉은 심장은 비트에 맞춰 펄떡 일 것만 같다. 마티스는 무엇을 그린 것일까? 무엇을 말하고 싶었던 것 일까?

　그의 작품이 다르게 다가오는 것처럼 '이카루스 이야기'도 조금 다 르게 해석해 보고 싶다. 날개를 단 이카루스, 태양 가까이로 잠시 비상 하는 순간, 눈부신 태양 빛과 그 아래 펼쳐진 세상을 보며 얼마나 황홀 했을까? 날개가 녹아내리는 줄도 모르고 더 힘찬 날개 짓으로 높이 날 아올랐을 모습을 그려 본다. 그것은 과욕이고 무모한 도전일 뿐이었 을까?

마티스, 이카루스

나는 한 번이라도 날개를 펼쳐 날개 짓을 해 본 순간이 있었던가 생각해 보게 된다. 타들어 갈 듯한 열정적인 순간이 있었던가! 힘찬 날개 짓으로 떠올라 날아보았던 찬란한 순간이 있었던가? 매번 용기가 부족했고, 불안했다. 그래서 날개를 접고 길들여진 시스템 안에 순응한 채 안전하다 착각하고 살고 있지 않았을까? 프리드리히 니체는 『차라투스트라는 이렇게 말했다』에서 이런 말을 했다.

> 춤추는 별을 잉태하려면
> 반드시 스스로 내면에 혼돈을 지녀야 한다.

이 문구는 BTS의 '피 땀 눈물' 뮤직비디오에도 등장한다. 기획사에서 만든 하나의 상품으로 전락하기 쉬운 아이돌의 한계를 벗어나 아티스트가 된 그들은 자신들이 겪은 내면의 혼돈, 갈등, 유혹 그리고 성장을 노래한다.

이 뮤직비디오에도 이카루스를 그린 그림이 등장한다. 16세기 네덜란드의 화가 피터 브뤼헬의 작품이다. 그런데 이카루스는 어디 있는 것일까? 한참을 보아도 보이지 않는다. 저기 배 앞 물 속에서 버둥대는 두 다리? 맞다. 그가 그린 것은 '추락한 이카루스'이다. 브뤼헬은 이카루스가 추락하는 모습보다 그 순간 다른 이들의 모습에 주목했다. 이카루스가 바다에 떨어져 허우적대는 그 순간에도 사람들은 여전히 자신의 일상을 살아간다. 그림 속에는 태연히 밭을 갈고 있는 농부, 길을 걷는 사내, 낚시꾼의 모습이 보인다. 세상은 동요하지 않는다. 너무 무심해서 무섭고 원망스러운 마음까지 든다. 그러나 이게 현실이다. 당사자에게는 숨이 꼴깍 넘어갈 것 같은 시간이지만, 타인이 알 리 없다. 다른

피터 브뤼헬, 이카루스의 추락

사람들에게는 이 그림과 같이 평소와 다를 것 없는 일상의 시간일 테니 말이다.

현실은 냉혹하다. 하루가 다르게 변하는 이 시대에 누군가의 열정적인 도전과 실패는 타인에게는 이 그림과 같이 대수롭지 않은 것이다. 결국 높이 날아올랐다 추락하는 그 모든 과정은 오롯이 자신의 몫이다. 저 바다에서 헤엄쳐 나오는 것까지.

마티스의 이카루스에서는 뛰는 심장에서 '열정'을 보았고, 브뤼헬의 이카루스에선 그런 열정을 품고 살아갈 때 만나는 '세상'을 보게 된다.

아이들이 이카루스 같은 심장을 품고 살면 좋겠다. 그러나 살아나갈 진짜 세상에서 혼돈과 갈등, 냉혹함은 피할 수 없는 것이기에, 이를 직시하고 극복할 수 있는 '내면의 힘'이 있으면 좋겠다. 그런 내면의 힘을 기르는 과정이 성장이다. 성장은 반드시 내면의 혼돈을 수반한다. 그러나 어른들은 성장하라고 하면서 인위적으로 만들어 놓은 스튜디오처럼 혼돈이나 갈등 상태는 보이지 않도록 치우려고 한다. 보기 좋은 것들로 채워놓고 어색하게 연출하여 고가의 렌즈를 들이댄다. 그러나 진정한 아이들의 성장은 있는 그대로의 모습, 그리고 흔들리고 아픈 순간까지 애정 어린 눈으로 섬세하게 바라보아야 볼 수 있다. 아이들을 주의 깊게 보지 않는 사람들은 성장을 위해 몸부림치는 아이들에게 쉽게 '병'이라고 이름을 붙인다. '중2병' 그러나 이해하기 어려운 아이들도 주의 깊게 다가가 보면, 이유가 있다. 단지 성장하기 위해 세상에 뿌리를 내리는 동안 더 많은 성장통을 겪고 있는 것뿐이다. 땅 속 깊은 곳의 뿌리는 보이지 않지만, 그 뿌리 끝엔 무한히 세포분열을 하는 생장점이 있다. 아이들은 그 생장점에 머무는 중이다.

종종 어른들은 생장점이 보이지 않는다고 먼저 대안을 제시해 버리거나 쉽게 위로를 하려 한다. "아프니까 청춘이야." "괜찮아, 다 잘 될 거야." 나는 이런 무책임한 위로가 싫다. 이런 말은 그림 속 안전한 곳 어디쯤에 앉아 툭 던지는 잔인한 말 같이 느껴지기 때문이다. 이 말은 물속에서 생사를 걸고 몸부림치는 이카루스에게 과연 위로가 되고 힘이 될까? 나도 먼저 살아온 선생이라고 아이들이나 후배들에게 종종 이런 실수를 했던 것 같다.

그렇다면 무엇을 해야 할까? 아이들과 심장박동수를 맞추고, 오랫동안 접어놓은 날개를 펼쳐 함께 날아보면 어떨까? 열정만큼 결과가 나오지 않아도 언제나 밝고 힘찬 아이들 덕에 함께 호흡하기 위해 접어둔 날개를 펼치지 않을 수 없었던 그 해. 이카루스의 심장을 닮은 아이들 덕에 나도 함께 날아올랐던 행복한 시간이었다.

아이들과 울고 웃으며 일 년이라는 시간을 함께 하지만, 기약된 시간이 다 채워지면 손에 잡고 있던 끈을 툭 놓아 풍선을 날려 보내듯 아이들을 보내야 한다. 세상의 소리가 갑자기 사라져 버린 이별의 순간, 놓는 순간 바로 떠오르는 풍선처럼 아이들은 둥실둥실 마지막 몸짓을 보이다 이내 사라진다.

매해 2월, 그런 이별을 한다. 시끌벅적한 졸업식이나 종업식을 마치고 교무실에 돌아와 앉으면 무언가 쑥 빠져나간 기분에 잠시 멍해진다. 이루 설명할 수 없는 공허함과 허무함이 밀려온다. 그날은 선생님들끼리도 한동안 말이 없다. 어제까지만 해도 내일 또 볼 것처럼 함께하던 아이들, 그런 아이들이 없는 교실은 한 순간에 다른 곳이 되어 버린다. 교실에 여전히 부착되어 있는 유효기간이 다 된 시간표는 왠지 힘이 빠진 것처럼 보인다. 곳곳에 아이들의 온기와 흔적이 남아 있지만, 정적만 흐르는 교실. 홀로 불 꺼진 객석에 남아 있는 느낌이 들어 기분이 이상하다. 매일 부대끼던 아이들과 헤어지면 바람이 스치고 간 것처럼 쓸쓸하다. 바람은 닿을 때는 온몸을 스치며 지나가기에 그 존재를 확실히 느낄 수 있지만, 지나치고 나면, 아무것도 남지 않는다. 그래서 바람은 쓸쓸하게 느껴지나 보다.

바람처럼 아이들이 빠져나가고 나면 쓸쓸함과 허전함이 교실 공간을 채운다. 바람은 아무것도 남기지 않고 스쳐 지나가지만, 아이들과 함께한 기억은 교사의 마음에 남는다. 그리고 그 기억은 교사에게 '생장점'이 된다.

생장점은 식물의 줄기와 뿌리 끝에서 세포 분열이나 생장을 활발하게 하는 부분이다. 아이들이 뿌리 끝 생장점이라면, 교사는 가지 끝 생장점이다. 아이들의 생장점이 거친 땅속 깊이 속살 같은 뿌리를 내리며 성장한다면, 교사의 가지 끝 생장점은 잘라 주어야 성장한다. 가지치기를 해야 나무가 위로만 뻗지 않고, 옆으로 풍성하게 자라기 때문이다. 교사는 해마다 마디를 끊어내듯 아이들을 보내며 가지치기를 한다. 아이들에게 받은 사랑과 에너지로 계속 가지치기를 하면 더 중요한 곳에 에너지를 보낼 수 있다. 그러면 더 풍성한 열매를 맺는다.

5장

/

예술로 들여다본
교사의 삶

모범생 선생님
극복기

"쌤~! 이걸 왜 해야 합니까?"

학교에서 하라고 하는 것은 모두 해야 하는 줄 알았던 학창 시절의 나와는 달리 맹랑한 요즘 아이들은 이런 질문을 서슴없이 한다. 신규 시절엔 이런 아이들을 보고 적잖이 당황했다. 그럴 수밖에 없는 것이 내가 살아온 방식이 주어진 것, 하라는 것에 성실히 따르며 완강한 틀에 맞추어 고정되어 있었기 때문이다. 그것과 조금만 어긋나도 휘청댈 수밖에 없었다.

지금껏 조심성 많고, 겁 많은 '범생이'로 살아왔음을 부인할 수 없다. 예술이란 영역을 공부하면서 자유로운 영혼이 아닌 나를 알게 되었고, 그런 내가 싫어 바꾸어 보려 용기 내어보았지만, 이미 형성된 견고한 껍데기를 깨는 것은 쉽지 않았다. 조금만 경로가 달라지면 덜컥 겁이 났고, 정해 놓은 것을 따르지 않으면 큰 일이 날 것 같아 조바심이 났다. 그런 나를 자각할 때마다 내가 더 싫어졌다. 융통성 없고 늘 경직되어 있는 성향은 쉽게 바뀌지 않았다. 그러다 보니 스스로를 능동적인 삶을 살지 못하는 바보라 여기며 죄책감마저 느끼곤 했다. 예술계에는 끼와 재능이 넘치는 사람, 특히 자유로운 영혼을 가진 사람이 많은데, 나는 성실함만으로 예술을 전공하게 된 것 같아 나와 다른 그들이 한없이 부럽기도 했다.

영화 〈블랙 스완〉을 보며 마음 아팠던 기억이 난다. 주인공 니나는 모범생 발레리나로 발레리나의 꿈을 이루지 못한 엄마의 기대에 부응하기 위해 성실하고 열심히 연습을 한다. 마침내 프리마돈나의 자리를 따내게 되지만, 우아하고 순결한 백조의 모습뿐 아니라 도발적인 흑조까지 표현해야 하는 상황은 그녀에겐 엄청난 압박으로 다가온다. 왕자를 유혹하는 오딜의 욕망을 연기하는 것은 그녀가 살아온 삶과는 다른 것, 엄마가 금기시했던 것이기 때문이다. 니나는 자신과는 달리 관능적이고 자유분방한 릴리를 보며 신경증적인 불안에 시달린다. 자신이 갖지 못한 것을 가진 릴리를 바라보는 니나의 처연한 모습에 몰입이 되어 그 아픔이 느껴졌다.

무언가에 갇힌 듯해 보이는 니나 모습을 보며 나의 학창 시절을 떠올려 보았다. 1997년, 대한민국은 경제가 붕괴 직전까지 갔다. IMF. 하루가 멀다고 굵직한 기업의 부도 소식이 들렸다. 삶은 완전히 달라졌다. 가정의 경제를 짊어진 아버지들은 온몸으로 그 상황을 받아내야 했다. 당시 명예퇴직의 압박으로 근심 짙었던 아버지의 얼굴과 한숨이 기억난다. 그때부터였다. 학교에 교대, 사대 합격자가 카운트 되며 현수막이 걸렸고, 선호하는 학과도 달라졌다. 삶의 가치가 바뀐 것이다. 갑자기 삶이 무너지는 끔찍한 경험 때문에 사람들은 무엇보다 중요한 것이 '안정'이라 생각하게 되었고, 그 이유로 교사라는 직업은 인기가 솟

구쳤다. 아마 나와 비슷한 연배의 선생님 중에서는 자신의 꿈을 포기하고 이러한 이유로 교대나 사범대에 진학한 분들이 계실 것이다. 나 역시 조금 돌아서 왔지만 안정을 찾아 왔음을 부인할 수 없다.

그래서 교사 중에는 '일찍 철든 아이'가 많다. 집 걱정, 부모님 걱정, 세상 걱정… 당시 상황에서 할 수 있었던 가장 최선의 길, 안전하니 가라고 한 길을 따라 온 일찍 철든 아이 말이다. 일찍 철든 아이는 착하지만, 매사 지나치게 조심스럽고, 주장하는 것보다 스스로 감내하는 것을 택한다. 쓸데없이 움츠러들기도 한다. 일찍 철이 든다는 것은 아픈 말이다. 제때 누려야 할 것, 느껴야 할 것을 상실한 채 지나쳐왔다는 뜻이기 때문이다. 이상보다는 현실을 먼저 끌어안아 버렸다는 의미이기도 하다.

교사라는 자리는 일찍 철든 아이의 그런 기질을 더 고착시킨다. 그래서 힘들어도 쉽게 힘들다고 말하지 못하고 자신의 마음을 감추고 홀로 삭인다. 거기다 교실에선 홀로 어른이기에, 더 완벽하게 '철든 어른'으로 살아야 한다.

"교사잖아", "교사가 왜 저래?"

사회의 이런 시선은 조금 남은 숨구멍마저 막아버린다. '철든 어른'으로 사는 것도 버거운데, 교사는 철들지 않은 거친 아이들도 상대해야 한다. 그래서 대체로 '일찍 철든 아이' 교사들은 자신과 다른 성향의 아이들을 만나면 어찌해야 할 바를 모른다. 교사는 아이들이 여과 없이 분출해 놓은 것들을 습자지처럼 다 흡수해 내려 애쓰고, 그러다 결국 소진된다.

니체는 플라톤 철학을 전복시킨 철학자이다. 그는 진리보다 중요한 것은 예술임을 말하며 기존의 '무엇이 진리인가?'라는 철학의 질문을

뭉크, 프리드리히 니체의 초상화, 1905

'얼마나 창조적인가?'로 바꾼다.

　그는 저서 『비극의 탄생』에서 예술의 '아폴로적인 것'과 '디오니소스적인 것'에 대해 말한다. 아폴로는 이성적 판단, 법과 질서를 뜻하는 '태양 신'이고, 디오니소스는 충동적 욕구, 혼돈을 뜻하는 '술의 신'이다. 문헌학을 공부하던 니체는 그리스 비극과 당시 바그너의 음악에서 디오니소스적인 것을 발견한다. 정형화된 것들에서 깨어나는 디오니소스는 고통을 부정하지 않고 오히려 삶을 더 사랑하라는 무한한 긍정을 내포하는데, 니체는 그 에너지에 주목한다. 바그너의 악곡은 디오니소스적 정신 그 자체였다. 당시 바그너는 50대의 유명한 작곡가였다. 20

대의 니체는 감정을 뒤흔드는 도취적인 바그너 음악에 완전히 매료되었고, 자신의 저서 『비극의 탄생』을 그에게 헌정하기도 했다.

그러나 후에 니체는 바그너에게서 완전히 돌아선다. 바그너의 독일 우월주의적인 태도와 유태인을 혐오하는 모습 때문이었다. 바그너의 음악은 그의 열렬한 팬이었던 히틀러에게 철저하게 이용되었다. 독일인을 하나 되도록 의식을 고취시키고 결속력을 다지기에 바그너의 음악만큼 좋은 것이 없었기 때문이다. 히틀러의 선동 음악으로 바그너의 '마이스터징거' 서곡, '지그프리드 목가'가 연주되었고, 유대인들을 가스실로 몰아넣는 순간에도 '순례자의 합창'이 울렸다. 그래서 이스라엘은 지금도 바그너의 음악을 금지하고 있다.

디오니소스적 예술로서의 음악은 인간의 마음을 고양시키고 도취시킨다. 바그너의 음악이 악용된 일은 안타까운 일이지만, 개념적 언어를 넘어서는 음악의 힘을 느낄 수 있다.

니체가 원했던 것은 균형이었다. 세상이 '아폴로적인 것'에 치우쳐 이성 중심적, 개념 위주로 흘러오며 감정의 절제를 요구했던 것을 비판하며 인간의 원초적인 감정, 충동과 같은 '디오니소스적인 것'도 주목한 것이다. 모범생 교사에게 필요한 것은 디오니소스적인 것이 아닐까? 아폴로적인 것과 디오니소스적인 것이 씨줄과 날줄로 엮이면서 예술을 지탱하듯, 우리 삶도 균형이 필요하니 말이다.

그러나 태생이 범생인 기질은 쉽게 변하지 않는다. 거리낌 없는 자유로운 영혼을 가진 사람들을 동경하지만, 내가 그런 사람이 쉽게 될 수 없음은 인정할 수밖에 없다. 하지만 예술을 가까이 함을 통해 내게 없는 것들을 채우고 나 자신에게 있으나 미처 깨우지 못한 것들을 흔들어 깨울 수 있다. 예술은 가상의 아름다움과 도취를 통해 현실의 삶에 다

가라바조, 술의 신 디오니소스

양하고 풍부한 의미를 덧입혀 주기 때문이다.

우리나라가 IMF라는 국가 최대의 위기를 맞고 있던 1997년, 스티브 잡스는 자신이 만든 애플에서 쫓겨난 지 12년 만에 최고경영자로 돌아온다. 그 후 그가 심혈을 기울였던 것은 바로 광고였다. 단순한 제품 홍보가 아닌, 애플의 철학을 공유하기 위해서였다.

'Think different.' (다른 것을 생각하라)

잡스가 선택한 광고의 주제어였다. 잡스는 광고기획자 리 클라우가 이 문구를 내놓았을 때 가슴이 벅차 눈물이 글썽거렸다고 한다.

미친 자들을 위해 축배를.

부적응자들, 반항아들, 사고뭉치들, 세상을 다르게 바라보는 사람들.

그들은 규칙을 싫어하고, 현실에 안주하지 않습니다.

당신은 그들의 말을 인정할 수도, 동의하지 않을 수도 있습니다.

찬양할 수도, 비난할 수도 있습니다. 그러나 그들을 무시할 수는 없습니다.

왜냐하면 그들이 세상을 바꾸기 때문입니다.

- 애플 광고 문구 -

"그러나 그들을 무시할 수는 없습니다."

이 문장에서 마음이 꿈틀거렸다. 삐죽 튀어나온 듯한 아이들을 대할 때마다 소심해져 교사로서 적절히 대처하지 못한 것 같아 자책하곤 했는데, 그러한 아이들을 무시하지 않고 바라보아 주고, 아이들의 이야기를 들어주는 것만으로도 가치 있는 일이 될 수 있겠다는 생각이 들었기 때문이다. 아이들이 세게 나오면 세게 맞받아쳐야 한다고 생각했을 때는 나의 성향을 송두리째 바꾸어야 할 것 같아 괴로웠는데, 아이들을 무시하지 않고 애정 어린 시선으로 바라보아 주어야겠다고 생각하니 마음이 한결 가벼워졌다.

경직된 모범생으로 살아왔다는 생각은 '비겁함', '순응', '용기 없음'이라는, 스스로를 비난하는 말들로 오랫동안 나를 괴롭혔다. 내 안에 박혀 있던 비난의 말들을 빼내어 본다.

교사의 삶은 예술가의 삶만큼, 아니 그 이상의 가치가 있다. 교사는 무시하지 않고 바라보아 주는 것만으로도 아이들을 성장시킬 수 있기 때문이다. 종종 콘크리트나 벽돌 사이를 비집고 싹을 틔운 식물을 보게 된다. '왜 하필 거기에서… '라는 생각이 들기도 하지만, 그 좁은 틈에서도 자라나는 경이로운 몸짓은 가는 길을 멈추고 허리를 숙여 바라보게 된다. 어디서든 싹을 틔울 수 있는 아이들을 바라보고 무시하지 않기만 해도, 아이들은 자란다. 그 옆에서 따뜻하게 바라보아 주는 교사의 눈빛은 양분이 되어 아이들을 성장시킨다.

　모범생이라는 삶의 궤도를 벗어나야 한다는 생각은 어쩌면 있는 그대로의 나를 부정하는 것이었기에 어렵게 느껴진 것일지도 모르겠다. 내 삶의 궤도를 따라 걸어도 괜찮다. 예술을 가까이 하며 숨구멍을 열어 놓는다면, 감성이 질식되지 않고 보다 여유롭고 부드러운 시선을 갖게 될 것이다. 그런 시선으로 아이들을 바라보아 주면 예술 같은 감동적인 순간을 맛볼 것이다. 예술과 함께 숨 쉬며 매번 새롭게 깨어나는 생동감 있는 삶을 살다보면 벗어던져야 할 것이라 여겼던 완고한 틀도 서서히 사라질 것이다.

촌스러워도
괜찮아

한 온라인 게시판에 올라온 글이다.

"저기요. 제가 교사 같이 생겼다는데 무슨 의미일까요?"

ㄴ 그냥 촌스럽다는 뜻이에요.

ㄴ 고지식하고 답답해 보인다는 뜻.

ㄴ 세련되지 못하고 어수룩해 보인다는 말

ㄴ 차림은 멋스럽지 않으면서 고집스러워 보인다는 의미

ㄴ 무표정하다?

맙소사! 사람들이 교사를 이렇게 본단 말인가? 슬프게도 교사의 이미지는 좋지 않은 듯하다. 우연히 본 글인데 읽다 보니 얼굴이 화끈거린다.

깐깐해 보이고 유행에 뒤처지고, 무표정하고 무채색 옷을 주로 입는

단다. 잘난 척하고 가르치려들고, 성격이 여유 없어 보이고 경직되어 보인다고. 더 이상 못 읽겠다. 악성댓글 버금가는 댓글이다.

가끔 밖에서 교사라는 것을 밝히면 "어머, 교사세요? 스타일이 교사 같지 않으시다~"라는 말을 듣는다. 칭찬인지 아닌지 아리송한 말. 그 래서 대부분 어색하게 웃어 넘겼던 것 같다.

촌스럽다는 '세련된 맛이 없이 엉성하고 어색한 데가 있다'는 뜻이 다. 세련된 스타일이 요구되는 직업군과 다른 분야이긴 하지만, 교사들 이 그렇게 촌스러운가 싶어 쓴웃음이 나온다.

한때 빈틈없는 메이크업을 하고 도도한 분위기를 풍기는 커리어우먼 들을 보면 부러운 마음이 들기도 했다. 결혼 전에 같이 살았던 여동생 은 항공사 승무원이었다. 그때 나는 화려해 보이는 동생의 직업과 비교 하며 스스로를 초라하게 여기곤 했다. 전 세계를 누비고 다니는 멋진 모습과 비교하니 종일 아이들과 씨름하는 것이 서글펐고 그런 내 삶은 세련됨과는 거리가 멀게 느껴졌다. 그래서 언젠가부터 학교 밖에선 웬 만하면 교사라고 밝히지 않게 되었다.

미국 아이오와주 출신 화가 그랜트 우드의 대표 작품인 '아메리칸 고 딕'에도 촌스러운 인물이 등장한다. 그림에는 경직된 표정을 한 두 명 의 남녀가 있다. 쇠스랑을 든 남자는 경직된 자세, 완고해 보이는 얼굴 을 한 채 경계의 눈초리로 정면을 응시하고 있고, 목까지 단정히 채운 옷을 입은 여자는 무표정하게 굳은 얼굴로 옆을 바라보고 있다. 그림 의 모델은 화가의 여동생 낸(Nan)과 주치의였던 치과의사이다. 30살 이 상 차이가 나는 사이지만, 많은 사람에게 부부의 초상화로 오해받기도 했다. 작가의 의도는 시골농부와 그의 딸이었다고 한다. 고딕 건축물을 모방한 미국식 농가 주택을 배경으로 서 있는 인물은 엄숙하면서도 조

그랜트 우드, 아메리칸 고딕

금 우스꽝스러워 보인다.

이 작품을 좀 더 이해하기 위해서는 작품이 그려진 시기에 주목해 보아야 한다. 1930년대 미술사를 살펴보면 유럽에선 입체파를 비롯한 아방가르드 미술이 주류를 이루었고, 미국에서는 추상화가 많이 그려졌다. 새로운 미술을 모색하던 그때, 그랜트 우드의 작품은 시골화가가 그린 시대에 뒤떨어진 촌스럽고 우스운 그림처럼 보였을 것이다. 하지만 미국 중서부에서 흔히 볼 수 있는 풍경과 인물을 표현한 그의 그림은 사람들에게 친근함을 느끼게 했다. 척박한 땅을 개척하고 소박하고 성실하게 살아가는 인물, 조금 보수적이고 촌스럽지만, 그들의 모습이 바로 미국의 정체성이기도 했다.

처음엔 비평가들의 혹평을 받았다. 추상표현주의 화가 잭슨 폴록을 일약 스타로 만든 유명 비평가 클레멘트 그린버그는 '화려하게 성공한 그림일지라도 전혀 흥미롭지 않다'며 그의 작품을 폄하하기도 했다. 처음 이 작품을 본 주민들도 자신들을 촌스럽고 우스꽝스럽게 비꼬아 풍자하듯 묘사한 것에 대해 기분 나빠했다고 한다. 하지만 그랜트 우드는 비꼬는 풍자가 아닌 그들의 날 것 그대로를 표현하려 했다고 말한다. 예술계와는 달리 대중은 이 그림을 좋아했다. 당시엔 평론가들의 부정적인 평이 많았지만, 후에 이 작품은 미국의 본질을 표현했다고 평가받는다.

그랜트 우드의 작품은 미국 현대 회화사에서는 지역주의(regionalism)로 분류한다. 유럽 영향 하에 탄생한 미 동부의 모더니즘의 복잡한 성격에 맞서, 미 중부 지방 농촌 가치를 옹호하고자 한 움직임이었다. 그는 미국 중서부 시골의 문화를 엿볼 수 있는 일상을 꼼꼼히 묘사하는 방식으로 자신들이 살아가는 곳의 전통과 역사를 그리고자 했다. 자신이 잘 알고 있는 주변의 것을 그리고자 한 것이다.

지금 '아메리칸 고딕'은 미국의 자존심과도 같은 작품으로 널리 사랑받고 있다. 사람들은 이 작품을 아끼고 사랑하는 것에서 나아가 즐긴다. '아메리칸 고딕'은 수많은 패러디물이 그려진다. '모나리자'와 '절규'만큼 많은 패러디 작품이 그려지며 미국 문화를 대표하는 아이콘임을 증명한다. 인기를 끌었던 미국 드라마 〈위기의 주부들〉 타이틀 시퀀스에 등장하기도 했다.

'아메리칸 고딕'과 비슷한 시기에 그려진 타마라 드 렘피카의 자화상, '녹색 부가티를 탄 타마라'이다. 폴란드의 부유한 귀족 가문 출신인 그녀는 파리를 거쳐 미국에서 활동한 화가다. 그녀는 기계문명이 발전하던 도시의 모던한 감수성을 화폭에 담았다. 1차 세계대전을 거치며 집에만 머물던 여성들이 밖으로 나올 수밖에 없는 상황이 된다. 전쟁에 나간 남성들 대신 여성들은 다양한 산업에 뛰어들어야 했기 때문이다. 여성들은 이전에 남성들의 전유물처럼 여겨지던 것들을 감당하게 되면서 전과는 다른 사회적인 지위를 얻게 된다.

렘피카, 녹색 부가티를 탄 타마라, 1925
© Tamara de Lempicka Estate / ADAGP, Paris – SACK, Seoul, 2021

그림 속 무심한 듯 묘한 눈빛을 하고 있는 여성은 타마라 드 렘피카 자신이다. 그녀는 당당하게 운전대를 잡은 여성의 모습을 통해 주체적인 자신감 넘치는 여성을 표현했다. 붉은색 입술, 도도한 자세, 실크 모자와 우아한 금빛이 도는 장갑, 바람에 날리는 스카프까지 패션도 화려하다. 그녀의 모습은 보수적인 것에 대한 도전의 아이콘 같아 보인다.

설익었던 20대에 나는 딱 이 모습을 꿈꾸었던 것 같다. 도회적인 삶, 화려하고 세련된 삶을 동경했다. 그래서 이와는 매우 대조적인 발령을 받고 첫 출근을 하던 날의 기억이 생생히 떠오른다.

김포로 가는 길. 창밖으로 초록색 풍경이 휙휙 스치며 지나갔다. 달리고 달려도 논과 밭이 끝없이 나오는 풍경을 보며 앞으로 일할 곳이 시골이구나 싶어 실망감이 밀려왔다. 한참을 달려 낯선 곳에 정차한 버스. 작은 아파트촌 사이 신설 학교였다. 버스에서 내려 두리번거리다 지나가던 아이들에게 길을 묻자 우르르 몰려든 아이들은 졸랑졸랑 따라 걸으며 과하다 싶을 정도로 친절하게 안내를 해 주었다. 그렇게 아이들과 만났다.

생각만큼 시골학교는 아니었다. 신설 학교에 규모도 어느 정도 되는 학교인데다 중간 발령으로 2학기에 갔던 터라 다른 생각을 할 새도 없이 학교생활이 시작되었다. 처음 접한 행정 시스템과 밀려드는 일 때문에 여기가 어딘지 혼미해질 정도로 정신없는 시간들이 펼쳐졌다. 잔뜩 긴장한 탓에 마음의 여유가 없었고 아이들을 잘 보아 주지도 웃어 주지도 못했다. 그런데 아이들은 그런 내게 늘 먼저 다가와 작은 것에도 관심을 가져 주었다. 지금 생각하면 그때 아이들에게 미안함이 크다. 정신 못 차리던 내게 아이들이 과분한 관심과 사랑을 주었음을 시간이 지나서야 깨닫게 된다.

'나라는 사람이 뭐라고 아이들은 좋아해 주었던 걸까?'

나이가 들어가고 삶을 살아가다 보니 내가 그리 대단한 사람도 아니요, 허점투성이 부족한 사람이라는 것을 깨닫는다. 화려하고 세련된 것이 근사한 삶이라 여긴 오만했던 젊은 시절이 부끄러워진다. 이렇게 나를 변화시킨 것은 아이들이다.

"선생님, 오늘은 기분이 좋아 보이시네요?"

나의 조금 달라진 눈빛과 목소리도 알아차리던 아이들. 그런 아이들과 마주하며 차곡차곡 쌓인 시간 동안 나는 힘을 빼고 아이들과 함께 소박한 삶의 리듬을 찾아갔다. 잘난 줄 알고 뻗어가려던 불필요한 가지는 가지치기를 하게 되었고, 부실한 나를 통해서도 열매를 맺는 아이들을 바라보며 몽글몽글한 감동을 느끼기도 했다.

2003년 개봉한 〈선생 김봉두〉는 사명감 없는 불량 선생이 순수한 시골 아이들을 통해 변화되는 모습을 그린 영화다. 서울에서 촌지 문제로 떠밀려 산골 분교로 전출 간 선생 김봉두. 학교엔 달랑 5명의 아이가 전부다. 호기심에 반짝이는 눈망울을 하고 강원도 특유의 구수한 사투리를 하는 순박한 아이들과는 달리 그는 심드렁한 태도로 일관한다. 그리고 제 버릇 고치지 못하고 속물근성을 드러내며 산골마을 아이들에게도 봉투를 내민다.

"선생님을 위해서 무엇을 할 수 있을지 생각해 본 다음, 부모님과 상의해서 봉투에 내용물을 담아오세요." 이 말을 하며 뒤돌아 사악하게 씨익 웃는 선생님. 그러나 아이들은 선생님의 숨은 뜻을 알 리가 없다. 기대한 돈이 아니라 진짜 편지만 달랑 넣어 온 아이들. 실망한 김봉두 선생은 괜히 아이들에게 신경질을 부린다. 그런 철없는 선생을 무작정 따르는 순진한 아이들. 아이들은 시골에 박힌 자신의 신세를 한탄하는 선생님의 한숨도 자신들이 공부를 못하니까 선생님이 힘드셔서 그런 거라며 걱정한다.

세월이 흘러 영화를 다시 보니 촌지나 체벌이 2000년대까지만 해도 교육 현장에 팽배했음이 생경하게 다가온다. 이 영화는 장르로 치자면 코미디이지만, 잔잔한 웃음을 선사하다 생각지 못한 눈물이 흐르게 만든다. 김봉두 역을 맡은 배우 차승원은 자신의 연기생활 중 가장 기억에 남는 작품으로 이 영화를 꼽았다. 한 인터뷰에서 이 영화에 대해 말하며 눈빛이 아련해지는 모습을 보았다. 연기였지만 그는 교사의 삶에서만 느낄 수 있는 그 무언가를 경험한 것 같다.

흐르는 시간 속에서 아이들과 함께하며 차츰 변화하는 김봉두. 강원도 산골마을 사람들의 따뜻함과 아이들의 무색무취한 순수한 마음은 그의 가슴 속으로 파고들어 신묘하게 그를 서서히 물들인다. 무기력에 빠져 변질된 그의 교직 생활은 아이들로 인해 정화된다.

영화 속 아이들이 써 온 편지를 읽고 울먹이는 장면에선 같이 눈물이 주르르 흐르고 아버지 장례식장에 찾아온 아이들과 맞절을 하고 한참을 일어나지 못하고 참회하듯 흐느끼는 장면에선 마음속에 웅크리고 있던 묵직하고 뜨거운 것이 느껴졌다.

교사라는 자리에서 교육이 아닌 것을 행하고, 귀한 것을 넣는 봉투를 촌지로 변질시켰던 그의 삶은 아이들로 인해 달라진다. 순수한 아이들과 대비되는 불량 선생이라는 캐릭터는 불편하기도 하지만, 영화 후반의 그의 모습에선 마음이 포개진다. 영화 후반부 졸업식 겸 폐교식에서 선생 김봉두가 한 말은 나도 종종 하는 말이다.

"제가 아이들을 가르친 것이 아니라 이 아이들이 저를 가르쳤습니다."

20대, 교사가 되기 전 일 년 남짓 양재역 부근에서 일을 한 적이 있다. 출퇴근 시간에 쏟아지듯 거리에 나와 걷는 사람들을 보며 '세상의 저 많은 사람들 속에 나는 무엇일까? 나는 어떤 사람이 되어야 할까?'라는 물음을 던졌던 기억이 떠오른다. 그때 막연히 떠올렸던 멋지고 세련된 모습과 지금의 나는 많이 다르다.

교사의 삶은 중심에서 밀린 변방에서의 삶일지 모른다. 그래서 정말 촌스러운 삶일지 모른다. 하지만 세상엔 다양한 가치가 존재한다. 나는 세련됨보다 더 중요하다고 생각한 가치를 선택한 것이다. 그리고 그 선택 덕분에 교사라는 자리가 아니었으면 경험해 보지 못했을 것들을 아이들을 통해 하고 있다. 교사라는 자리에 있었기에 삶의 에너지가 분산되지 않고 명료하게 가치 있는 것을 지향하게 되었다.

도심 한 복판에서 느꼈던 각박함과는 달리 학교에선 흐드러지게 핀 꽃 같은 아이들 속에서 다른 세상에서 맡지 못할 향기를 맡는다. 김봉두 선생만큼 불량하진 않지만, 나 중심으로 살아온 나도 변해간다. 아이들은 나를 세련되진 않지만 조금은 괜찮은 사람이 될 수 있게 만들어 준다.

촌스러우면 어떠한가! 촌스러워도 괜찮다. 교사의 삶은 아이들이 행복한 삶을 살아가도록 돕는 가치 있는 삶이니까. 성장하는 아이들과 함께하며 누리는 충만함이 있으니까. 촌스러워도 괜찮다. 내 안에 교사로 사는 것에 대한 자긍심과 감사함이 있으니까.

진지함과
재미 사이

　요즘 같은 세상에 사유는 쓸 데 없이 진지한 것일까? 어느 순간부터 단어 뒤에 '충(蟲)' 자를 붙인 신조어가 등장하면서 생각이 많고 진지한 사람을 '진지충'으로 만들어 버린다. '진지충' 그 단어 하나면 상대와의 대화를 쉽게 끊을 수도 있고, 순식간에 상대를 옹졸하고 답답한 사람으로 만들 수도 있다. 우리는 진지함을 혐오하는 시대에 살고 있다.

　"선생님, 그거 노잼이에요."

　조금만 진지해져도 아이들은 바로 반응한다. 이런 아이들의 특성 때문에 교사는 엄 · 근 · 진(엄격, 근엄, 진지)한 사람이 되어서는 안 된다는 강박이 있다. 나 역시 아이들의 눈높이를 맞추는 트렌디한 교사가 되고 싶은 마음에 재미를 추구하지만, 언제나 마음 한 구석이 조금 불편하다. 진지함이 부정되고 재미와 일시적 즐거움만 쫓는 것은 아닐까, 라는 걱정 때문이다.

　교사들은 수업에서 재미뿐 아니라 의미를 남기고 싶어 한다. 물론 재미가 없으면 따라오지 않는 아이들의 특성을 잘 알기에 게임이나 놀이, 영상자료 등을 수업에 활용한다. 하지만 아이들은 진지하게 의미는 찾지 않고 재미만 쏙 빼서 즐기는 경우가 많아 재미있으면서도 의미 있는 수업을 하는 것은 쉽지 않다. 둘 다 잡으려다 수업이 산으로 가는 경우도 많다. 진지해도 재미있고, 재미있어도 진지할 수는 없을까? 교사는 섞이기 어려운 그 경계에서 적당한 지점을 찾아 배움을 이끌어 내는 사람이 아닐까 싶다.

재미와 진지함을 적당히 계량해 감동을 선사하는 것으로 유명한 강사가 있다. 바로 김창옥 교수다. 그는 내가 아는 사람 중에 가장 유명해진 사람이기도 하다. 나에게 김창옥 교수는 대학생 시절 이문동에 있는 같은 교회를 다녔던 '교회오빠'다. 얼마 전 한 방송을 통해 어려웠던 그 시절 도움을 주신 교회 집사님을 찾는 장면을 보았다. 카메라 앵글에 이문동 골목이 잡히는 순간 나 역시 마음속 깊은 곳, 20년 전 그 시절로 소환되어 응답하듯 눈시울이 붉어졌다. 강연장에서 청중의 눈과 귀를 사로잡는 김창옥 교수는 그때도 성가대, 교회행사 사회 등을 맡으며 활약해서 나에게는 연예인 같은 교회오빠였는데 그런 모습이 되기 전 소외감을 느끼는 숫기 없는 청년이었다니! 사뭇 새로우면서도 마음이 찡했다. 지금은 전국 곳곳에서 많은 사람을 만나며 말로 사람들의 마음을 어루만지는 소통 전문가로 살아가는 그. 그의 선한 영향력 있는 삶을 함께 응원한다.

5,000번이 넘는 강연을 한 명강사. 그 정도면 어디에서도 말이 술술 나올 법한데, 우연히 그가 잔뜩 긴장한 모습을 보게 되었다. JTBC 뉴스였다. 딱딱하고 진지한 뉴스에 재미를 더하려 한 신선한 취지는 알겠지만, 뉴스 포맷 안에서 강연을 해야 하는 어색한 상황은 강사에게 쉽

지 않은 자리였다. 거기다 정치인들에게 소통에 대한 강의라니! 데스크 앞에 묵직하게 앉아 있는 남자 정치인들은 웃어야 할 포인트에서도 무표정했다. 아슬아슬한 분위기가 이어져 보는 내가 진땀이 나고 긴장되었다. 그러나 그의 말은 서서히 청자의 마음 문을 열었다. 한참이 지나 엄숙하게 앉아 계시던 한 분이 껄껄껄 하고 웃음을 터뜨리셨고, 분위기는 점점 편안해졌다. 이 장면을 보는 시청자 입장에선 또 다른 재미가 있었다. 웃자고 한 강사 말을 뉴스 형식으로 넣은 진지한 자막이었다. 부모님은 서로를 애칭으로 부르셨다며 "이 화상아~"라고 불렀다는 강사의 농담을 "내 부모는 서로를 '화상'이라고 불러…"라고 자막을 낸 것이다. 진지하면서도 재미있는 것을 기획한 것이라면 성공이다 싶어 웃음이 터져 나왔다.

명강사인 그에게 가장 어려운 청중은 권위 있는 사람 그리고 청소년이라고 한다. 매번 아이들을 대상으로 수업을 하는 교사는 그래서 쉽지 않다. 진지한 사람 쪽에 속하는 나는 그의 탁월한 유머감각이 부럽기만 하다. 모든 교사에게 그와 같이 타고난 유머감각이나 끼가 있는 것이 아닌데, 재미있는 수업을 하려니 힘들 수밖에 없다.

수업뿐 아니라 우리의 삶은 어떠한가? 아무리 의미가 있어도 재미없이 무미건조하다면 괜찮은 것일까? 내 삶은 과연 재미가 있는가? 재미가 없다면 내가 재미를 느끼지 못하는 상태에서 남에게 재미있는 수업을 할 수 있을까? 생각이 꼬리를 문다. 교사들은 아이들에게 재미를 주기 위해 각종 연수를 통해 배우고, 수업에 쓸 자료를 모으며 부단히 애쓰지만, 정작 자신의 삶에서 재미를 느끼고 있는지 생각해 볼 필요가 있다.

『재미의 본질』의 저자 김선진 교수는 대학에서 '재미학개론'이란 강

좌를 열고 학생들을 만난다. 그가 말하는 재미의 3대 요소 'F.U.N'은 공감이 가는 내용이라 고개가 끄덕여진다.

F는 free이다. 자유로운 선택을 말한다. 본인이 하고 싶은 것을 자유롭게 선택해야 재미가 있다는 것이다. U는 unfamiliar이다. 익숙하지 않은 것이어야 재미가 있다는 것. 하던 것을 반복하는 것보다 해 보지 않은 것을 도전할 때 재미가 생긴다는 뜻이다.

마지막으로 N은 Network다. 혼자만이 아닌 다른 사람과 연결되어 공유하고 인연을 맺는 것이다. 재미있는 삶을 위해 익숙하지 않은 것을 스스로 선택해 보고 함께 나누어 볼 것을 말하며 그가 하나 더 덧붙이는 말은 예술을 가까이 하라는 것이다. 자칫하면 반복하듯 살 수도 있는 교사의 삶에 'FUN' 그리고 예술은 꼭 필요한 것 같다는 생각이 들었다.

나의 6학년 담임이셨던 오성균 선생님이 떠오른다. 조금 소심했던 내게 적극적인 삶의 태도를 보여주신 특별한 선생님. 여행을 많이 다니셨던 선생님은 여행 이야기를 많이 들려주셨다. 어찌나 말씀을 재미있게 하셨는지 마치 그곳에 여행 간 것처럼 쏙 빠져 듣곤 했다. 졸업을 하고 간간이 연락을 드리다 교장 선생님이 되셨다는 소식까지 듣고 연락이 끊어졌다. 연락 드리기 죄송할 만큼 시간이 흐른 어느 날, 문득 선생님이 그리워서 용기 내 통화 버튼을 눌렀다. 오랜만에 통화인데도 어제 만난 제자처럼 받아주시는 선생님. 퇴직을 하셨다는 말씀에 괜히 울컥해지는데 핸드폰 너머로 들리는 선생님 목소리는 여전히 에너지가 넘치셨다. "야~ 요즘이 더 바쁘다~ 그림도 그리고 여행도 다니고… 그리고 요즘은 색소폰 공연 준비한다고 정신없어~"

어릴 적 우러러 보던 그 모습 그대로 예술과 여행을 즐기시는 삶의 모습이 전화기 너머에서 고스란히 전해져왔다.

선생님과 통화를 마치고 재미에 대한 강박이 있었던 나를 돌아보게 되었다. 학교의 어원인 그리스어 '스콜레(skhole)'는 '여가' '한가함', '평화로운 자유시간'이라는 뜻을 가지고 있다. 그리스인들은 여가를 소중하게 생각했다. 한가하고 자유로운 상태에서 학문을 탐구하고 토론하며 자신을 돌아보았던 그들. 관조하며 성찰하며 삶의 의미를 찾았던 스콜레. 어쩌면 지금 학교에 필요한 것은 바로 이 스콜레의 어원과 같은 '여유'가 아닐까?

학교에서 배움의 재미는 선생님이 만들어 제공해 주는 것이 아니라 자신이 찾고 느낄 수도 있어야 하는데, 재미마저 잘 포장한 제품처럼 만들어 제공하려다 보니 무겁게 느껴졌던 것이 아닐까? 스스로 재미를 느끼면 의미도 함께 찾을 수 있을지 모른다. 그동안 우리는 재미와 의미를 이분법적으로 생각해 왔던 것 같다. 그리고 아이들에게 제공할 재미만 생각했지 내 삶에 여유를 가지고 재미를 누리는 데 인색했다. 학교가 교사와 학생 모두에게 여유로운 공간이 되면 그 생활 속에서 재미가 흘러나오지 않을까?

제주도 서귀포시에 위치한 한 작은 초등학교에 강의를 하러 간 적이 있다. 교문을 들어서자마자 달콤한 감귤꽃 냄새가 코를 찌르고 색색의 꽃들이 심겨진 아름다운 곳이었다. 연수 중간 점심시간, 한 선생님께서 제주도 아이들은 이렇게 논다면서 뭔가를 보여주시겠다고 하셨다. 교실엔 아이들이 그동안 기르다 죽은 애벌레를 위해 그린 영정사진 그림과 꽃과 풀을 모아 아기자기하게 꾸며놓은 작은 공간이 있었다. 선생님은 작은 애벌레를 추모하는 아이들이 너무 진지해서 치울 수 없었다고 하시며 웃으셨다. 아이들이 재미를 느끼면서도 진지했을 모습이 그려져 나도 웃음이 났다. 어릴 적엔 이렇게 스스로 재미를 찾아 갔을 텐데 모든 것이 인위적으로 정해져 버린 세상 속에서 우리는 스스로 느껴야 할 재미마저 타인에게 위탁하며 살고 있는 것 같다.

『기적을 이룬 나라, 기쁨을 잃은 나라』를 쓴 영국인 다니엘 튜더는 한국 사람들은 스스로를 불안하게 만든다고 말한다. 그랬다. 어느 순간 재미마저 나를 불안하게 만드는 요소가 되었다. '재미없는 수업이라고 하면 어쩌지?'라는 불안은 오히려 수업을 더 경직되게 만들었다. 우리에겐 인위적인 재미가 아닌, 진정 자유로운 삶에서 누리는 편안한 재미가 필요하다. 엄숙주의에서 벗어나 자연스럽게 즐거움을 누릴 기회가 필요하다.

각박한 삶에 재미와 의미를 전하는 그림 한 점을 소개하고 싶다. 16세기 이탈리아 밀라노 출신 화가 주세페 아르침볼도(Giuseppe Arcimboldo)의 작품이다.

오스트리아 빈 합스부르크(신성로마제국) 궁정화가로 발탁되어 활동했던 그는 각종 과일과 꽃 야채, 생물 등을 한데 모아 또 다른 형상을 나타나도록 그린 이중그림으로 유명하다. 한 번 보면 잊을 수 없는 독특한 그림. 400년 전 대상을 충실히 모방하는 그림이 주로 그려지던 시대 이런 개성 넘치는 그림이라니! 더군다나 그는 궁정화가였는데 말이다. 이 그림은 루돌프 2세의 초상화이다. 왕의 권위를 높여주기 위한 초상화를 그려야 하는 궁정화가가 어떻게 이런 파격적인 그림을 그릴 수 있었을까?

이런 익살스러운 그림을 그릴 수 있었던 것은 왕 덕분이었다. 당시 합스부르크 왕가는 누가 보아도 알 수 있는 외모의 특징이 있었다. 근친혼으로 인한 주걱턱. 그 모습을 그대로 그렸다면 왕이 언짢을 수도

아르침볼도, 베르툼누스, 루돌프 2세의 초상화

있는 상황에서 볼도는 인물을 충실히 재현하는 대신 기발하고 재미있는 표현을 통해 왕에게 웃음을 선사했다. 평소 호기심이 많고 유연한 태도를 지녔던 루돌프 2세는 이 그림을 보고 매우 즐거워하며 흡족해했고 아르침볼도가 재미있는 표현을 할 수 있도록 지지했다고 한다.

물론 식물을 조합해 재미있게 표현한 왕의 초상은 의미도 담겨 있다. 그는 왕의 훌륭한 통치로 풍성한 수확을 하고 신성로마제국의 풍요와 번영이 이루어진다는 의미를 그림에 담았다. 그리고 그림 제목과 같이 신화에 나오는 계절의 변화를 담당하는 신, 베르툼누스를 황제를 오버랩시켜 풍요를 이끄는 왕을 칭송했다.

이런 재미와 의미를 담은 그의 그림들은 흐르는 세월 속에 약탈되어 각국으로 뿔뿔이 흩어져 제대로 평가받지 못했지만, 후에 20세기 초현실주의 화가들에게 영감을 주며 재조명되었다. 언변도 매우 뛰어났다는 아르침볼도의 모습을 상상해 보면 그가 엄숙한 궁정에서도 자신의 그림 같은 재미있는 삶을 살지 않았을까 싶다.

아르침볼도의 그림에서 힌트를 얻어 소묘와 꼴라주 작업을 연결한 수업을 한 적이 있다. 아이들이 각각 그린 과일과 야채를 잘라 조합해서 친구 모습을 만드는 수업이었는데 아이들도 나도 푹 빠진 재미있는 시간이었다. 생각해 보면 수행평가, 진도의 압박이 없었던 학기 말이라 편한 마음으로 준비한 수업이라 가능했던 것 같다.

스스로 재미를 느끼기 위해 비집고 들어 갈 틈을 주지 않는 학교, 재미마저 완벽하게 준비해서 제공하려는 마음을 내려놓고, 마음의 여백을 만들다 보면, 어느 순간 의미 있으면서도 재미있는 수업도 가능하지 않을까.

최근 교원평가에서 기분 좋은 글을 읽었다.

'개그여신 다정쌤!'

나도 조금씩 변하고 있나 보다. 그렇다고 의미를 추구하는 진지함을 잃고 싶지는 않다. 진지함은 재미처럼 순간 반짝이지 않아 당시엔 잘 모르지만, 시간이 지나고 나면 고마움을 느끼게 하기 때문이다. 진지하게 대해 주신 선생님을 떠올리면 나를 많이 생각해 주셨던 것이 느껴져 고마운 마음이 든다.

오늘도 쉽지 않은 진지함과 재미 사이, 그 적정한 지점을 찾기 위해 먼저 마음의 여백을 만들어 본다.

주인공은
누구인가?

대학생 시절 아르바이트로 영화 엑스트라에 도전해 본 적이 있다. 같이 살던 룸메이트가 간다는 말에 덩달아 따라 나섰던 것인데 결론부터 말하자면 그냥 돌아왔다. 영화 배경 특성상 염색 머리가 등장해선 안 되었기 때문에 염색을 한 나는 시작도 전에 잘린 것이다. 친구만 남겨 두고 찌푸린 얼굴로 돌아오던 길. 더운 날 힘들게 가서 대기만 하다 돌아오는 길에 느꼈던 초라함과 쓸쓸함은 아직도 기억이 난다. 그 날 마음속에 움트던 감정은 싸이월드 다이어리에 비장하게 써 두기도 했다.

'절대로 엑스트라 같은 인생은 살지 말자! 세상의 주인공으로 살자!'

생각의 윤곽이 완연히 만들어지지 않았던 시절, 그땐 그랬다. 세상의 중심, 주인공으로 서야만 하는 줄 알았다.

시간이 흘러 어쭙잖게 남을 가르치는 직업으로 사는 지금, 세상의 중심과는 다소 거리가 먼 삶을 산다. 교단에 서서 아이들의 주목을 받는 교사의 모습도 이젠 옛 일이다. 학생들이 중심이 되는 수업을 하려다 보면 교사는 홀로 30명이 넘는 아이들의 스태프이자 매니저가 되어야 한다.

2005년 청룡영화제에서 이슈가 된 수상 소감이 있다. 황정민의 '밥상' 소감이다. 그는 남우주연상을 받고 울먹이며 이렇게 말했다.

"60여 명 스태프가 밥상을 차려놓아요. 그러면 저는 맛있게 먹기만 하면 되거든요. 그런데 스포트라이트는 제가 다 받아요. 그게 너무 죄송스러워요."

겸손하고 진정성 있는 그의 말에 나도 감동했지만, 동시에 열심히 그 밥상을 차리는 사람이 수업에서의 나 같다는 생각이 들었다. 교사의 삶은 주인공보다는 스태프에 가깝다.

물론 수업에서도 주인공이 되려고 했던 시절이 있었다. 열정만 넘쳤던 신규 시절엔 아이들을 들러리 세우는 수업을 했다. 수업실기대회를 위해 방학도 반납한 채 연구하고 준비했던 시간이 있었다. 심사가 있는 날까지 어떻게 하면 45분 안에 수업을 잘 해 낼지 신경을 곤두세워 준비했다. 심사 항목에 모두 들어맞도록 칭찬과 피드백할 것까지 초 단위로 미리 계획해 놓았다. 평가 당일, 교실 뒤편에 앉은 심사위원들 앞에서 떨리는 마음을 누르며 수업을 진행했고 끝남과 동시에 종이 쳤다. 긴장감을 막 내려 놓으려는데, 아이들이 "선생님, 저희 잘 했어요?"라고 물었다. 순간 내 마음 속엔 또 다른 종이 쳤다. 긴장해서 제대로 보지 못했던 아이들의 눈망울이 보였기 때문이다. 그리고 부끄러움이 밀려왔다. 아이들은 애써 잘 해 보려는 나를 도와주고 있었던 것이다. 뭔가 잘못된 것이었다. 아이들을 위한 '수업'이 아닌 선생님이 주인공이 된 '연극'이 되어 버린 것이다. 이때 아이들의 눈을 제대로 보지 않았으면 나는 지금도 내가 주인공이라 착각하며 수업하고 있을지 모른다.

수업에서 주인공의 자리에 있을 땐 내가 제일 바쁜 줄 알았는데, 스태프가 되고 보니 훨씬 더 바쁘다. 보이지 않는 뒤에서 해야 하는 일은 생각보다 많다. 그리고 열심히 무언가 해도 티가 잘 나지 않는다. 그래도 내가 빛나지 않아도 아이들의 모습에서 잔잔히 반짝이는 무언가를 볼 때면 흐뭇한 미소가 지어지기곤 한다.

주인공이 누구인지 몰라 작품 제목만 여러 번 바뀌었던 그림이 있다. 바로 스페인의 궁정화가 디에고 벨라스케스(Diego Velazquez)의 '라스 메니나스'다.

펠리페 4세의 가족을 그린 것으로 알려진 '라스 메니나스(시녀들)'는 벨라스케스의 최고의 능력을 보여주는 걸작이다. 다양하게 해석될 수 있는 신비로움 때문에 끊임없이 논쟁이 있었고, 특히 '그림 속 주인공이 누구인가?'로 많은 이의 궁금증을 자아냈다. 스페인 프라도미술관을 방문해서 이 작품을 직접 보았을 때의 경이로움을 잊을 수 없다. 3m가 넘는 웅장한 크기는 멀리서도 아우라가 느껴졌다. 너무 보고 싶었던 그림이라서일까? 떨리는 마음에 심호흡을 하고 천천히 다가갔다. 조금 어두운 조명 아래 그림을 마주한 순간은 꿈꾸는 듯 황홀했다.

작품을 자세히 살펴보자. 무엇보다 이 그림이 특별한 것은 기존 그림에서 접하지 못한 화면 연출력 때문이다. 그가 공간에 배치해 놓은 사람들은 얼핏 보면 마치 우연히 찍힌 스냅사진 같지만, 알면 알수록 치밀하고 입체적으로 다가온다. 그림 속 인물은 총 11명. 이제 11명 중 주인공이 누구인지 찾아보자.

먼저 화면 가장 앞엔 벨라스케스가 그리고 있는 캔버스의 뒷부분이 보인다. 그리고 그 옆에 붓과 파레트를 든 그가 서 있다. 화가의 신분이 그리 높지 않던 시절, 자신을 이렇게 전신으로 크게 그려 넣은 것은

벨라스케스, 라스 메니나스

꽤 용감한 시도였을 것이다. 그의 시선은 그림을 보는 우리를 향한다. 그렇다면 그가 그리고 있는 대상은 화면 밖에 있는 누군가일 것이다. 그림 중앙엔 우측에서 들어오는 빛을 받고 있는 인물들이 보인다. 가장 가운데에는 다섯 살 된 마르가리타 공주가 있다. 가장 유력한 주인공 후보이다. 그녀의 양 편에는 시녀들과 난쟁이 광대가 그녀를 에워싸고

거울 속 왕과 왕비

있다. 그들 앞에 큰 개 한 마리도 보인다. 저 멀리 문을 열고 나가는 사람은 왕비의 집사이다. 11명을 다 찾으셨는가? 다 찾지 못했다면 마르가리타 공주 뒤편에 있는 사각 거울을 살펴보자.

놀랍게도 이들은 펠리페 4세와 마리아나, 왕과 왕비이다. 권력의 핵심인 이들은 거울에 희미하게 반영된 모습으로 표현되어 있다. 평면 그림에는 존재하지 않지만, 거울을 통해 그림이 그려졌던 공간에 왕과 왕비가 있었음을 추측해 볼 수 있다. 그렇다면 공주는 모델을 서고 있는 부모님을 찾아와 그 앞에 서서 구경을 하고 있는 것이라고 생각해 볼 수 있다. 혹자는 거울에 벨라스케스의 그림이 반영된 것이라고 말하기도 해서 실제 그곳에 왕과 왕비가 있지 않았을 수도 있다. 이렇듯 해석은 다양하지만, 진실은 알 수 없어서 더 신비롭게 느껴진다.

이 그림을 처음 보았을 때는 가장 중앙에 그려진 마르가리타 공주가 당연히 주인공일 것이라 생각했다. 그러나 하나하나 그림을 찬찬히 살펴보다 보니 그가 그리는 주인공은 왕과 왕비가 아니었을까, 라는 생각으로 바뀐다. 무엇보다 화가가 그림을 그리며 바라보고 있는 쪽이 화면 밖이기 때문에 그리는 대상은 공주가 아닐 것 같다.

왕과 왕비가 주인공이라면 이 그림은 더 독특한 그림이 된다. 기존에 왕의 모습은 이상화하여 엄숙하게 그렸기 때문이다. 권위를 직접적으로 드러내지 않는 방법으로 그린 이 그림은 시대를 앞선 세련된 그림이 아닐까 싶다. 보통 왕의 초상화는 권위를 직접적으로 드러내기 위해 정중앙에 커다랗게 인물을 그려 넣었는데, 그런 기존의 초상화와는 달리 벨라스케스는 화가의 관찰과 재현하는 과정 자체를 그려 그 공간에서 일어나는 모든 것을 압축해서 보여준다. 이 그림은 주인공이 정해져 있는 작품이라기보다는 우리의 시선이 머물 때 각각의 대상이 모두 주인공이 되는 작품이다.

이 그림은 수업 풍경을 떠올리게 한다. 예전에 했던 수업은 기존에 그려지던 왕의 초상화 같은 모습이었다. 교실 중앙에 권력자로 서서 학생들을 따르게 하는, 교사의 모습만 크게 보이는 그런 수업이었다. '라스 메니나스'처럼 모두가 주인공이 되고, 수업을 이끄는 교사는 왕과 왕비처럼 보일 듯 말듯 슬쩍 수업에 스며 있어야 하지 않을까 생각해 본다. 학생들의 진정한 배움이 일어나기 위해서는 흔쾌히 흐릿한 배경이 되어 주는 교사가 되어야 하지 않을까?

권력은 드러내면 스스로는 더 강하다고 느껴질지 몰라도 받아들이는 이에겐 한낱 매력 없는 행위일 것이다. 드러내는 권력은 이미 조바심이 서린 약화된 권력이다. 적당한 질서 속에서도 품격 있는 모습으로 아이들과 함께하기 위해서는 나를 드러내는 주인공의 자리에서 내려와 아이들 모두를 주인공으로 만들어야 한다. 더 바란다면 '라스 메니나스'처럼 사소한 장치들이 한데 모여 작품이 되고, 다양한 층위가 공존하는 것처럼 보다 예술적인 수업이 되었으면 한다.

더 이상 교사는 지식을 움켜쥔 권력자가 아니다. 지금 교육에서 교사는 아이들이 빛날 수 있도록 돕는 코치이자 동기부여가, 역량강화가로 기존과 다른 역할을 요구받는다. 그러한 요구를 착실하게 따르려는 선생님들. 그런데 가끔 그 모습이 너무 지쳐 보이거나 무력해 보일 때가 있다. 박탈감을 느끼거나 괴로워하는 모습을 본다. 어떻게 하면 주인공의 자리가 아닌 곳에서도 힘이 나고 즐거운 수업을 할 수 있을까?

스페인에서 만난 많은 예술작품 중 조각가 헨리 무어의 작품은 아이들과 어떤 모습으로 수업에서 함께해야 할지에 대해 생각하게 했다. 거리 곳곳에 놓여 있는 헨리 무어의 조각 작품은 부드럽고 자연스러운 인체 형상도 아름다웠지만, 마모된 매끈한 조약돌 같은 질감도 아름다움을 더해 주었다. 그러나 형태와 질감보다 무어가 작품에서 가장 중요하게 생각한 것은 '공간'이었다. 그는 자신의 작품이 자연 공간에 놓이기를 원했다. 자연 속에 작품이 놓이면, 조각만이 작품이 아니라 그 주변의 공간도 작품이 되기 때문이다. 결국 주변의 공간이 있어야 그의 작품이 완성되는 것이다.

무어 작품의 특징인 '뚫린 구멍'은 조각과 주변 공간을 함께 어우러지게 한다. 그곳을 통해 작품은 숨을 쉬고 자신 속에 주변 공간을 고이 품어 완전한 작품이 된다.

교사에게 뚫린 공간은 아이들이 들어올 수 있는 여백이며 함께 호흡하는 숨구멍이다. 그곳으로 학생들이 들어와 함께 숨 쉴 때 수업은 살

헨리 무어, Reclining Figure

아니다. 어쩌면 수업의 주인공이 누구인가는 중요하지 않을지 모른다. 아이들도 교사도 홀로 반짝일 수 없는 존재이기 때문에 따로 주인공을 상정하는 것은 큰 의미가 없을 것이다. 주변의 공간이 있어야 비로소 완성되는 무어의 작품처럼 교사는 아이들과 함께 리듬에 맞춰 호흡할 때 행복한 수업을 할 수 있다.

그래서 나는 화려한 주인공도, 밥상을 차리는 스태프도, 권력을 내세우는 권위자도 아닌 예술가가 되고 싶다. 그리고 아이들과 함께 예술 같은 수업을 남기고 싶다.

이상한 수업이라도
괜찮아

신혼은 각각 다른 삶을 살던 두 사람이 상대와 자신을 더 알아가고 맞추어 가는 시간이다. 신혼 시절 나는 남편과의 대화에서 묘한 불편함을 느꼈다. 그래서 그 불편함이 무엇 때문인지 진지하게 분석해서 답을 찾아냈다! 남편은 함께 이야기할 때 '질문형 문장'이 많았던 것이다. 질문도 한 번만 하는 것이 아니었다. 꼬리에 꼬리를 물며 질문하는데, 나는 그걸 다 답하면서 은근히 스트레스를 받고 있었다. 진짜 몰라서 물어보는 것도 아닌 질문. "지금 몇 시야?" 남편의 이 물음에 결국 나는 쏘아 붙이고 말았다. "묻지 말고 그냥 당신이 직접 시계를 보면 되잖아~!" 직업병이다. 질문이 들어오면 충실히 답해주어야 하는 직업. 그래서 질문형으로 이어지는 대화에 예민하게 반응했다.

하루 종일 끊임없이 질문을 받는다. 특히 활동하는 수업을 할 때는 아이들이 들떠서 제대로 듣지 않고 나중에 같은 질문을 하고, 또 한다. 그렇게 종일 질문 세례에 일일이 답하다 보면 힘이 다 빠져 집에 오면 말하는 것조차 싫어진다. 더 이상 외부의 자극에 견딜 수 없는 멘탈이 된다. 시간을 물었을 뿐인 남편은 예민해진 아내를 잘못 건드렸다 웬 날벼락인가. 바로 미안한 마음이 들었다. 그래서 솔직하게 이런 내 상태에 대해 이야기 나누었다.

남편이야 그런 나를 이해하고 터놓고 이야기라도 할 수 있지만, 수업에서 지칠 때는 아이들에게 하소연할 수도 없다. 그래서 수업은 항상 힘들다. 임용 공부를 할 때는 교과 내용을 꼼꼼히 익히고 수업을 잘 구상하면 생각한 대로 수업이 될 줄 알았다. 그러나 이상과 현실의 간극은 매우 컸다. 수업에서의 가장 큰 변수는 바로 학생들이었다. 아이들은 끊임없이 내가 생각한 방향과 다르게 빠져나갔다. 생각지 못했던 질문과 예상치 못했던 행동이 이어졌고 그래서 수업은 매번 이상하게 흘러갔다.

생각해 보니 수업이 쉽다고 말하는 선생님을 본 적이 없는 것 같다. 왜 다른 일들은 경력이 쌓이면 능숙해지고 더 쉽게 잘하게 되는데, 수업은 그렇지 않은 것일까? 왜 수업은 하면 할수록 더 힘들게 느껴지는 것일까?

수업코칭을 하며 여러 선생님의 수업고민을 듣다 보면 '수업이 힘들 수밖에 없다'라는 생각을 하게 된다. 선생님들의 수업고민은 이런 경우가 많기 때문이다.

"통제가 잘 되고 정해진 활동을 질서 있게 하면 좋겠어요."

문제는 다음의 이것도 고민이라는 것이다.

"그리고 아이들이 자기 생각을 적극적으로 표현하고 활발하게 상호작용 하면 좋겠어요."

과연 가능한 것인가! '통제되면서 활발하게'라니… 양립할 수 없는 고민. 이러니 수업이 힘들 수밖에!

모순의 긴장을 버텨내야 하는 수업은 세잔이 그림을 그리는 과정을 떠올리게 한다. 에밀 베르나르는 그 과정을 '세잔의 자살 행위'라고 말하기도 했다. 도대체 어떻게 그림을 그렸기에 이런 말을 한 걸까?

19세기, 카메라가 발명되며 미술은 새로운 길을 모색한다. 르네상스 이후로 사람들은 원근법으로 세상을 보는데 익숙했지만, 인상주의 화가들은 고정된 원근법과 명암법에서 벗어나 감각적으로 눈에 보이는 것을 표현하고자 했다. 세잔은 인상주의에 매력을 느꼈지만, 견고하지 못한 점을 보완하여 실재성을 표현하고 싶었다. 고전주의와 인상주의 모두 비판적으로 수용하여 그다음 목표로 나아가고자 한 것이다. 기존에 그리던 방식처럼 관념으로 포획하면 뚜렷한 그림을 그릴 수 있었지만, 인상주의처럼 변화하는 것을 그리면 윤곽이 나가고 흐릿해졌다. 이 사이를 보완하고 싶었던 세잔은 매번 힘들게 그림을 그릴 수밖에 없었던 것이다.

> 우리가 보는 모든 것은 흩어지고 사라진다. 그림이란 그 자연의 영원함을 맛볼 수 있게 해 주는 것이어야 한다.
> - 세잔 -

세잔은 20년 동안 자신만의 화풍을 만들기 위해 끊임없이 실험한다. 그의 가까이에 함께 있어 주었던 생 빅투아르 산은 주 대상이 되었다. 그는 고정된 하나의 시점으로 보이는 것이 아닌, 지금 나와 산이 만나는 감각, 그 실질적인 지각을 표현하려고 했다. 지금까지 세상을 보던 '눈' 대신 나와 대상이 떨어지지 않고 끊임없이 침투하여 만날 때의 그

세잔, 생 빅투아르 산

'감각'을 표현하려 했다. 그러다 보니 그림은 점점 추상적인 색 조각들
로 변했다.

　　　산이 나를 본 것을 그렸다.

　세잔의 창조적인 작업 과정을 모르는 사람들은 세잔의 이 말을 이해
하지 못했다. "이 무슨 해괴망측한 소리야?" "이상해~ 도대체 왜 이렇
게 그린 거야?" 하지만 그의 새로운 시도를 간파한 현대미술의 거장 피
카소는 세잔의 '보는 눈'을 훔쳐 입체주의를 완성했다. 다음 그림 '대수
욕도'는 피카소가 석판화 본을 사서 자신의 화실에 붙여 놓았다고 한

다. 그리고 그로부터 몇 년 뒤 피카소는 '아미뇽의 처녀들'을 완성했다.

훌륭한 예술가는 모방하고, 위대한 예술가는 훔친다.
Good creator copy, great creator steal.

스티브 잡스가 인용해서 우리에게 더 친숙해진 피카소의 이 말은 피카소가 세잔의 위대함을 인정하는 말이다. 피카소 스스로 "세잔이야말로 나의 유일한 스승이다"라고 했을 만큼 그는 세잔을 존경했다. 하나의 시각에 매몰되지 않고 다양하고 새로운 표현을 시도하려 했던 피카

세잔, 대수욕도

소는 자신보다 먼저 그러한 시도를 했던 세잔의 창작 과정에서 통찰을 얻었고, 20세기를 대표하는 화가가 되었다.

세잔이 말년에 그린 '대수욕도'는 목욕하는 사람들을 그렸으나 전혀 에로틱하지 않다. 사람 만나기를 꺼리고 숫기가 없었던 그는 여자 모델을 직접 쓰지 않고 다른 그림을 참고하여 그림을 그렸기 때문이다. 하지만 그가 표현하고자 한 것이 따로 있었기 때문이기도 했다. 그는 화면에 색채와 형태를 적절히 배치하여 조화를 이루게 하려는 새로운 시도를 하고 있었다. 그러니까 인물의 사실적인 묘사가 중요한 것이 아니었다. 그래서 이 작품은 인물화긴 하지만 정물화에 가까운 작품이라 할 수 있다.

수업은 세잔의 창작 과정과 비슷하다. 서로 다른 고전주의와 인상주의 화풍 사이에서 씨름하던 세잔처럼 교사들은 수업에서 통제와 자율성과 같이 양립하는 것을 모두 녹이기 위해 애쓴다. 세잔이 기존에 세상을 보는 시각과 다른 눈으로 바라보고 화폭에 담으려고 한 것처럼 교사들도 다양한 시도로 수업을 발전시키고자 한다.

교사들의 수업에 대한 고민은 세잔이 매번 힘들게 그림을 그릴 수밖에 없었던 것만큼 해결하기 어려운 숙제이다. 그래서 고민이 많을수록, 새로운 시도를 해 보려 할수록 수업은 이상해지곤 한다. 나타나는 현상만 본다면 수업은 이상하게 보일 수 있다. 수업자의 고민과 질문에 관심을 두지 않으면 수업자를 이해하지 못하고 쉽게 평가하거나 폄하하게 된다. 예전엔 수업자의 수업 고민의 과정을 다루지 않고 정해진 기준에 맞추어 수업공개를 했기 때문에 수업을 공개한 교사들이 수치심을 느끼거나 자책하는 경우가 많았다.

혁신학교에서 수업혁신을 위해 수업나눔을 담당하며 수업을 공개하고 협의회를 하는 시간이 조금 달라졌으면 하는 생각을 하게 되었다. '교사의 전문성을 향상시키기 위한 시간이 좀 더 의미 있고 기쁜 시간이 될 수 없을까?' 순간 떠올랐던 것이 전시회나 음악회였다. 그동안 갈고 닦은 실력을 누군가에게 선보였을 때 주변의 사람들은 꽃을 들고 찾아와 기쁜 마음으로 축하를 해주지 않는가! 그런데 교사는 애쓴 수업을 공개하면 왜 그리 엄격한 잣대를 들이대고 평가하려고 하는 것일까? 그래서 수업을 공개한 수업자를 주인공으로 세워 고민을 위주로 수업을 나누고, 작은 꽃다발을 안겨드리며 기존의 수업나눔 문화를 개선해보고자 했다. 조금 시간이 걸렸지만, 수업을 나누는 것에 대한 부담이 덜어지고 분위기가 바뀌는 즐거운 경험을 할 수 있었다.

수업의 방법이나 아이디어는 모방할 수 있지만, 결국 그것을 꿰어 의미를 창출하는 것은 교사 자신의 몫이다. 수업은 일종의 창작 과정이다. 창작은 시행착오를 수반하기 때문에 그 과정은 조금 이상할 수 있다. 나는 상투적인 수업에서 벗어나 새롭고 의미 있는 무언가를 하기 위해 시도하는 이상한 수업을 응원하고 싶다. 조금 이상해도 그 수업에는 선생님의 진심이 담겨 있고, 그 수업에서만 느낄 수 있는 특별함이 있기 때문이다.

가끔 학교에서 선생님들은 우스갯소리로 "아~ 의미 있게 힘들고 싶다~"라는 말은 한다. 학교에서는 의미를 찾을 수 없는 잡다한 일들로 피로함만 느끼는 경우가 많다. 하지만 수업은 분명 의미 있는 힘듦이다. 이상한 수업은 바로 의미를 찾아가는 과정이다.

예술가를 떠올리면 천재적인 재능이 있고 타고난 비범한 능력 때문에 쉽게 성취를 이루었을 것이라는 선입견이 있다. 하지만 고민하는 예술가의 전형을 보여준 세잔은 극단의 성실함으로 끊임없이 고민한 진정성 있는 사람이었다. 그는 스스로 아둔한 눈을 가진 부족한 사람이라고 말했지만, 그 누구보다도 끈질기게 시도하고 연습한 노력파였다. 정해진 기법이나 양식이 아닌 자신만의 방식을 찾아내기 위해 평생토록 노력한 그는 누구보다 강한 집념으로 열정적인 삶을 살았다.

교사는 매일 수업이라는 작품을 완성하며 새로운 세계를 창조하는 예술가이다. 수업이 예술 같은 이유는 뜻밖의 순간에서 진동을 느낄 수 있어서이다. 진정성 있는 고민이 쌓인 수업은 위대한 예술작품과 같이 곳곳에서 진동을 느낄 수 있다.

예술은 자신의 취약점을 드러내지 않고는 불가능하다. 글을 쓰고 그림을 그리는 과정은 자신과 직면하는 과정이다. 그래서 고통스럽고 괴로운 과정이다. 무엇보다 어려운 것은 자기 확신을 할 수 없기 때문일 것이다. '이렇게 하는 것이 맞는 것일까?' 수많은 번뇌와 불안이 찾아온다. 하지만 그러한 과정이 깃든 수업은 언뜻 언뜻 진실을 보여준다. 이상하고 엉망진창인 것처럼 느껴지는 수업이지만, 가끔 주파수기 딱 맞아 떨어지는 듯 짜릿해지는 순간이 있다. 분주한 학교에서 예술가를 꿈꿀 수 있는 이유는 바로 이런 순간 때문이다.

예술가들은 지루함보다 고통을 선택한 사람들이며 원하는 것을 쟁취하게 위해 용기를 낸 사람들이다. 나의 수업은 어떠한가? 이상한 수업이라도 괜찮다. 용기 내어 시도해 보자.

> 수업은 예행연습 없이 수행되는 지적 모험이며
> 소망과 고뇌가 어우러진 예술가의 창조적 공연이다.
> – 장성모, 『수업의 예술』 –

나는
어떤 색일까?

"와~! 이브 클랭이다!"

프랑스 여행을 갔을 때였다. 무리한 일정이지만 놓치고 싶지 않은 작품들을 보러 퐁피두센터로 향했다. 다리는 천근만근, 지쳐서 간신히 걸어가는데 오아시스 같은 파아란 이브 클랭(Yves Klein)의 작품이 보였다. 멀리 있는 작품을 알아보고 쪼르르 달려갔더니 남편이 신기해하며 묻는다.

"도대체 그걸 어떻게 알아?"

'미술 선생님인데 이 정도는 당연히 알지~'라고 잘난 척 좀 하려다가 솔직하게 말해 주었다. "이브 클랭은 대부분의 작업을 자신이 만든 저 색으로 했거든. 1960년엔 저 파란색으로 특허까지 냈어. 일명 IKB(International Klein Blue)라고 하지."

이브 클랭은 유화물감처럼 반짝이면 무한한 느낌이 나지 않는다고 생각해서 반사되지 않는 건조한 상태의 푸른색을 만들었다. 작품에 균

이브 클랭, 무제 청색 모노크롬(IKB 104), 1956

이브 클랭, 푸른 비너스,
Painted I.K.B, 70H, 1962

일하게 이 색을 칠하면 빨려 들어갈 것 같은 묘한 느낌이 난다. 자신의 대부분의 작품에 이 색을 입혔으니, 그의 작품을 알아보는 것은 쉬울 수밖에.

그는 이 색을 가리켜 "모든 기능적 정당화로부터 해방된, 파랑 그 자체"라고 말했다. IKB는 어떤 재료에 발라도 일정하게 푸른색이 나도록 만들어졌기 때문에 조각도 색을 보고 쉽게 그의 작품임을 알 수 있다.

부모 모두 화가였지만, 정작 미술에 관심이 없었던 그는 본격적인 작업을 하기 전에 유도에 빠져 일본에서 거주하기도 하고 영국, 스페인 등지를 떠돌아다니며 여행했다. 그러나 1955년 파리에 정착하면서부터 정규 미술교육을 받지 않았음에도 불구하고 기상천외한 작업들로 사람들을 놀라게 했다. 1958년엔 '텅 빔'이라는 이름으로 공간을 하얗게 칠한 텅 빈 공간을 전시하기도 하고, 인체에 물감을 칠해 찍어내거나 불로 그림을 그리는 등 실험적인 작업을 했다. 획기적인 그의 작업은 그 이후 현대미술에 많은 영향을 주었다. 그러나 안타깝게도 그는 7년이란 짧은 기간 화가로 활동하고 34세에 심장마비로 요절했다. 그러나 그의 창조적 정신은 이후 현대미술에 많은 영향을 주었다.

> 나는 사람들이 자신이 아티스트라는 사실을 자각하기를 바란다.
> 우리 모두는 아티스트이자 창조자이며, 감각을 키워가는 존재이
> 다. 다만 스스로 그 사실을 눈치채지 못한 것 뿐이다.
> – 이브 클랭 –

이브 클랭처럼 자신만의 색을 원했던 또 한 명의 화가가 있다. 현존하는 최고의 조각 거장 아니쉬 카푸어(Anish Kapoor)다. 그는 인도 태생

영국 조각가로 인도인 아버지와 유태인 어머니 사이에서 태어나 동서양의 정신이 혼재된 독특한 작업으로 주목받는 작가다.

2014년, 카푸어는 영국의 한 기업에서 개발한 페인트 '반타블랙(vanta black)'을 거액을 주고 독점한다. 반타블랙을 '예술적 목적으로 사용할 권한'을 혼자 갖게 된 그를 두고 예술계에서 비난이 쏟아졌다. "재료를 독점한 아티스트라니!" 그의 행보를 비판하기 위해 영국 예술가 스튜어트 셈플은 '세상에서 가장 분홍색다운 분홍(World's pinkest pink)'과 같은 색쌀 시리즈를 만들어 "아니쉬 카푸어만 사용 제외"라고 경고하기도 했다. 이런 반발에도 불구하고 카푸어가 반타블랙을 자신만이 사용하고자 했던 이유는 무엇이었을까?

반타블랙은 빛의 모든 파장, 적외선까지 흡수해서 초현실적인 느낌이 나는 깊은 검은색으로 이 색을 칠한 조형물은 입체감이 사라지고 평면처럼 보인다. 빛을 99.96% 흡수하여 우주의 블랙홀처럼 보이기 때문에 숭고함이나 정신적 사유를 담고자 하는 그가 탐내지 않을 수 없었던 듯하다. 반타블랙은 끝을 가늠할 수 없이 빨려 들어갈 것 같은 느낌을 주어 물질적인 상태를 넘어서는 것 같은 체험을 하게 된다.

이 현실 같지 않은 검정색 때문에 전시 중 아찔한 사고가 발생하기도 했다. 정육면체 형태의 공간 내부 바닥에 약 2.5m 깊이의 구멍을 뚫어 반타블랙을 칠한 작품, '림보로의 하강'(Descent into Limbo)을 보던 60대 관람객이 구멍으로 추락하여 다친 일이 있었다. 시각적 깊이감이 느껴지지 않는 검은 원이 평면의 그림처럼 보였기 때문에 일어난 일이었다. 다행히 큰 부상은 아니었고, 카푸어도 유감을 표했다고 전해진다.

그의 독특한 작품들은 내면에 몰입하게 하는 힘이 있다. 단순한 것일수록 다양한 의미를 만들어 낸다는 그의 말처럼 그의 단순한 형태의 예

아니쉬 카푸어, 림보로의 하강, 1992

술은 단정할 수 없는 무한함을 경험하게 한다. 압도하는 크기에 단색의
안료로 칠해진 작품들은 깊은 세계로 관람객을 이끈다. 안료 외에도 스
테인리스 스틸이나 유리섬유, PVC, 돌, 왁스 등 다양한 재료로 표현한
그의 작품은 무한성, 초월성, 공허함 등 추상적인 주제를 담고 있다.

　예술가들은 색을 만들어 특허를 내기도 하고, 거액을 주고 독점하기
도 하며 자신만의 색을 생성하기 위해 애쓴다. 남들이 보기엔 그냥 파
랑이고 검정으로 보일 수도 있겠지만, 그들은 미세한 차이로 자신만의
것을 표현해 낸다. 그렇다면 나는 어떤 색으로 미세한 차이가 나는 나
만의 표현할 수 있을까?

　예전엔 학교에서 나의 색을 선명히 드러내는 것이 득보다 실이 많았
다. 그어진 선에 맞추어 정도껏 하라는 것은 통념처럼 여겨졌고, 나의

색을 더하면 형식에 맞지 않는 꼴이 되어 최대한 개성을 덜어내야 했다. 그러다 보니 원래 내가 지니고 있던 색깔은 빛에 바래고 먼지가 쌓여 알 수 없는 색이 되어 버리곤 했다. 하지만 시간이 흐르며 교육 현장에도 새로운 물음이 던져졌다. 당신의 색깔은 무엇이냐고.

요즘 교사에게 요구되는 교육과정 재구성은 결국 자기 수업, 자신만의 색깔이 있는 수업 만들기일 것이다. 1인 콘텐츠 시대, 사람들은 자신만의 콘텐츠를 만들고 남기기 위해 애쓴다. 학교 밖의 크리에이터들은 실제로 교사들보다 더 많은 노력과 열정을 쏟아붓고 있는지도 모르겠다. 지금까지 교사들에게는 교과서라는 안전장치가 있었고, 정해진 교육과정이 있었다. 여기에 너무 익숙해지다 보니 교육과정적 전문성이 상실되어 막상 자신의 색깔을 표현해 보라고 하면 어찌 할 줄 모르는 상황이다. 그러나 교사도 자신만의 색깔이 있는 수업을 만들어야 한다. 삶에서 얻은 통찰이나 경험을 통해 깨달은 의미와 가치를 녹여 자신의 목소리가 있는 수업, 완벽하지는 않더라도 자신의 고민의 흔적이 남아 있는 수업 말이다. 하지만 긴 시간 동안 자신의 색을 싹 뺀 채 표준화된 교육을 해왔던 현장에선 이러한 새로운 요구가 다소 혼란스럽고 어렵게 느껴진다.

그러나 상황과 여건에 상관없이 획일화시키는 기존의 국가 수준 교육과정과는 달리 아이들의 다양한 색과 교사의 아이디어가 더해진 유일무이한 수업은 아이들이 자신의 빛깔을 유지하며 성장할 수 있도록 하기 때문에 긍정적인 변화라고 할 수 있다. 아이들이 품고 있는 것이 무엇인지 파악하고, 현재 누리는 지역의 환경을 고려하여 수업을 재구성하면, 보다 아이들의 삶과 연결된 생생한 배움이 가능할 것이다.

교사에게 점점 더 많은 창의성이 요구되고 있다. 교육학자 루소는 아이들은 선천적으로 호기심이 있다고 말했고, 듀이는 삶의 맥락과 교과를 연결시켜야 한다고 말했다. 그들이 말한 '호기심'과 '삶'은 예술의 원료이기도 하다. 예술가들은 호기심 어린 시선으로 삶에서 남들이 발견하지 못한 것을 발견하고 표현한다. 그래서 예술은 교사에게 많은 영감을 줄 수 있다. 교사는 단순한 실행자가 아닌, 창조성을 발휘하는 예술가이다. 예술을 통해 얻은 통찰은 보다 새롭고 신선한 수업을 구상하는 데 많은 도움이 될 것이다.

그리스 속담 중 '잘 가르치는 교사가 되려면 언제나 학생으로 남아 있으라'는 말이 있다. 교사는 아무리 많은 것을 알고 있어도 그것을 학생들에게 적합한 상태로 변형할 줄 알아야 한다. 바로 '교육적 상상력'이 필요하다는 의미이다. 물감, 붓과 같은 재료를 우리는 작품이라 하지 않는다. 그것들을 활용하여 구현해 낸 것이 작품이다. 수업도 마찬가지다. 자료, 방법, 교과서 등은 재료이다. 수업은 그 재료들로 '구현해 낸 것'이다.

그림을 그릴 때를 생각해 보면 처음 의도대로 완성한 적이 거의 없었던 것 같다. 생각지 못한 색이 섞여 만들어지기도 하고, 새로 떠오른 생각이나 느낌이 더해지기도 한다. 미술 교사이기도 했던 교육학자 아이즈너는 수업 역시 그러한 과정으로 진행된다고 보았다. 정해 놓은 행동목표뿐 아니라 역동적이고 즉흥적인 수업의 상황 가운데, 그 목표는 달라질 수도 있고 과정 가운데 설정될 수 있다고 보았다. 이렇게 수업은 고정된 틀에 맞추는 것이 아닌 '창작'이며, '생성'이다.

언제부터인가 나만의 브랜드를 만들 듯 나만의 수업을 만들어서 차곡차곡 쌓아 놓고 싶다는 생각에 수업에 공을 들이기 시작했다. 때우기식으로 한 수업은 흐르는 시간과 함께 사라져 버리지만, 정성을 쏟아하나하나 기획하고 준비하여 진행한 수업은 흩어지지 않고 가슴 속에 남는다는 것을 경험했다. 자신의 수업에 자기만의 철학과 원칙, 자기만의 색이 있으면, 수업을 끌어갈 더 많은 열정과 에너지가 생긴다. 그리고 기쁨도 따라온다. 나와 아이들의 색이 고스란히 스민 수업, 섬세하게 변주되는 수업은 예상치 못한 이야기와 보석 같은 아이들의 결과물이 쏟아진다.

수업에 나의 색을 선명히 드러낼수록 무력감이 사라지고 힘이 난다. 신기하다. 각각의 교사가 자기만의 색깔이 있는 수업, 아이들의 빛깔을 담은 수업을 하면 학교는, 그리고 세상은 다양한 아름다운 색들이 가득해질 것이다. 오늘도 질문해 본다. 나는 어떤 사람인가? 나는 어떤 색일까?

6장

/

예술과
함께 하는 삶

균형을
찾아가는 삶

노량진은 서울 속 단절된 섬 같은 곳이다. 열차에서 내려 노량진역으로 나오면 비릿한 생선 냄새와 달달한 델리만쥬 냄새가 번갈아 가며 코를 자극한다. 그 냄새를 따라 나오면 노량도(!)로 입성할 수 있는 낡은 육교가 나온다. 육교 위에는 값싼 노트, 필기도구, 도장, 시계 등을 파는 좌판이 있었다. 좌판에 놓인 물건들부터 '이곳은 노량진이야'라고 말하는 것 같았다.

2015년, 육교를 철거한다는 소식을 들었다. 건널 때마다 흔들리는 것이 느껴져 무서웠던 기억이 났다. 육교 옆을 지나는 열차 진동에 견딜 수 있게 설계되어 흔들리는 것이라고 했지만 불안했는데, 이제 헤어질 때가 되었나 보다 싶었다. 오래 되기도 했지만, 관리유지비가 많이 들어 철거한다고 한다는 말을 들으니 왠지 서운하고 서글펐다.

'35년… 잘 버텨줘서 고마워.'

철거하기 전 육교엔 이런 현수막이 붙었다. 육교 하나 사라지는 것,

대수롭지 않은 일일 수도 있는데, 아련함을 느끼는 사람이 많았나 보다. 35년이라는 긴 시간 동안 꿈을 안고 찾아온 많은 젊은이에게 자신을 내어 주었던 육교. 그곳에 머물던 사람이 하나둘 떠나도 그 자리엔 끊임없이 꿈을 품은 또 다른 이들이 밀려왔고, 낡은 육교는 묵묵히 자신을 내어 주고 있었다. 버거웠겠다. 그렇게 많은 이의 꿈을 짊어지고 버티느라….

동고동락한 이의 은퇴식 같이 느껴졌던 철거 소식이었다. 철거 후 지금은 언제 육교가 있었냐는 듯 다른 모습이 되었다. 그러나 노량진은 여전히 꿈꾸는 이들의 치열한 시간이 흐르고 있다.

지나고 나면 다 추억이고 추억은 아름답다지만, 노량진은 아직도 애잔하고 서글픈 내 삶의 외딴 섬 같은 곳이다. 아무나 들어올 수는 있지만, 합격한 사람만 나갈 수 있다는 곳. 그래서 함께 공부하던 친구들과 빨리 이곳을 떠나서 만나자는 말로 의지를 불태우곤 했다.

노량진의 계절은 잔인했다. 찬 기운이 느껴지는 바람이 불면, 떠나고 머무는 사람이 교차했다. 1차 합격자 발표와 함께 공부하던 사람들이 밀물처럼 빠져나가자 나는 더 흔들흔들 휘청댔다. 다시 마음을 부여잡고 생존 게임 같은 상황을 버텨야 했다. 2차 실기 준비를 위해 미술학원을 다녔다. 그곳에 가기 위해서는 지금은 철거된 그 육교를 건너야 했다. 흔들리는 것에 유독 민감한 나는 육교를 건널 때마다 출렁임이 느껴져 멀미가 났다. 바로 옆을 지나는 열차의 진동 때문이기도 했고, 당시 한창 진행 중이었던 9호선 지하철 공사 때문이기도 했다. 역 주변 바닥은 공사 때문에 철판으로 뒤덮여 있었고 여기저기서 정신없는 뚝딱이는 소리가 들렸다. 흔들흔들 출렁이는 육교를 건너 덜컹덜컹 소리 나는 철판 길을 걸어 미술학원으로 향하던 길. 그때 걸었던 그 길은 흔들리던 그때 내 모습, 그 자체였다.

철거를 앞두고 육교 위에 '추억의 게시판'이 생겼다. 육교를 그냥 보낼 수 없었던 사람들은 그곳에 빼곡하게 글을 남겼다. 그중 누군가 써놓은 이 글에 옛 친구를 만난 듯 미소가 지어졌다.

이십대 중반, 오고가는 발길 속에 흔들리던 너는 나의 인생과도 같았다. 삼십대의 나는 불안정하고 혼란스러웠던 이십대를 너와 함께 떠나보내려 한다. 이젠 안녕.

20대는 흔들리는 삶의 연속이었다. 이리 흔들, 저리 흔들…. 늘 헤매고만 있는 것만 같아 불안했다. 그때는 왜 그리도 흔들리는 시간이 괴로웠던지. 고정되지 않은 모든 것이 제자리를 찾아 멈추었으면 했다. 교사라는 비교적 안정적인 직업을 갖게 되었는데도 불구하고 좀 더 확실한 안정을 원했다. 취업, 그리고 다음 숙제는 결혼이라고 생각했다. 연애도 안 하고 있으면서 30살이 다가오니 결혼에 대한 압박을 느꼈고, 그럴수록 가슴에 커다란 구멍이 난 것처럼 더 공허해졌다. 생각해 보니 늘 앞서 걱정하고, 조급해했다. 지금 생각해 보면 그랬던 20대의 내가 조금 안쓰럽게 느껴진다.

김미경 강사는 '사회적 알람'이라는 표현을 했다. 우리는 어떻게 사는가? 우리는 사회에서 때가 되었다고 알람을 울려대면, 그 알람소리에 맞추어 무언가를 해 내야 한다는 의무감을 가지고 산다. 문제는 다그치듯 시끄럽게 울리는 그 소리에 귀를 기울이면 정작 중요한 나의 목소리를 들을 수 없다는 것이다. 외부적인 것에 귀를 기울이면 제때 무언가 하지 못하는 자신이 초라하게 느껴지고 불안해질 뿐이다. 20대엔 그 알람소리가 내 안에서 너무 크게 울렸다.

2015년, 근무하던 학교의 학생부에서 함께 일했던 행정실무사님이 생각난다. 크고 건장한 체격에 성격 좋은 소탈한 총각. 그래서 선생님과 학생들 모두 그 분을 좋아했다. 일도 잘 하셨지만, 실무사님이 잘 하시는 것은 따로 있었다. 바로 음악! 이미 버스킹으로 아는 사람은 아는 뮤지션이었다. 감미로운 목소리에 멋진 기타연주에 노래까지 뛰어났던 실무사님은 학교에서도 실력을 발휘하셨다. 학생부 요양원 봉사활동에서는 초대가수(?)가 되어 주셨고, 체육대회 때는 DJ가 되어 센스 있게 음악을 선곡해 틀어 주셨다. 음악을 좋아하는 아이들에게는 음악 선생님이 되어 주시기도 했다. 가장 큰 수혜자는 나였다. 단 3명이 근무했던 학생부실이라 쉬는 시간에 종종 기타를 치며 노래를 하시는 것을 독점해 들을 수 있었기 때문이다. 덕분에 임신 중이었던 나는 그 감미로운 음악으로 제대로 태교를 했다.

실무사님은 나의 20대와는 다르게 흔들리는 상황을 따라 함께 출렁이는 것을 즐기시는 것 같았다. 당장 계약 기간이 끝나고 할 일도 정해지지 않은 상태. 주변 사람들은 앞으로 계획은 있느냐며 걱정했지만, 정작 본인은 걱정하거나 불안한 기색이 없었다. 오히려 무언가가 정해지지 않은 그 시간, 30살이 되기 전에 자기가 하고 싶은 음악을 원 없이 해 보겠다고 하셨다. 분명 성실한 사람인데, 자유롭기까지 한 모습을 옆에서 보는 것만으로도 좋았다. 삶의 순간순간, 누릴 수 있는 자유를 누리는 모습이 부럽기도 했다.

실무사님의 계약 종료 날이 다가왔다. 아쉬운 헤어짐 후에 나도 출산휴가에 들어가게 되었다. 그리고 일 년이 지난 어느 날, 한 TV 프로그램에서 반가운 목소리를 다시 들을 수 있었다. 무대에서 가수와 함께

듀엣으로 노래를 하고 있는 낯익은 사람은 바로 실무사님이었다. 그의 깊은 울림이 있는 목소리에 많은 방청객은 환호했다. 1등이었다! 그 장면을 보고 아이를 낳고 눈물이 많아진 나는 눈물이 터졌다.

미국 여행 중 MOMA에 갔을 때 칼더(Alexander Stirling Calder)의 특별전시를 하고 있었다. 사진으로는 볼 수 없는 움직임까지 볼 수 있어서였을까? 실제로 보는 모빌은 더 환상적이었다. 미술관의 하얀 공간을 유유히 떠도는 원색의 조각들. 잠시 작품과 함께 부유하여 그 흔들림을 느껴보았다.

칼더는 모빌의 창시자로 우리에게 익숙한 작가이다. 수업 시간에 모빌을 소개할 때면 아이들은 자신도 안다고 반가워한다. "저 알아요~! 그… 아기 얼굴 위에서 빙글빙글 도는 거. 그거 맞죠~?!" 사람들은 그를 '현대조소의 위대한 해학가'라고도 말한다. 실제 그는 낙관적이며, 쾌활한 성격이었다고 전해진다. 그래서인지 그의 작품은 어떤 것에도 구애받지 않는 천진한 아이들을 닮았다.

그는 기존의 고정된 조각과 다른 공간 속에 자유롭게 매달린 조각을 만들어 냈다. 이런 모빌을 만들게 된 계기는 추상화가인 몬드리안의 작업장을 방문해서 얻은 영감 때문이라고 한다. 몬드리안의 추상미술에 매료된 칼더는 몬드리안에게 작품이 움직이면 더 재미있을 것 같다고 말했다. 그러나 그가 이 제안을 받아들이지 않자 결국, 자신이 그 아이디어를 실행해 '모빌'을 만들었다.

공간을 돌며 계속 변화하고 움직이는 조각들을 보고 있노라면, 나도 모르게 그것들이 균형을 잡아 멈출 때까지 한참을 바라보게 된다. 흔들리는 것은 아마도 균형을 잡고 멈추기 위한 과정일 것이다. 무언가에 홀린 듯, 모빌을 본다. 미세한 바람에 정지할 듯 말 듯 흔들리는 모습을 보다 보니 '움직임' 그 자체의 아름다움이 느껴진다. 공간을 이동하며 빛과 부딪치고 그림자와 교차하며 변화하는 형상은 정지된 조각에서는 찾을 수 없는 또 다른 아름다움이다.

사람들은 안정적인 삶을 원한다. 잘 깎고 다듬어져 대좌 위에 놓인 견고한 조각 작품 같은 삶을 원한다. 그래서 흔들리는 삶이 되지 않도록 스스로를 옭아맨다. 그러다 보니 어느 순간 균형을 찾아 살아간다는 것이 흔들리는 변화를 피하는 삶이 되어 버리기도 한다.

우리 삶은 단단히 고정되어 있는 듯 보여도 미세한 흔들림이 느껴지던 노량진 육교와 같이 언제나 흔들리고 있다. 육교나 다리가 안전을 위해 어느 정도 흔들리게 설계되듯 우리 삶도 흔들리는 것이 정상일지도 모르겠다. 삶은 고정된 것이 아니다. 혼돈과 안정이 공존하는 것이 삶이다.

흔들림을 부정하고 스스로 아무리 단단히 결박한다 한들 흔들릴 수밖에 없는 것이 인생이다. 삶은 모든 일이 내 뜻처럼 이루어지지 않고, 부는 바람에 시야가 흐릿해지듯 삶은 명확하고 또렷하게 보이지 않는다. 길을 걷다 모퉁이를 돌면 무엇이 나올지 알 수 없고 세우려 애써도 뭉개지고 마는 모래성같이 불완전한 것이 우리 삶이다. 우리는 흔들리는 불완전한 삶을 인정해야 한다.

나는 흔들리지 않도록 더 단단해지려고 하기보다는 흔들림에 같이 출렁여 보자고 제안하고 싶다. 누군가에겐 그 흔들림이 불안이지만, 누군가에겐 춤이 되기도 하기 때문이다. 모든 것을 완벽하게 붙박아 놓으려 하다 보면 스스로 괴로워지는 법이다. 때론 흔들리다가도 어느 순간 균형을 잡고 멈추는 모빌처럼 자신을 가볍게 띄워 놓고 천천히 기다려 보는 것이 필요하다. 흔들리지 않으려 지나치게 애 쓰다 보면 삶의 많은 것을 놓치기도 한다. 균형을 잡으려는 흔들리는 과정을 생략하면 삶의 일부도 상실하게 된다.

예술을 가까이 하는 사람들은 그 균형을 잡기 위해 흔들림에 춤을 추는 사람들이다. 세상이 설정해 놓은 중력에서 벗어나 유희를 즐길 줄 아는 사람이다. 삶의 모순도 고통도 기꺼이 껴안을 줄 아는 사람이다. 누군가에겐 혹독하게 느껴지는 시간도 끌어안을 수 있는 사람이다. 흔들릴 때마다 조바심에 괴로워했던 지난 시간 속 나를 위로 하고 싶다.

"흔들려도 괜찮아."

조금 더
자유로워지기

"작년 담임 쌤은 안 그랬는데⋯."

한 아이가 말끝을 흐리며 한 말. 그 흐린 말이 내 마음에는 또렷하게 새겨진다. 그냥 흘려들을 수도 있는데, 이 한 마디 말을 자꾸 떠올리며 스스로 깊이 상처를 내는 나. 많은 아이를 만나다 보면 종종 비교하는 말을 듣게 된다. 각기 다른 성향의 아이들 모두에게 좋은 선생님이 될 수 없겠지만, 이런 말을 들으면 마음속에선 와르르 산사태가 난다.

학창 시절에도 그랬다. 그림에 대해 좋은 평을 듣지 못하면 집으로 돌아와 엉엉 울었다. 수능을 마치고 실기시험 준비를 위해 서울에 올라와 미술학원을 다닐 때는 수시로 팔레트 위에 눈물이 뚝뚝 떨어지곤 했다. 뒤늦게 미술학원 스타일에 내 그림을 끼워 맞추려다 보니 이도저도 아닌 이상한 그림이 되어 버렸기 때문이다. 주변 친구들은 시간 안에 딱딱 잘 그려 내는데, 그 속도를 따라갈 수 없으니 조급하고, 뒤처지는 것 같아 속상했다. 끊임없이 남과 비교하고 내가 더 잘 해야 한다는 강박 속에 그림을 그렸던 시간. 그래서인지 나는 아직도 미술학원 그 특유의 연필가루와 물감 냄새가 싫다.

늘 바깥에 있는 내가 갖지 못한 것이 보였고, 그것들이 눈에 많이 보일수록 우울해졌다. 나의 작은 결핍들이 크게 보였고, 그것들을 감추고 싶었다. 겉으론 아닌 척했지만, 내 안에는 안절부절못하며 나를 짓누르고 쪼그라들게 만드는 내가 있었다. 그리고 지나치게 남을 의식하고 인정받고자 하는 내가 있었다.

그림을 그렇게 배운 것은 참 안타까운 일이다. 그래서 나는 취미로 행복감을 느끼며 그림을 그리는 사람들이 부럽다. 앙리 루소(Henri Rousseau)가 그런 사람이다. 루소의 그림을 보면 마음이 편해진다. '나다움'에 대한 좋은 자극을 받게 되기 때문이다.

한 시인은 루소에 대해 다음과 같이 말했다.

> 루소만큼 비난을 많이 받았던 예술가는 일찍이 없었다. 그러나 루소만큼 쏟아지는 비난을 대범하게 받아넘긴 예술가도 없었다.

그는 40대까지 파리에서 22년 동안 말단 세관 공무원으로 살다 독학으로 자신의 꿈을 이루어 낸 화가이다. 그의 그림은 어딘가 모르게 어색하다. 그래서 아마추어 느낌이 나는 그에게 따라오는 수식어가 '소박파'이다. 화단에선 그를 변방의 뜨내기 정도로 취급하며 인정하지 않았다.

그의 그림을 알아 본 사람은 피카소였다. 전통교육에 물들지 않은 원초적이고 투박한 루소의 작품은 피카소에게 신선하게 느껴졌다. 변변한 전시도 제대로 열지 못했던 루소의 말년, 그의 팬이 된 피카소는 골

앙리 루소, M부인의 초상

동품 가게에서 헐값에 팔던 루소의 그림 'M부인의 초상'을 산다. 그리고 루소를 위해 파티도 열기도 했다.

그의 작품 속엔 순진한 노력과 열정의 흔적들이 보인다. 때론 가수의 음악보다 음악오디션 프로그램 출연자의 세련되지 않은 노래가 가슴을 후벼 파듯, 그의 작품도 순진함에서 오는 묘한 끌어당기는 힘이 있다. 그러나 확실히 세련된 표현은 아니다. 그의 작품을 본 한 평론가는 이렇게 비난을 쏟아냈다.

"루소의 작품을 보면 실없이 웃음이 나온다. 단돈 삼 프랑으로 기분 전환하는 방법으론 최고다. 루소는 손을 대지 않고 그림을 그린다는 말이 있다. 도대체 어떻게 그린 걸까?"

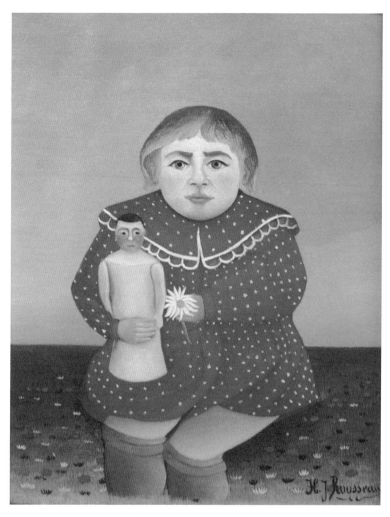

앙리 루소, 인형을 든 아이

위 그림을 보다 보면 피식, 웃음이 나온다. 분명 제목은 '인형을 든 아이'인데 인형을 들고 앉아 있는 소녀의 얼굴은 소녀의 엄마뻘 정도 되어 보이는 중년처럼 보이니 말이다. 그의 그림은 비례가 맞지 않아 조화롭지 못하고 투박하고 어색해서 사람들의 비웃음거리가 되었다. 그냥 하던 일을 계속해도 어느 정도 살았을 것 같은데, 루소는 왜 뒤늦게 그림을 그려서 사람들의 조롱거리가 되었던 것일까?

처음엔 그가 안타깝다는 생각이 들었다. 그러나 그의 순수한 그림을 찬찬히 만나다 보면 소박하면서도 성실한 그의 표현에 위로받는 느낌이 든다. 소박하지만 묘한 당당함이 느껴진다고나 할까? 그는 상식적이고 보편적인 대세를 따르려고 하기보단 자신이 보고 느끼는 대로 표현했다. 맨살에 닿아 있는 것 같은 표현은 무언가에 갇혀 자유롭지 못하고 생각이 많아 더 나아가지 못하는 나를 돌아보게 한다. 루소와 같이 조금 더 의연하게 살 수는 없을까 하고.

누군가에게 좋은 모습만 보여 주어야 할 것 같아 주변의 반응에 쉽게 상처받았던 나도 시간이 흐르며 서서히 변하고 있는 것 같다. 무엇보다 결혼을 하고 엄마가 되면서, 그러니까 아줌마가 되면서 좀 더 편안해지는 것을 느낀다.

남편은 '모자람이 없는' 사람이다. 내게 정말 모자람 없는 사람이라는 의미이기도 하고 '모(毛) 자람이 없는' 민머리라는 의미이기도 하다. 그래서 첫 만남이 매우 강렬했다.

"저는 제 머리가 아무렇지 않은데, 혹시 불편하시면 모자를 쓰겠습니다."

나는 아무렇지 않을 수가 없었다. 20대에 한 소개팅인데 상대가 민머리라니. 남편의 모습을 보고 당황한 나는 시선을 어디에 두어야 할지 몰라 어색하게 고개를 떨구었다. 겨우 정신(?)을 차리고 눈을 바라보며 대화를 시작했다. 당시 박사과정을 밟고 있던 공학도였던 남편은 민머리였지만 생글생글 잘 웃고 목소리엔 힘이 느껴졌다.

'자신은 아무렇지 않다고? 어떻게 그럴 수 있지?'

대화를 하다 보니 소탈하면서도 당당한 태도가 긍정적으로 다가왔다. 그리고 그 만남은 자연스럽게 결혼으로 이어졌다. 어쩌면 남편의 민머리 때문에 우리의 연이 맺어진 것인지도 모르겠다.

남편은 나와 많이 다르다. 남편은 남들이 자신을 어떻게 생각할까에 대해 크게 생각하지 않는다. 남의 인정에 큰 관심이 없고, 무엇보다 콤플렉스가 없다. 자신의 민머리도 남들이 재미있다면 기꺼이 웃음거리로 제공한다. 그런 남편 덕에 나도 모난 부분이 점점 깎여 가는 느낌이 든다. 남편 덕에 나도 모(모서리) 자람이 없어진다. 그렇게 둥글둥글해지는 내가 싫지 않다.

남편만큼 나를 변화시킨 것은 아들이다. 아이의 모습을 옆에서 지켜보다 보면 어른의 세계에서 배우지 못하는 것을 배우게 된다. 어른에게 하루는 주어진 일들을 해야 하는 '의무감'의 시간이다. 매일 매일 정신없이 바쁘게 버티고, 살아낸다. 그렇게 반복해서 살다 보면 시간은 어느새 저만치 흘러가 있다. 하지만 아이들에게 하루는 새롭고 낯선 것들로 가득 찬 '신비함'의 시간이다. 아이들 역시 반복의 시간을 보낸다. 봤던 책을 또 보고, 가지고 놀았던 장난감을 또 가지고 놀지만 매번 새롭고 즐거운 듯하다.

아이들은 끊임없이 주위를 살피고 모든 대상에 관심을 갖고 궁금해한다. 그리곤 한참을 빠져 시간을 보낸다. 4살 아들 녀석은 그런 자신과 함께 놀아주기를 바란다.

"엄마, 웃어 봐요~" "엄마, 슬퍼 봐요~~" "엄마, 춤춰 봐요~~~"

엄마라는 의무감으로 과장해서 웃어도 보고 우는 척도 해본다. 다른 건 다 하겠는데, 가장 난감한 것은 '춤'이다. 어릴 적부터 큰 키에 뻣뻣

한 몸치였던 내게 춤은 즐기는 것이 아닌 극복해야 할 두려움이었다. 그런 엄마 마음도 모르고 녀석은 자꾸 자신과 같이 춤을 추자고 한다.

성인이 되어가며 내가 무엇에 취약한지 알게 되고, 그것이 부끄럽게 느껴지면 그것을 숨기기 급급했다. 남에겐 괜찮은 모습, 잘 하는 모습만 보여주고 싶었기에 춤을 추는 일은 없었다. 그렇게 걸러내듯 내 모습을 만들고, 괜찮아 보이는 모습만 '나'라고 믿고 싶었다. 교사가 되고 나서는 더욱 더 좋은 모습, 잘하는 모습을 보여 주어야 할 것 같았다. 그래서 어느 순간부터 잘 못하는 것은 시도조차 안 하게 되었다. 그냥 삶에서 제외시키면 그만이라 생각했다. 이런 나를 자유로운 놀이로 이끄는 아들 녀석 덕에 잃었던 것들에 대해 생각하게 된다.

니체는 〈차라투스트라는 이렇게 말했다〉에서 정신의 3가지 변화 단계를 낙타, 사자, 어린아이에 비유하여 말했다. 의무감에 사로잡혀 타인의 삶을 사는 '낙타'는 '넌 이렇게 살아야 해!(You should)'라는 목소리에 복종하며 산다. '사자'는 제도와 관습을 벗어나 부정할 수 있는 자유정신을 획득하고 난 그렇게 살지 않겠다고 부정할 수 있는 힘을 갖는다.(I will) 그러나 사자의 자유는 '무엇으로부터의 자유'이지 창조적 자유가 아니다.

마지막 '어린아이'는 '있는 그대로 나(I am)'임을 뜻한다. 본래의 나 자신이 되는 것이다. 순진무구한 어린아이는 쉽게 잊고 쉽게 시작한다. 매 순간을 즐거운 놀이로 여기며 지난 일을 안타까워하거나 일어날 일을 걱정하지도 않는다. 현재에 몰입하고 자기만의 가치를 창조한다.

니체는 어린아이의 상태를 인간 성장의 최고점으로 보았다. 우리는 모두 창조적 예술가와 같은 어린아이였는데 어쩌다 절절매고 눈치 보는, 비교하고 좌절하는 어른이 되어 버렸을까?

호안 미로, 여인과 사랑에 빠진 암호와 별자리, 1941
© Successió Miró / ADAGP, Paris – SACK, Seoul, 2021

  어린아이가 그린 것 같은 천진함이 느껴지는 위의 그림은 피카소, 달
리와 함께 스페인을 대표하는 화가 호안 미로의 작품이다. 미로의 그림
은 춤추는 듯한 색채와 형태가 놀이하듯 표현되어 있다. 그의 그림은
아이들이 제멋대로 그린 그림 같기도 하고 한 편의 시처럼 느껴지기도
한다.

  미로는 여러 미술사조의 영향을 받았지만, 그 어떤 곳에 속하지 않은
자신만의 독특한 화풍을 만들었다. 무언가 의식하고 그리지 않고 의도
없이 자유롭게 그린 그의 그림은 꿈속 세상 같고 유년 시절에 만난 세
상 같기도 하다.

예술작품 그 자체보다 더욱 중요한 것은 그것이 무슨 씨앗을 뿌리게 될까 하는 사실이다. 예술은 죽고 한 장의 그림은 사라질 수 있다. 남는 것은 오직 그것이 뿌린 씨앗이다.

– 호안 미로 –

 대부분의 그림에 제목을 붙이지 않고 관람자가 스스로 느끼고 상상할 수 있도록 했던 그는 관습에 속박 받지 않은 자유로운 이미지를 씨앗을 뿌려 놓듯 캔버스 위에 펼쳐 놓았다. 미술을 볼 때도 심각해지는 어른들에게 미로는 어린아이처럼 그냥 놀이하듯 즐기라고 말한다.

 아들을 통해 미로의 그림 같은 세계를 만나는 요즘, 나는 아들 녀석과 함께 춤을 춘다. 아모르 파티!(Amor Fati~!!!)

우아하게
산다는 것

"그래서, 방귀를 끼면 되겠니? 안 되겠니?"

이 상황을 음소거 상태로 멀리서 본다면 아이와 심각하게 상담을 하는 선생님의 모습처럼 보일지 모르겠다. 그러나 주제는 방귀이다. 장난꾸러기 녀석들과 진지하게 대화를 마치고 교무실로 돌아와 앉았다. 이 상황이 시트콤처럼 느껴진다. 품격 있고 우아한 교사의 삶을 꿈꿨는데 30분 동안 심각하게 나눈 이야기가 방귀라니!

나이스 하게 살고 싶었는데 매일 나이스(NEIS) 앞에서 쩔쩔매고, 아침에 새로 꺼내 신은 스타킹은 퇴근 시간 무렵이면 하루의 지표처럼 어김없이 올이 나가 있다. 빗자루 질을 해본 적 없는 아이들이 슬쩍 밀어놓고 간 교실 구석의 먼지를 쓸어내며 이럴 것 같으면 편한 작업복을 입고 다녀야겠다는 생각이 들기도 한다. 학년 말이 되면 생을 기부하듯 생기부를 쓰고, 방학 직전엔 얼마 남지 않은 힘을 끌어모아 버티며 산다. 아… 언제쯤 우아한 삶은 가능한 것일까?

정녕 기품 있으면서도 아름다운 모습으로는 살 수 없는 것일까? 우아한 삶을 꿈꾸지만, 학교에서 아이들과 부대끼다 보면 우악스럽고 사나운 모습이 될 때가 많다. 어느 순간 잔뜩 인상을 쓰고 있는 내 모습을 마주하게 된다.

언론과 매체에서 교사에 대해 다루는 기사나 뉴스를 접할 때면 우아한 삶과는 더 거리가 멀어지는 느낌이 든다. 기자들은 왜 그리도 교사를 싫어하는 것일까? 좋지 않은 감정이라도 있었던 듯 공격적으로 다루어시는 기사를 볼 때면 그나마 버티던 힘마저 빠져나가는 기분이다.

집 근처에 대형 쇼핑몰이 생겼다. 유럽풍으로 꾸며져 꽤 근사하고 우아했다. 품위 있고 로맨틱한 새로운 라이프스타일을 지향한다는 취지에 맞게 공간 자체만으로도 만족감이 느껴졌다. 지나갈 때마다 하나하나 입점하는 상점들을 보며 같이 설레기도 했다. 그러던 어느 날 고급스럽고 우아한 빵집이 오픈을 했다. 처음 방문은 여동생과 함께였다. 생각보다 가격이 저렴하다 생각하고 주문을 하려던 동생은 주문을 하고 씩씩대며 돌아왔다. 셋트 구성을 잘못 보아 가격이 달랐는데 매니저는 이런 곳에서 그 가격이 말이 되냐는 듯 어이없어 했고 동생은 그러한 태도 때문에 불쾌감을 느꼈던 것이다. 우리가 잘못 본 것이니 참자고 말했지만, 그다음 방문엔 나 역시 큰 불쾌감을 느끼는 일이 생겼다.

그날은 3살 아들 녀석을 데리고 그곳에 갔다. 하루 종일 육아로 고생한 나에게 달콤한 보상을 해주고 싶은 마음이었다. 빵 몇 개를 사서 앉았는데 아뿔싸! 다른 곳에서 썼던 신용카드가 보이지 않았다. 아이를 챙기느라 정신이 없어 손에 들고 있던 카드가 언제 없어졌는지 기억이 나지 않았다. 머릿속으로 지나쳐 온 동선을 되감기 하며 정신없이 가방과 호주머니를 뒤졌지만 카드는 보이지 않았다. 그때 그 매니저가 다가

왔다. "여기서 애가 이렇게 시끄럽게 하면 어떡해요!"

내가 카드를 찾는 동안 아이가 발로 테이블 아래쪽 벽을 콩콩 차고 있었던 모양이다. 미처 제지하지 못했던 나는 반사적으로 "아, 죄송합니다"라고 말했지만 순간 마주한 매니저의 짜증 가득한 표정에서 수치심이 느껴졌다. 한순간 나는 그곳에 어울리지 않는 개념 없는 애 엄마가 되어 버린 것 같았다. 더 이상 그 공간에 머물고 싶지 않아 먹지도 않은 빵을 두고 그곳을 빠져나왔다. 우아한 공간의 이물질이 된 것 같아 속상했고 육아의 서러움이 밀려와 눈물이 났다.

그날 맛있게 빵을 먹지는 못했지만, 깨달은 바가 있다. 우아함은 겉으로 보이는 고급스러운 꾸밈이나 재료, 고급스러운 맛이 아닌 '태도'에서 나온다는 것을.

그동안 나는 우아함에 대한 편견이 있었던 것 같다. 우아함과 '고급스러움'이 같은 것이라 생각했다. 그러나 우아함은 값비싼 것들로 만들어지는 것이 아니다. 우아함은 너그럽고 온화한 마음, 온기가 느껴지는 태도에서 나온다. 그러나 진정한 우아함보다는 우아함을 가장한 우아한 척하는 경우를 더러 보게 된다. 우아한 척하면서 타인을 업신여기거나 무례하게 구는.

우아한 사람은 온화한 마음을 가지고 있어 주변 사람들을 편안하게 해준다. 차분하고 서두르지 않는 태도는 주변 사람들의 성급했던 템포도 함께 늦추어 준다. 우아한 사람은 온화하지만 엄숙함도 함께 지니며, 공손하면서도 당당하다. 자신만의 색깔이 있지만 완고하지 않고 상대에 대한 예의뿐 아니라 자신에 대한 예의도 있다.

우아함은 억지로 쥐어짜서 나오는 것이 아니라 저절로 풍겨 나오는 것이다. 즉 습관이 되어야만 가능한 태도이다. 막연히 우아하게 살고 싶다고 생각했지만, 정작 나를 돌아보지 않았던 것 같다. 우아하게 살기 위해서는 자주 자신을 돌아보고 습관처럼 몸에 배이도록 노력이 필요하다.

그렇지만 학교에서 우아해지기란 쉽지 않다. 일과 속에 쌓이는 업무와 함께 마음의 속도도 같이 빨라지고, 속도의 압박을 이기지 못했을 때는 터져버리기 일쑤이다. 하지만 그런 학교에서도 종종 우아한 기품을 뿜어내는 선생님들이 계신다. 그분들과 마주 할 때면 갑자기 시간이 천천히 흐르는 것 같고 마법의 가루를 뿌린 듯 그분이 있는 곳만 세상이 환하게 보이는 느낌이 든다. 그분들은 아무리 바빠도 일보다 안부를 먼저 물어 주시고 따뜻한 미소를 보여 주신다. 그런 모습을 볼 때 절로 존경심이 우러나온다. 그 고상하고 기품 있는 아름다운 모습은 너무도 배우고 싶지만, 여전히 나는 상황에 휩쓸려 허둥대는 경우가 더 많다.

〈블랙독〉은 교사들의 삶을 그린 드라마로 학교의 생생한 모습을 보여 준다. 고군분투하는 젊은 기간제 교사 고하늘 선생님과 카리스마 넘치는 멋진 부장교사 박성순 선생도 좋았지만, 나는 진로부장 윤여화 선생님의 모습에서 큰 위로를 받았다. 정년퇴임을 앞둔 백발의 노 교사. 이미 자신과 비슷한 연배의 교사들은 승진을 해서 관리자가 되었거나 퇴임을 했지만, 그녀는 학교의 중심에서 조금 비켜난 곳에 조용히 머물러 있다.

고하늘 선생에게 건넨 책갈피 속 문구 '밉게 보면 잡초 아닌 풀이 없고, 곱게 보면 꽃이 아닌 사람 없다'처럼 그녀는 아이들뿐 아니라 좌충우돌하는 젊은 선생님도 따뜻한 시선으로 바라보며 존중해 주시고 품어 주신다. 선생님의 선생님, 엄마 같은 자애로운 모습으로.

스스로 버텨내야 한다고 생각했던 젊은 선생님들, 그리고 학교에 좋지 않은 감정이 있었던 전 기간제 교사 출신 입학사정관을 따뜻하게 대해 주시는 모습에선 학교에서 가장 중요하지만 놓치고 있었던 것이 무엇인지 생각하게 한다.

윤여화 선생님의 정년퇴임식 장면에선 그동안 보여 주신 모습에서 받은 위로 때문이지 눈물이 쏟아졌다. "좋은 선생이란 무엇인가?" 사람들에게 담담하게 이야기하는 모습은 담백함과 우아함 그 자체였다.

우아한 사람들은 분명 부드럽지만 압도하는 힘이 있다. 그 힘은 무작정 밀어대고 짓누르는 힘과 다른 단단함과 따뜻함이 공존하는 오묘한 힘이다. 우아함은 세월이라는 마일리지가 쌓인다고 가능한 것도 아니요, 경제력을 끌어모은다고 가능한 것도 아니다. 우아함은 노력이다. 끊임없이 자신을 돌아보고 나보다 남을 낮게 여기고 존중하고 배려하는 것. 그러한 삶의 태도를 몸에 배이게 하려는 노력이 우아함을 만든다. 우아함은 그런 노력이 몸에 배어 자연스럽게 풍겨 나오는 것이다.

여기 은은한 향이 배어있는 것 같은 그림 한 점이 있다. 19세기 중엽, 조선시대 화가 전기(田琦)의 '매화초옥도'이다.

꿈속의 한 장면 같이 하얀 눈이 소복하게 쌓인 깊은 산, 그곳에 초옥 한 채가 보인다. 눈인지 매화꽃인지 구분되지 않는 하얀 꽃잎이 흩뿌려지고 있고, 매화 향이 뿜어져 지천에 낮게 깔린 듯하다. 분명 눈 쌓인 겨울 풍경인데 이상하게 따뜻함이 전해져 온다. 아마도 풍경 속 두 사람 때문인 듯하다.

화폭엔 한가로운 정취뿐 아니라 누군가를 향하고 있는 사람의 설레고 기쁜 마음이 담겨 있다. 연두색 도포를 입은 사람은 오경석으로 자신의 초옥에서 누군가를 기다리고 있다. 거문고를 메고 언덕 아래 다리를 건너고 있는 붉은 도포를 입은 사람은 전기 자신이다. 당시 역관이

전기(田琦), 매화초옥도, 국립중앙박물관

었던 오경석은 자신이 경험한 청나라 문화를 전기와 나누며 취향을 함께했던 절친한 친구였다. 그림엔 함께 새로운 감각을 경험하고 나눈 벗이었던 이들의 우정이 스며 있다.

  자연의 순리에 어긋나지 않게 욕심을 부리지 않고 살았던 옛 선비들은 이익이나 재물을 취할 수 있는 곳을 피해 자신을 돌아보고 비워내는 곳을 찾아 머물곤 했다. 소박한 작은 집에서 새하얀 풍경을 바라보고 있으면 마음을 비우고 또 비워낼 수 있을 것만 같다. 매화는 그런 선비들의 마음과 닮았다. 화려하지 않은 꽃이지만 담백하고 기품이 느껴진다.

  '매화초옥도'는 기존에 그려지던 매화와 다르게 동서양의 기법을 고루 사용하여 현대적인 감각이 느껴진다. 그래서 동화의 한 장면처럼 신비로움이 느껴지는 이 아름다운 그림은 처음 본 순간 마음에 쏙 들어 주변 사람들에게도 소개도 하고 나 역시 종종 꺼내보곤 했다. 보고 또 보아도 질리지 않고 은은한 향이 나는 것 같아 가까이 두고 싶은 그림이다. 전기는 서른도 되지 않아 요절했지만, 그의 그림은 한 번 보면 잊을 수 없어 많은 사람에게 은은한 향처럼 오랫동안 기억에 남는다. 그림이든 사람이든 온기와 향을 느끼면 누군가의 마음속에 불씨가 된다.

우아함은 불씨다. 상대방의 우아한 태도를 경험하면, 옮겨 온 불씨로 세상을 따뜻하게 지필 수 있다. 우아함은 은은하게 풍겨 나오는 향이다. 억지로 만들어 낸 냄새는 독하지만, 자연스럽게 풍겨 나오는 향은 기분을 좋게 만든다.

우아하게 산다는 것은 따뜻한 온기와 은은한 향을 지녀 누군가에게 기쁜 마음으로 찾아가고 싶은 사람이 되는 것이다.

생각하게 하는
그림

　동화는 세상에서 일어나는 일을 순수함으로 한 번 비틀어 머리뿐 아니라 가슴에도 메시지를 전한다. 안데르센의 동화 '벌거벗은 임금님'도 그렇다. 옷을 좋아하는 임금님에게 찾아온 사기꾼 재단사들은 '바보에게는 보이지 않는다는 옷'을 짓는다. 권력과 주변의 시선을 의식한 어른들은 마치 옷이 보이는 것처럼 행동하지만, 행진하는 임금님을 본 한 아이는 이렇게 외친다.

　"어라? 임금님이 벌거벗었다~!"

　어렸을 적엔 사기꾼들에게 넘어간 어른들이 그저 바보 같다고 생각했는데 어른이 되고 보니 어른들의 모습이 서글프고 안타깝게 느껴진다. 이해가 된다고나 할까? 사는 모습을 돌아보면 직접 보고 느끼는 것보다 세상이 그렇다고 하니 그저 따르는 것이 더 많다. 조목조목 진실을 밝힐 여유와 에너지가 없어 적당히 넘어가거나 진실과 상관없이 맹목적으로 믿거나 따르는 것이 현실이다.

과잉의 시대. 세상은 각종 매체가 넘쳐나고 우후죽순처럼 진실을 가장한 이야기가 쏟아진다. '딸각' 클릭 한 번이면 다른 세상을 경험할 수 있고, 소위 전문가라는 사람들은 분야별로 차고 넘쳐 피로함이 느껴질 정도다. 눈앞에 본 상품은 하루도 지나지 않아 손 안에 받아 볼 수 있고, 몇 번의 터치만으로 예전에 하던 긴 일처리가 끝나는 세상. 그런데 이상하게 너무 가볍고 쉽다는 생각이 든다. 아무렇지 않다는 듯 살아가고 있지만 문득, 이렇게 살아도 되는 것일까 질문하게 된다. 세상에 휩쓸려 단조롭게 반복되는 일상에서 그냥 살다 보면 지금 생각은 내 생각인지 남의 생각인지 구분이 되지 않을 때도 있다.

예술가는 벌거벗은 임금님의 진실을 말한 순수한 눈을 가진 소년과 같은 사람이다. 예술가들은 모두가 '원래 세상은 이런 거야', '이건 당연한 거야'라고 말할 때 물음을 던진다. 그들은 다수가 상식이라 생각하는 것을 고정되지 않은 방식으로 뒤집고자 한다. 예술가는 겹겹의 고정관념, 편견 등을 벗겨내고 언뜻언뜻 보이는 진실을 자신만의 방식으로 표현하기 위해 애쓰는 사람이다. 예술가는 단면만 보는 사람들에게 다양한 각도로 세상을 보여주려는 사람이다. 특히 현대미술 작가들은 현실에서 한 발 떨어져 다르게 생각해 보도록 안내한다.

예술은 메마른 현실에 아름다움으로 마음의 위로를 주기도 하지만, 다른 시각으로 세상을 마주하고 기존과 다른 생각을 하도록 돕는다. 르네 마그리트의 작품은 그런 역할을 대표한다. 마그리트는 '생각하는 사람'이고자 했던 화가다. 그래서 그는 사람들이 자신의 그림을 단순히 보는 것이 아니라 보면서 '생각'하게 하고자 했다.

'이것은 사과가 아니다' 이 작품은 실제 사과와 사과를 그린 이미지, 그리고 텍스트의 경계에서 질문을 던진다. '사과니까 사과지, 왜 사과

마그리트, 이것은 사과가 아니다, 1964
© René Magritte / ADAGP, Paris - SACK, Seoul, 2021

가 아니라는 거야?' 우리는 이렇게 언어와 사물의 성질이 일치하지 않아도 당연하게 여긴다. 그는 사람들이 당연하게 여기던 것, 관습화된 사고에 의문을 던지게 하고 싶었다. 화가가 그린 것은 대상을 재현한 것이지 그 대상 자체는 아니다. '그것은 그것이다'라고 정의되면 그 이외의 생각은 제한된다. 그는 이렇게 자신의 작품을 통해 생각의 문을 활짝 열어 놓고자 했다.

재현을 위해 그려진 그림은 보는 이들에게 해석을 하게 한다. 그는 재현하려고 하지 않았기 때문에 자신의 그림을 해석하는 것에 대해 모욕감을 느끼며 싫어했다고 전해진다.

1928년 작품 '연인'은 흰 천을 얼굴에 두른 두 남녀의 모습이 그려져

마그리트, 연인, 1928
© René Magritte / ADAGP, Paris - SACK, Seoul, 2021

있다. 천을 두른 채 키스를 하는 연인의 모습은 얼굴이 가려져 그 표정을 볼 수 없다. 그래서인지 음산하고 기묘한 느낌이 든다. 사람들은 마그리트가 어릴 적 우울증을 앓다가 잠옷으로 얼굴을 감싼 채 강물에 투신한 어머니의 시신을 강에서 건진 모습을 보았기 때문에 이런 그림을 그리게 되었다고 해석했다. 사람들은 그림에서 '트라우마'를 읽었다. 그 해석에 대한 진실은 알 수 없지만, 결코 그가 원했던 것은 아니었을 것이다. 그는 자신의 작품이 결정된 인식의 프레임 안에서 해석되고 신비감을 잃는 것을 원치 않았다. 그는 관객들이 일상의 생각을 이어가던 회로가 어긋남을 통해 당황스럽고 혼란스러운 상태, 그리고 그런 상황을 통해 새로운 생각이 생성되길 원했다. 즉, 해석의 실패가 그가 진정

원한 것이었다.

예술은 미스터리를 만들어 낸다. 미스터리 없는 세상은 존재하지
않는다.
- 르네 마그리트 -

그는 시적 이미지를 통해 상식에 도전하고 사람들에게 신비로움을
선사하고자 했다. 그의 그림이 특별한 이유는 사실적인 표현이지만, 유
사의 원리를 따르지 않는다는 점이다. 일상의 사물을 제 위치를 벗어나
낯설게 배치하는 데페이즈망 기법은 우리를 무한한 상상 속으로 이끈
다. 이성적 논리를 해제시키는 그의 표현은 보는 사람마다 다른 생각을
하게 한다.

내가 생각하기에는 그림에 가장 적절한 제목은 시적인 것이다. 우
리가 그림을 감상하면서 느끼는 다소 생생한 감정에 비교될 수 있
는 제목을 의미하는 것이다. 시적인 제목은 우리에게 뭔가를 가르
치려고 하지 않고 우리를 놀라게 하거나 마법에 빠져 들게 한다.
- 르네 마그리트 -

철학자 미셸 푸코는 그의 그림을 유사(resemblance)와 상사(similitude)로
비교하여 설명한다. 원본과 복제 사이의 닮은 관계를 뜻하는 '유사'는
전통적으로 그림이 그려지는 방식이었다. 유사의 원리는 원본과 복제
사이에 동일성, 즉 얼마나 충실히 대상을 재현했느냐가 중요했다. 그래
서 원본과 복제가 수직적 관계로 놓이게 된다면, '상사'의 원리는 원본

마그리트, 헤겔의 휴일, 1958
© René Magritte / ADAGP, Paris - SACK, Seoul, 2021

없는 복제들이 수평적으로 놓아져 차이를 파생시키는 것이다. 현대미
학에서는 '상사'의 관계를 주로 다룬다. 마그리트 작품에서 동일한 모
티브가 자주 반복되는 것은 그가 상사의 놀이를 즐겼기 때문이다.

그의 그림 중에서 가장 호기심이 생겼던 작품이 있다. 바로 '헤겔의
휴일'이라는 작품이다. 제목에 철학자의 이름이 들어간 것도 그렇고 다
른 작품처럼 딱 보고 재미가 느껴지지도 않아 왠지 더 궁금해졌다. 그
림엔 우산 위에 물 컵이 놓여 있다. 실제로 이런 장면을 연출한다면 쓸
데없는 행동이라며 한 소리 들을지도 모르겠다.

철학자를 자처했던 그는 글 대신 이 그림으로 무언가를 말하려고 했
던 것일까? 그는 이 작품으로 사람들이 어떤 생각을 하길 원했을까?
먼저 제목에 등장하는 '헤겔'은 변증법을 주장한 철학자이다. 그는 정,

반, 합의 과정을 통해 인간은 변화하고 발전한다고 주장했다. 그런 그의 휴일이라니… 도대체 무슨 뜻일까?

마그리트는 가장 천재적으로 물 컵을 그려보고 싶었다. 그래서 물 컵을 그린 후 100번이 넘는 드로잉을 더하다 이 이미지를 그려냈다. 외관상 관련 없는 오브제인 물 컵과 우산의 불균형한 합을. 가만히 생각해 보면 우산은 '물을 피하기 위한 것'이고 물 컵은 '물을 담기 위한 것'이다. 서로 대비되는 이 두 가지 기능은 함께할 수 없다. 물을 인정하지 않지만, 인정하기도 하는 역설. 함께할 수 없는 것의 공존. 그는 헤겔이 이 그림을 보면 휴가를 즐기듯 기뻐했을 것이라 생각하여 제목을 '헤겔의 휴일'이라 했다고 한다.

〈위대한 개츠비〉의 저자 스콧 피츠제럴드는 이런 말을 했다.

> 당신이 최고의 지성인지를 판단하는 기준은 두 가지 상반된 개념을 한꺼번에 머릿속에 넣고 작용시킬 수 있느냐 하는 것이다.

바로 마그리트가 원했던 생각의 힘도 같은 맥락이지 않을까? 그가 상반된 이미지를 동시에 표현한 것처럼 인간은 가망이 없는 상황 속에서 그것을 알면서도 동시에 극복하겠다는 의지를 갖는다. 그리고 그러한 생각을 통해 모순 상황에서도 빛나는 최상의 것을 만들어 낸다. 만약 고정된 한 가지 생각만 할 수 있다면, 인간이 사는 세상은 멈추고 변화하지 않을 것이다.

마그리트의 작품들은 상식이라는 함정에 빠져 동일한 반복 속에 사는 삶에 새로운 통찰을 준다. 너무도 당연하다 여기며 살아가는 세상에 작은 균열을 내어 주고 그로 인해 미처 깨닫지 못했던 생각을 하게 한다.

그의 작품과는 달리 이전의 우리 교육은 불균형, 혼돈과 긴장의 상태가 오지 못하도록 막는 역할을 해왔다. 고정되지 않은 것은 교육이 아닌, '쓸데없는 것'이라 치부하지 않았던가. 하버드대 교수 엘런 랭어는 '정답의 역설'을 설명하며 하나의 답을 정해 놓으면 다른 생각을 하지 않으려 하거나 정답이 정해지면 사람들은 그 이상을 찾으려 하지 않고 생각을 멈춘다고 말한다. 마그리트의 역설적인 그림은 '정답'이 아닌 낯섦으로 '생각'을 하게 한다.

생각하는 삶을 살려면, 그리고 아이들이 생각할 수 있도록 돕는 교사가 되려면, 그의 그림처럼 창조적 자극이 필요하다. 그리고 보이지 않는 것까지 꿰뚫어 볼 수 있는 통찰력이 필요하다.

작품 '통찰력'은 마그리트의 자화상이다. 양복을 입은 화가는 테이블 위에 놓인 알을 보면서 날개를 펼친 새를 그리고 있다. 통찰력은 영

마그리트, 통찰력, 1936
© René Magritte / ADAGP, Paris - SACK, Seoul, 2021

어로 insight. '본다'는 의미이다. 내부를 의미하는 'in'이 결합되어 어떤 사물이나 현상의 내면까지 꿰뚫어 보는 능력을 뜻한다. 같은 것을 보면서 똑같이 생각하라 강요하던 교육은 그림과 같이 이면에 잠재된 것까지 보고 다르게 생각하고 표현할 수 있도록 바뀌어야 하지 않을까?

우리 삶엔 생각의 자극이 필요하다. 생각이 얇아졌다 느껴질 때, 마그리트의 그림으로 묵직한 수혈을 받아보는 것은 어떨까? 창조적 생각이 가득한 삶은 결코 지루하지 않다.

> 우리가 바라보는 모든 것은 다른 것을 감추고 있다. 우리는 언제나 우리가 바라보는 것 뒤에 감춰진 것을 보고 싶어 한다.
> – 르네 마그리트 –

자발적 고독

웃자고 하는 말이지만, 학생들보다 방학을 더 기다리는 사람은 교사다. 방학 직전엔 터진 수도마냥 정신없이 일이 쏟아진다. 어떻게든 막아내듯 한 학기의 일들을 마무리하다가 과부하로 탈진 직전 즈음이 되면 방학이 시작된다. 방학 전엔 지쳐서 오롯이 쉬어야겠다고 생각하지만, 막상 방학이 시작되면 가만히 있을 수만은 없다. 다음 학기를 생각하면 이것저것 배워놓아야 할 것 같고…. 그간 못 본 사람들도 만나야할 것 같고. 방학의 시작과 동시에 다시 마음이 분주해진다. 그래서 연수를 신청하고 사람들과의 약속을 잡고 나면 어느새 방학 일정이 꽉 차버린다. 교직 생활이 적응되면 방학을 누릴 수 있을 줄 알았는데, 시간이 흐를수록 방학은 점점 더 빡빡해진다. 그런데 웃픈(?) 것은 이렇게 해야 알차게 시간을 보냈다고 안심한다는 것이다.

무엇 때문에 가만히 있지 못하는 것일까? 무엇 때문에 이리도 불안한 것일까? 좋게 생각하면 열정이지만, 뒤집어 생각해 보면 일종의 강박이다. 항상 바쁘다는 말을 달고 살지만, 사실 시간의 문제가 아니라 마음의 문제는 아니었을까? 교사에게 필요한 것은 방학이 아닌 진정한 자발적 고독의 시간이다.

현대인들은 무리 속에 있을 땐 혼자만의 시간이 필요하다고 생각하지만, 정작 그런 시간이 주어지면 어찌해야 할지 몰라 쩔쩔매는 경우가 많다. 혼자 있다는 것을 그저 '외로움'과 같은 것이라 치부하고 부정적으로 여기기도 한다. 자신의 존재가 희미해질지도 모른다는 단절에 대한 두려움도 있다. 사람들 속에 있다고 공허한 마음이 채워지는 것도 아닌데, 허전함을 채우기 위해 여기저기를 기웃거린다.

물건을 사는 것보다 버리는 것이 더 어렵듯 자신의 내적 상태도 채우는 것보다 불필요한 것을 정리하고 비우는 것이 더 어렵다. 고독은 스스로 돌아보며 자신과 마주하고 비워 낼 수 있는 시간이다. 그 앞에 '자발적'이란 단어가 붙는다면 보다 주체적으로 자신을 돌아볼 수 있다. 자발적 고독의 상태는 습득이 아닌 스며드는 시간으로 내면을 충만하게 채울 수 있다. 우리는 핑계거리를 내려놓고 오롯이 자신과 마주하는 진정한 고독의 시간이 필요하다. 피로한 이 세상에서 내가 무엇 때문에 소진되었는지 알아차리게 되고, 삶의 방향과 중심을 다시금 조정하고 맞출 수 있기 때문이다.

자신에게 자발적으로 집중하는 시간을 갖고 싶다면 네덜란드 화가 렘브란트(Rembrandt)를 만나보자. 인간다운 삶을 찾기 위해 400년 전 이미 자발적 고독을 선택한 사람이기 때문이다. 그가 100여 점이 넘는 자화상을 그린 바로크 시대 화가라는 것은 이미 많이 알려진 사실이지만, 그가 살았던 시대적 배경과 연결 지어 그의 작품을 살펴보면 새롭게 느껴진다.

17세기 네덜란드는 황금시대로 불린다. 세계 경제의 중심지로 최장 기간 경기 호황을 누렸기 때문이다. 당시 암스테르담은 세상의 진귀한 물건들이 들어오며 활발한 무역거래가 이루어졌고 가톨릭의 탄압을 피해 사람들이 몰려들어 북적이면서 세상의 모든 소리가 들렸다고 할 만큼 활기가 넘쳤다. 그림 역시 종교미술에서 벗어나 다양한 장르의 작품들이 그려졌다. 시민들의 미술품에 대한 애호는 뜨거웠다. 많은 사람이 부와 명예를 과시하기 위해 그림을 의뢰했고, 그림이 걸리지 않은 곳이 없을 정도로 시장을 통한 활발한 작품 거래가 이루어졌다. 렘브란트는 네덜란드의 황금시대, 능력을 인정받은 성공한 화가였다. 네덜란드의

미래를 짊어질 촉망받는 화가로 명성은 높아졌고 끊임없이 그림 의뢰가 들어왔다. 그에게 배우고자 하는 사람들도 줄지어 몰려들었다. 이렇게 탄탄대로를 달리던 그는 결혼마저 성공적이었다. 1634년 그는 귀족 출신의 사스키아를 만나 결혼했다. 덕분에 지위도 상승했고 더 많은 경제적 여유도 누릴 수 있었다.

아내 사스키아를 무릎에 앉히고 술잔을 높이든 채 만족스러운 미소를 짓고 있는 렘브란트. 그런데 누군가에게 보여 주려는 듯 돌린 고개, 그리고 미소엔 진심보다는 허세가 느껴진다. 그는 그림 속 의상과 같이

렘브란트, 사스키아와 함께 있는 자화상 /술집에 있는 탕자

화려한 의상을 비롯해 값비싼 골동품, 고급 주택까지 사들이며 자신이 가진 것 이상을 소유하려 했다. 그런 그의 모습을 보고 사람들은 비난했지만, 오히려 자신을 성경 속 '방탕한 아들'로 비유하며 항의라도 하는 듯 그림을 남겼다.

그러나 모든 것이 완벽해 보였던 그의 삶은 아내와 아이들의 죽음 이후 한 순간에 무너지고 명성과 부, 주변의 사람들까지 모두 잃고 만다. 젊은 시절의 사치로 인해 그는 결국 파산하고 남은 생을 가난에 허덕이며 고독과 싸우게 된다. 언제나 누릴 줄 알았던 소유했던 모든 것은 결국 헛되고 헛된 것이었다.

경제적 궁핍함은 삶을 고독 속으로 밀어 넣는다. 하지만 렘브란트의 그림을 보다 보면 '가난 때문에 고독했던 것이 아니라 그가 자발적으로 고독을 선택한 것을 아니었을까?'라는 생각이 든다. 렘브란트는 예술가로서의 자아가 싹트기 시작하며 더 이상 의뢰인이 원하는 그림을 그리지 않았다. 그에게 그림을 의뢰했던 사람들은 귀족이나 신흥 재력가로 자신의 모습을 권위 있고 고귀한 모습으로 남기길 원했다. 그러나 렘브란트는 판에 박힌 의례적인 모습보다 자신이 연출한 생생한 모습을 빛과 어둠을 활용하여 화폭에 담고 싶었다. 자신들을 요구사항을 만족시키지 않은 그림을 보고 화가 난 의뢰인들은 그에게 등을 돌렸고, 결국 그는 혼자가 되었다. 그 말인즉슨 렘브란트가 겪은 경제적 어려움은 자신의 예술적 세계를 위한 '스스로의 선택'이었다는 의미이다.

그는 자신의 회화 세계를 실험하며 자유롭게 펼치기 위해 외부의 요구를 수용하지 않았다. 세상이 원하는 그림을 그리며 돈을 좇으려 했다면 다시 일어설 기회는 충분히 있지 않았을까? 세상이 자신을 외면한 이유를 알았음에도 그는 자신이 표현하고자 하는 것을 고집했다. 그는 움켜쥐고 있던 것을 잃고 나서 부와 명예를 과시하려는 사람들의 요구 사항에 맞추어 꼭두각시처럼 그림을 그리는 것에 환멸을 느꼈던 듯하다. 그는 자신의 예술세계를 위해 자발적 고독 속으로 들어간 것이다.

렘브란트, 돌아온 탕아

그가 죽기 2년 전에 그린 '돌아온 탕아'는 '전 세계 그림 가운데서 도달할 수 없는 절정'이라는 찬사를 받는 걸작이다. 모든 것을 탕진하고 돌아온 아들을 사랑으로 보듬는 아버지의 모습이다. 두 손으로 아들을 보듬는 아버지 앞엔 삭발을 한 아들이 엎드려 있다. 닳아버린 신발마저 벗겨진 상처가 난 발은 그가 어떤 상황에 놓이게 되었는지 짐작하게 한다. 그는 죽음을 앞두고 마치 자신이 탕자가 되어 인생을 고백하기라도 하는 듯 이 그림을 그렸다.

세상에 자랑하던 부귀영화와 관계들 모두를 내려놓고 깊은 고독의 시간 속에서 자신을 돌아보았던 렘브란트. 이 그림은 그런 시간이 있었기에 가능했을 것이다. 여전히 네덜란드는 풍요로움 속에 떠들썩했지만 그의 내면은 오히려 고요해졌다. 내세우려고 했던 것을 잃고 나서 진정한 예술세계를 위해 고독을 자처했던 그는 바깥에 보여 주려고 했던 껍데기보다 자신의 내면에 집중하게 되었다. 그래서 말년의 그의 그림엔 인물의 내면, 영혼이 담긴다. 스스로를 '아무것도 아닌 것'으로 표현한 그의 그림엔 절대적 고독 속에서의 깊은 깨달음이 느껴진다. 젊은 시절 그가 좇던 것과 다른 가치가 그의 삶에 자리 잡게 되었음을 알 수 있다. 고독의 시간은 가치의 전환을 가져온다. 한없이 겸허해지는 시간을 통해 당연하다 생각했던 것들을 다시 바라보게 되고 무엇이 중요한지 다시 생각하게 된다.

'제욱시스로 분장한 최후의 자화상'은 그가 죽기 4년 전에 제작된 것으로 당당한 눈빛을 보여 주는 다른 자화상과는 조금 다른 작품이다. 거칠게 덕지덕지 발라진 물감 사이로 희미한 노인의 미소가 보인다. 이가 빠진 얼굴, 쭈글쭈글 추하게 주름진 모습이지만, 그림 속 그는 분명 웃고 있다. 마치 이제 내가 누구인지 알게 되었다는 듯.

제목의 '제욱시스'는 그리스 신화 속 인물이다. 렘브란트는 한 노파가 아름다운 모습으로 자신을 그려달라는 청을 받고 터져 나오는 웃음을 참지 못해 숨이 막혀 죽었다는 전설 속 화가인 제욱시스에 자신을 대입하여 이 작품을 그렸다. 왼편엔 죽음을 암시하는 무언가가 그려져 있다. 그는 죽음 앞에서 웃으며 그림을 그렸던 제욱시스처럼 죽음 앞에서 어떠한 미련도 없다는 듯 웃는다. 번성과 쇠퇴를 모두 맛 본 굴곡진 삶 속에서도 끝까지 자신을 직시하며 그려낸 이 자화상은 그가 그린 수많은 자화상이 겹겹이 포개어져 삶 전체가 다가오는 느낌이 든다.

렘브란트, 제욱시스로 분장한 최후의 자화상

스스로 자신과 마주할 틈을 주지 않고 위장하거나 회피하며 살아온 우리에게 그가 보내는 미소는 참으로 의미심장하다. 누군가의 주문에 맞추어 애쓰며 소모적으로 살고 있었다면, 스스로에게 무엇이 중요한지 한 번도 물어보지 못한 채 그저 살아가고 있었다면, 자신을 위한 시간을 따로 만들어 보는 것은 어떨까? 신기하게도 비우면 또 다른 것이 흘러들어와 채워진다.

렘브란트는 나이가 들어가며 자신의 내면과 깊게 마주했지만, 고독의 시간을 갖는 것은 꼭 나이와 상관있는 것은 아니다. 그리고 다른 소중한 것을 잃어야만 느낄 수 있는 것도 아니다. 요즘엔 젊은 세대도 자발적 고독을 자처한다. 자발적 고독을 자처한 젊은이들은 그 시간을 통해 에너지를 채운다. 자신이 잃어버린 것이 무엇인지 알아차리고 스스로 방향타를 잡게 되기에 더 소신 있고 자존감이 높은 삶으로 자신을 이끈다. 경제적인 풍요로움과 상관없이 자신을 잘 점검하며 당당하게 살아가는 삶은 매력 있게 느껴진다. 물론 바라보는 입장에서는 그러하겠지만, 당사자 입장에선 스스로 감수해야 하는 것이 많을 것이다. 스스로 옭아매지 않는 대신 천천히 자신을 돌아보는 것, 들어가 있는 힘을 빼는 것은 쉽지 않은 일이지만 그들은 그 시간을 견뎌낸 후 단단해진다.

교사들에게 방학은 혼자 있는 시간의 힘을 제대로 경험할 기회가 되어야 한다. 무언가를 잃기 전에 먼저 비워내고, 맹목적인 성실과 성공을 좇기 전에 중심을 확인하는 시간이 되어야 한다. 그러나 교사들은 자신에게 다가가는 법보다 아이들에게 다가가는 법을 배우려 하고, 자신의 기준보다 세상의 기준에 맞추려 애쓰곤 한다. 그러다 보면 고독과는 멀어져 들썩이는 세상의 리듬에만 맞추어 살게 되곤 한다.

방학이 끝나면 꾸역꾸역 채워 넣은 것을 다 소화하지도 못한 채 또다시 숨 가쁜 달리기를 할 것인가? 이번 방학엔 과감하게 나 자신과 만나는 시간을 비워 두어 보는 것은 어떨까? 채우기 위해 자신을 다그치기 전에 충분히 비워 낼 수 있는 진정한 고독의 시간을 가져보자.

예술 같은
삶이란

2002년에 개봉한 SF 액션 영화 〈이퀼리브리엄〉은 3차 세계대전을 겪은 인류가 더 이상 전쟁을 겪지 않기 위해 감정을 억제하는 약을 사람들에게 투약하게 하여 감정을 느끼지 못한 채 살아가는 회색빛 세상을 보여 준다. 화려한 액션으로 관심을 끈 영화지만, 나는 감정 없이 산다는 설정에 더 관심이 갔다.

감정을 철저하게 통제하여 혼란 없는 사회를 유지하기 위해 감정을 유발하는 예술작품은 제거해야 할 대상이 되고 여전히 감정을 지닌 사람들은 색출되어 화형에 처해진다. 숨겨져 있던 레오나르도 다 빈치의 모나리자가 발각되어 불에 태워지고, 몰래 시를 읽던 동료를 주인공이 망설임 없이 사살하는 장면은 영화라는 것을 알면서도 깊은 상실감이 밀려왔다. 당연하게 누리던 예술을 삶에서 분리해 내는 장면을 보니 새삼 그 소중함이 더 크게 느껴졌다.

아내의 죽음 앞에서도 아무런 동요가 없었던 주인공. 그에게 감정유

발자로 잡혀온 한 여인이 죽기 전에 외친다. "사랑이 없다면, 분노나 슬픔이 없다면, 인간이 숨을 쉬는 건 시곗바늘이 내는 소리와 다를 바 없어요!"

때론 부정적인 감정이 우리를 괴롭게 하고 이로 인해 인간의 불완전함을 느끼지만, 이 역시 우리가 살아 있다는 증거이다. 우리는 느끼기 위해 산다. 영화 제목 '이퀼리브리엄(Equilibrium)'은 '마음의 평정'을 의미한다. 제목처럼 동요하는 감정이 없다면 세상은 과연 안전하고 평화로울까? 살아 있어도 느끼지 못한다면 인간으로서의 삶 대부분을 상실한 기계의 삶이 될 것이다. 인간은 자신의 무사안일만을 위해 살지 않는다. 단순히 생존을 위해 살지 않았다는 것은 역사가 증명한다. 인간은 다른 동물과는 달리 무언가를 창조해 내고 문화를 누리며 공유해 왔다.

2020년, 인류는 영화가 예상한 전쟁이 아닌 보이지 않는 바이러스로 인해 당연했던 일상을 살 수 없게 되었다. 감염에 대한 공포보다 마음이 아팠던 것은 주변 사람들을 잠재적 바이러스로 여기며 경계해야 하는 것이었다.

그 어느 때보다 의식주에는 충실한 삶이었지만, 살아도 사는 것이 아닌 느낌이 들었다. 매일 한숨만 짓다 시들어 버린 식물이 된 것 같은 어느 날, 메말라버린 감정을 터뜨려 준 것은 우연히 들은 음악이었다. 카메라 렌즈 너머 관객과 소통하기 위해 텅 빈 객석 앞에서 혼신의 연주를 하는 연주자들의 음악소리를 듣는데 오랜만에 세포들이 깨어나는 느낌이 들었다. 눈시울이 붉어지다 이내 눈물이 툭 떨어졌다. 새삼 그동안 예술이 우리 삶 곳곳에 함께 하고 있었고, 우리를 보다 생기 있는 삶으로 이끌고 있었음을 느꼈다.

화가 게르하르트 리히터는 "예술은 고귀한 형태의 희망이다"라고 말했다. 예술은 끊임없이 세상을 탐구하고, 서로 다른 사람들을 연결시킨다. 인간은 아픔과 고통, 기쁨과 행복 등을 함께 느끼며 서로 지탱하며 살아왔다. 예술은 서로를 공감하고 서로를 배우며 발전해 왔다. 예술은 내가 보는 세계와 타인이 보는 세계가 다르다는 것을 인정하며 넘나들 수 있게 한다. 함께 어울리며 즐기던 사람들과 거리 두기를 해야 하는 사상 초유의 사태에서 예술의 힘을 다시금 생각하게 된다. 바이러스로 인해 멈추어 버린 세상, 그동안 누렸던 것을 잃은 상실감에 시들해지는 인간에게 예술이 희망임을.

예전 수업 시간에 아름다움을 느꼈던 순간에 대해 나누어 본 적이 있다. 아이들은 간지럽게 이걸 어떻게 말 하냐며 야유했지만, 곧 진지하게 친구들의 말에 귀를 기울였다.

"예전에 학교 축제 사회를 맡은 적이 있어. 모든 불이 꺼지고 내가 서 있는 곳에 핀 조명이 켜졌는데, 어둠 속에서도 나를 바라보는 사람들의 눈빛이 느껴졌어. 그날이 잊히지 않아."

"비가 오는 날, 가끔 바닥에 자동차에서 기름이 흘러나와 무지개처럼 신비롭게 번져 있는 것을 봐. 볼 때마다 다른 세상으로 들어가는 통로 같아서 아름답다고 느꼈어."

"나는 사람들이 많이 모인 모습을 멀리서 바라보았을 때 아주 작은 점이 움직이는 것처럼 느껴지는데 그 장면이 아름답다고 생각했어."

아이들의 이야기들을 듣는데 그동안 내가 예술을 껍데기 삼아 두르고 있었다는 생각이 들었다. 어느 순간부터 나도 모르게 유명한 작가들을 나열하고 비싼 그림 값을 운운하며 박제된 메마른 지식을 미술이라 여기고 있었던 것이다. 아이들의 각기 다른 이야기처럼 우리 삶엔 저마다의 예술이 존재하고 있다. 예술은 주변의 것을 당연하게 받아들이지 않고, 자신만의 방식으로 바라보고 느낀 것을 표현한 것으로 내가 아닌 다른 누군가를 연결시키고 나의 세계를 확장시켜 준다. 그동안 예술은 엄숙주의에 빠져 스스로를 지나치게 어렵게 만들어 왔다. 수전 손택의 말처럼 해석의 범람으로 우리의 감각을 마비시키고 감각적 경험을 상실시켜 왔다.

예술 같은 삶을 산다는 것은 단순히 미술관이나 공연장을 자주 오가는 것이나 남에게 과시하기 위해 작품을 사는 것을 뜻하지 않는데, 그동안 우리가 숨 쉬듯 누려야 하는 예술을 특별한 좌대 위에 올려 놓고 멀게만 여겨 왔다. 예술 같은 삶을 부유한 삶과 동일한 것이라고 오해했다.

코로나 사태로 단절이라는 극단적인 상황에 놓이면서 인간이라는 존재에 대해, 그리고 예술 같은 삶에 대해 다시 생각해 보게 된다. 인간은 끊임없이 세상과 만나고 끊임없이 감응하며 새롭게 만들어지는 존재이다. 세상과 연결되지 못하는 상황에서 감염만큼 무서운 것이 무력감과 상실감이다. 단조로운 일상을 반복해야 하는 상황의 괴로움은 결코 가벼운 것이 아니다. 예술은 일상의 익숙함을 낯설고 새롭게 느끼게 하는 것이기에 앞서 소개한 영화처럼 목숨을 걸고 마지막까지 붙잡고자 하는 인류의 희망일지 모른다.

누리던 것들을 포기해야 하는 상황이 되니 앞으로 우리가 무엇을 추구해야 할지 선명히 보인다. '인간답게 산다는 것이 무엇인지를 경험하게 하는 것'은 예술의 역할이자 앞으로 교육이 추구해야 하는 방향일 것이다. 예술은 그리고 앞으로의 교육은 삶에서 잊어서는 안 되는 것들을 상기시키고 서로 거리를 두어야만 하는 상황에서도 사람들의 마음을 잇고 연결시킬 수 있는 것이 되어야 할 것이다.

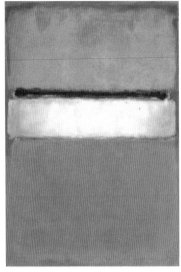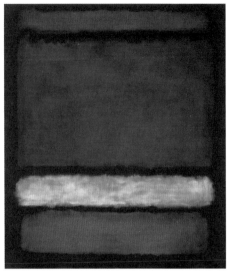

로스코, 화이트 센터, 1950
© 1998 Kate Rothko Prizel and Christopher
Rothko / ARS, NY / SACK, Seoul

로스코, No. 7, 1960
© 1998 Kate Rothko Prizel and Christopher Rothko
/ ARS, NY / SACK, Seoul

그림은 사람과 교감함으로써 존재하는 것이며 감상자에 의해 확
장되고 성장한다.

마크 로스코(Mark Rothko)의 말이다. 그의 그림은 사람들이 앞에 서서
눈물을 쏟는 것으로 유명하다. 큰 캔버스에는 경계가 모호한 커다란 색
덩어리가 떠 있을 뿐이다. 압도하는 그 커다란 색 앞에 서서 한참을 바
라보다 보면 내면의 작고 큰 떨림을 경험하고 내면의 무언가가 터져 나
오기도 한다.

나는 추상화가가 아니다. 색이나 형태 같은 것엔 관심 없다. 대신

비극이나, 운명, 인간 본연의 감정을 표현하는 데만 관심 있다.

로스코는 단순한 색채의 아름다움이 아닌, 비극, 환희, 두려움, 고통 등 인간의 감정을 표현하고자 했다. 그는 자신의 그림 앞에서 사람들이 내면의 깊은 감정을 느끼고 머물러 보기를 원했다. 철학자 니체의 영향을 받은 그는 비극의 숭고함과 같은 체험을 자신의 그림 앞에서 하길 원했다. 그러나 비평가들은 그의 작품을 분석하려고 했고 묘한 색채의 아름다움에 주목했다. 자신의 작품세계를 이해하지 못한 사람들에 지친 로스코는 1950년 이후 자신의 작품에 대해 더 이상 말하지 않는다. 작품을 해석하는 것은 관객이 그림에 몰입하는 것을 방해하고 정신을 마비시킨다고 생각했기 때문에 침묵을 택한 것이다. 그는 자신의 그림 앞에서 조용히 가슴 밑바닥에서부터 올라오는 근원적인 감정들을 체험하기 원했다. 정신을 산란하게 하는 것들을 걷어내면 이면의 진실을 마주할 수 있을 것이라 믿었다.

재미있는 것은 그의 뒤를 이어 새롭게 떠오른 미술이 팝아트라는 것이다. 빠르고 가볍고 쉬우면서 도발적인 작품으로 인기를 끄는 팝아트 작가들을 보며 로스코는 어떤 마음이었을까? 그는 분노했다. 젊은 팝아티스트들을 물질을 추구하는 기회주의자들이라 비난하며 맞섰지만, 세상은 일상 속 친근한 것들에 열광했다. 그의 작품세계는 곧 낡은 것이 되어 버렸고, 세상은 서서히 그를 몰아냈다. 소비지향의 세상 속에서 보이지 않는 인간의 근원적인 감정을 담아내려 몸부림치는 것은 시대착오적인 꼰대 같은 행보였을까? 끝까지 세상과 타협하지 않고 자신만의 예술세계를 굽히지 않고 이어가던 그는 안타깝게도 1970년 2월, 작업실에서 자살로 생을 마감한다. 커다란 빨간 색 면으로 가득 채운 그림을 남긴 채.

세상은 예전보다 더 복잡하고 시끄러워졌다. 그러나 그의 그림은 슬며시 우리의 마음을 두드린다. 사투를 벌이듯 작업했던 그의 그림 앞에 서면 설명하기 어려운 뜨거운 무언가가 올라온다. 관객들에게 무엇을 느끼게 할 것인가를 고민했던 그와 만나기라도 한 듯.

로스코의 그림을 애플의 스티브 잡스가 죽기 직전까지 아꼈다는 사실은 유명하다. 첨단 기술에 인간의 근원적인 것을 더하려 애썼던 잡스와 로스코의 세계는 맞닿아 있다. 복잡 미묘한 인간의 감정을 단순하게 표현하여 소통하려고 한 로스코는 잡스에게 화가 그 이상이었을 것이다.

자신의 내면과 관객의 내면이 소통하길 원했던 로스코의 그림이 더 소중하게 느껴지는 요즘이다. 인간은 서로의 내면이 맞닿아 느껴질 때

로스코, 무제, 1970 (유작)

살아있음을 느끼며 마음으로도 숨을 쉰다. 바이러스는 사람들을 소통할 수 없도록 단절시키고, 불안과 공포는 우리 삶을 짓눌러 무력하게 한다. 감정의 밑바닥이 어디 즈음인지조차 가늠하지 못한 채 살아가는 지금, 살아가는 의미를 느낄 수 없고 고립된 느낌으로 괴로운 요즘이지만, 소통의 과정은 결코 포기할 수 없다. 그것은 우리 삶의 본질이기 때문이다.

예술 같은 삶은 끊임없이 세상과 소통하고자 하며, 소중한 것을 상기시키고자 애쓰는 노력이다. 예술 같은 삶은 근원적인 감정을 외면하지 않는 것이다. 함께 끌어안을 수 없고, 닿을 수 없는 지금. 당연했던 것, 사소하다 여겼던 것들을 다시 돌아보게 되는 요즘, 그 어느 때보다 예술의 힘이 필요한 때다. 예술을 통해 고여 있던 감정들. 나눌 수 없어 묵혀둔 감정들을 꺼내어 보자.

교육에 예술을 덧입히다

유화물감으로 색을 덧입히면 기존 색과 다른 오묘한 색이 올라오듯
예술의 다양성, 관찰력, 유연성, 상상력, 즉흥성을 교육에 덧입혀 보는 시간!

이다정 선생님의 연수로 들으실 수 있습니다.

연수 특징

- **교사를 성찰을 돕는** 예술과 인문학
- **예술이 덧입혀진** 수업 사례
- **예술가 인터뷰로 보는** 예술과 교육
- **음악을 하는** 제자들의 이야기
- **체험과 실습을 통해 교사가 먼저** 느끼고 성찰해 보는 연수!